Cómo desarrollar la mente de su hijo

Robert Fisher

Cómo desarrollar la mente de su hijo

EDICIONES OBELISCO

Si este libro le ha interesado y desea que le mantengamos informado de nuestras publicaciones, escríbanos indicándonos qué temas son de su interés (Astrología, Autoayuda, Ciencias Ocultas, Artes Marciales, Naturismo, Espiritualidad, Tradición, etc.) y gustosamente le complaceremos.

Puede visionar nuestro catálogo en http://www.edicionesobelisco.com

Colección: Nueva Consciencia
CÓMO DESARROLLAR LA MENTE DE SU HIJO
Robert Fisher

1ª edición: abril del 2000
2ª edición: junio del 2001
3ª edición: octubre de 2003

Título original: *Head Start - How to develop your child's mind*

Traducción: *Toni Cutanda*
Diseño cubierta: *Michael Newman*
Maquetación: *Edda Pando*

© 1999 by Robert Fisher
(Reservados los derechos para la presente edición)
© 2000 Ediciones Obelisco, S.L.,
(Reservados los derechos para la presente edición)
Publicado por acuerdo con Souvenir Press Ltd.

Pere IV, 78 (Edif.Pedro IV) 4.ª planta 5.º 08005 Barcelona - España
Tel. 93 309 85 25 - Fax 93 309 85 23
Castillo, 540 - 1414 Buenos Aires (Argentina)
Tel. y Fax 541 14 771 43 82
E-mail: obelisco@edicionesobelisco.com

ISBN: 84-7720-735-6
Depósito legal: B. 44.238 - 2003

Printed in Spain

Impreso en España en los talleres de Romanyà/Valls S.A. Verdaguer, l.
08786 Capellades (Barcelona)

Reservados todos los derechos. Ninguna parte de esta publicación, incluido el diseño de la cubierta, puede ser reproducida, almacenada, transmitida o utilizada en manera alguna ni por ningún medio, ya sea eléctrico, químico, mecánico, óptico, de grabación o electrográfico, sin el previo consentimiento por escrito del editor.

AGRADECIMIENTOS

Me gustaría expresar mi agradecimiento a todas aquellas personas que me han ayudado en la investigación y la formulación de este libro. En primer lugar, a mi familia, a mi esposa Celia y a mis dos hijos, Tom y Jake. Sus sugerencias y sus comentarios han sido una fuente constante de inspiración, así como un desafío a mi propia inteligencia.

Estoy muy agradecido a todos los amigos que me permitieron compartir sus vivencias familiares y las palabras de sus hijos, y les doy las gracias especialmente a todos aquellos colegas e investigadores que me han ofrecido algún comentario sobre los distintos capítulos de este libro, en particular a Juliet Edmonds, Sara Liptai y Lizann O'Conor. También debo dar las gracias a todos los maestros y niños de las escuelas que me han ayudado en mis investigaciones sobre métodos prácticos para enseñar a pensar a los niños.

Vaya mi agradecimiento también a todos aquellos investigadores y expertos en el campo de la psicología cognitiva que han contribuido a una mayor comprensión sobre cómo funciona la mente, en particular al profesor Howard Gardner de la Universidad de Harvard, por su trabajo pionero sobre la teoría de la inteligencia múltiple, y al profesor Matthew Lipman de la Universidad Montclair, por el desarrollo de la teoría y la práctica del cuestionamiento filosófico con niños.

Los cuatro versos de la página 78, tomados de 'The Elephant's Child' en *Just So Stories* de Rudyard Kipling, se han reproducido por gentileza de A.P. Watt Ltd. en nombre de The National Trust for Places of Historic Interest or Natural Beauty.

Nota del Autor

Este libro, en su totalidad, se aplica tanto a niños como a niñas. Con el fin de evitar hacer referencias constantes a "él o ella", etc., nos hemos decidido por alternar los sexos, de modo que el infante en discusión sea unas veces "él" y otras "ella". Sin embargo, ha de quedar claro que, en todos los casos, el niño puede ser perfectamente del sexo opuesto.

Introducción

Yo pienso, pero no siempre sé lo que pienso.

Dan, 7 años

Sé que podría hacer algo más por mi hijo, pero lo que no sé es qué.

Padre, 43 años

Su hijo es asombroso. Su hijo es un manojo único de posibilidades, con una mente y un cerebro diferentes de cualquier otra persona que haya existido jamás. No hay nada en la naturaleza tan complejo o maravilloso como el cerebro de su hijo. Es su elemento más valioso. Este libro pretende ayudarle a incrementar el potencial cerebral de su hijo, a estimular su confianza y a mejorar sus métodos de pensamiento. Ofrece actividades que llevarán a su hijo a expandir su mente, al tiempo que le proporcionarán una mayor calidad a los momentos que disfruten juntos. Pretende enseñar a pensar a su hijo para que obtenga el máximo rendimiento de su mente, y está dirigido a serle de ayuda a usted en su labor formadora de un niño brillante y feliz.

Éste es un libro para todos los niños, sea cual sea su edad y capacidad. Está dirigido a la actualización del potencial de su hijo, así como a la mejora de su calidad de vida. Trata de quién es su hijo, cómo aprende y cómo puede alcanzar la felicidad obteniendo el máximo rendimiento de su mente. Este libro no pretende preparar a su hijo para un futuro determinado o particular: lo que pretende es desarrollar todos los aspectos de su mente para que esté preparado ante cualquier futuro que se le pueda presentar.

Este libro trata de ayudar a su hijo en la casa, no de las actuales tendencias educativas en la escuela. En nuestros días, el plan de estudios que se ofrece en las escuelas es cada vez más reducido, concentrándose principalmente en los tres objetivos de lectura, escritura y aritmética. Cuanto más se reduce la formación en la escuela más importante se hace que los niños tengan una experiencia rica y diversa en el hogar. Si observa el trabajo escolar de su hijo verá en qué medida ha cambiado la educación desde los tiempos en que usted iba a la escuela. Los métodos de enseñanza cambian, pero lo que es importante para los seres humanos sigue siendo lo mismo. Su hijo dispone de muchos talentos, no dispone sólo de un reducido juego de habilidades y de una inteligencia fija, sino de muchas formas de inteligencia, cada una de ellas con un potencial de desarrollo desconocido. Su hijo es un viajero por una tierra desconocida, y usted tiene que ser su guía.

El tiempo que le dedique a su hija no va ser importante sólo para desarrollar su pensamiento, sino también para satisfacer sus necesidades. La primera de ellas es la del amor: los lazos emocionales que se desarrollan entre usted y su hija son más importantes que cualquier enseñanza o entrenamiento que le pueda dar. Una niña brillante es aquella que, en primer lugar y por encima de todo, se siente amada. Una niña brillante es la que recibe atenciones físicas y crece en un entorno seguro. Una niña brillante es también una niña social. En sus primeros años, la niña depende de sus padres, que son los que crean el entorno social de amigos y familiares. Una niña brillante se beneficia del contacto con y de las atenciones de los demás, y los "demás" más significativos en sus primeros años son aquellos con los que vive. Este libro trata de las atenciones que se le deben dar a uno de los aspectos más importantes del desarrollo de su hija: su mente razonadora.

Este libro se interesa por los primeros diez años de la vida de una persona, cubriendo *grosso modo* los años de la infancia, desde el nacimiento hasta la pubertad. La creencia en la que se basa es la de que cualquier niña puede ser una niña brillante. Y la razón para esta creencia es muy sencilla: nadie conoce los límites del potencial de una niña en cualquiera de los aspectos de su inteligencia. Todos los niños tienen un potencial, así como un riesgo. El riesgo estriba en que la niña no desarrolle, o no se le ayude a desarrollar, todo su potencial. A menos que su hija tenga alguna lesión cerebral, el potencial para desarrollar los fluidos elementos de la inteligencia estará siempre ahí. Usted tendrá una hija brillante si cree que su hija es brillante y si le ayuda a desarrollar su potencial. No se rinda ante la idea de que su hija no lo va a conseguir, pues la creencia de usted en que su hija puede, con esfuerzo, conseguirlo le ayudará a ella a crear la más importante de sus nacientes creencias: la de creer en sí misma.

Todos los niños son brillantes, pero no existen dos niños que sean brillantes del mismo modo. De forma similar, no existen dos progenitores que eduquen a sus hijos de la misma manera. No existen los niños perfectos, ni existen los padres perfectos. Todo lo que podemos hacer como padres es buscar la forma de ser más eficaces y poner lo mejor de nuestra parte a la hora de atender a nuestros hijos. Una de las formas de las que disponemos para hacernos más eficaces puede ser la de beneficiarnos de los métodos que les han funcionado a otros, y las ideas que se presentan aquí son las que les han funcionado a otros a la hora de formar a niños brillantes.

Este libro ha sido conformado con las investigaciones de muchas personas. Gran parte de las ideas que aquí aparecen se derivan de mis propias investigaciones acerca de cómo enseñar a pensar a los niños, y de mis propias experiencias como maestro y como padre. Pero el material de este libro también se nutre de la experiencia de un amplio número de padres y maestros. He citado a algunos de ellos, y también he utilizado las opiniones de los niños para dar forma e ilustrar las ideas clave. Como dijo Tom, un niño de nueve años, en una de nuestras conversaciones: "Está bien que nos pregunten a los niños lo que pensamos. Puede que no sepamos todas las respuestas, pero sabemos algunas de las preguntas, así como lo que funciona con nosotros".

El libro se ha dividido en los siguientes capítulos:

Capítulo 1: El Potencial Cerebral trata de cómo funciona el cerebro de su hijo, y le explica que su hijo no tiene sólo uno sino muchos tipos diferentes de inteligencia.

Este capítulo le muestra cómo puede ayudar a su hijo a desarrollar su potencial cerebral poniendo estos aspectos de su mente en las mejores condiciones de uso.

Capítulo 2: Un Camino Con Palabras explica la importancia del lenguaje en el desarrollo del pensamiento y en el aprendizaje de su hijo. Muestra cómo obtener el máximo al hablar y al escuchar a su hijo, cómo enriquecer la experiencia de la lectura y de las historias, y cómo desarrollar las habilidades de escritura.

Capítulo 3: El Sentido de los Números muestra cómo desarrollar el pensamiento matemático de su hija, explica qué matemáticas necesita su hija y cómo promover su naciente confianza y capacidad con las mates mediante el desarrollo de la comprensión de los números, las formas y las medidas.

Capítulo 4: Descubrir explora cómo puede ayudar a su hijo a descubrir más cosas acerca del mundo mediante el desarrollo de su inteligencia científica. Explica el modo de potenciar la curiosidad natural de su hijo y la forma de aprovechar su impulso para explorar y conocer el entorno.

Capítulo 5: Ver Más explora los métodos para desarrollar la inteligencia visual de su hija con el fin de ayudarle a mejorar su pensamiento y su aprendizaje. Muestra el modo de potenciar las capacidades visuales de su hija para que vea más cosas del mundo que le rodea.

Capítulo 6: La Música en la Mente enseña de qué modo la música puede ayudar a desarrollar la mentalidad de su hijo. El pensamiento musical es un tipo especial de inteligencia que se puede potenciar en todos los niños. Este capítulo muestra cómo puede ayudarles a "afinarse".

Capítulo 7: El Potencial Corporal contempla los enlaces entre el cerebro y el cuerpo. Este capítulo explica lo que es la inteligencia física, cómo se puede desarrollar y utilizar para acelerar el aprendizaje de su hijo y darle confianza en sus capacidades físicas.

Capítulo 8: El Autocontrol es una de las claves para el éxito y la felicidad en la vida. Este capítulo contempla cómo ayudar a su hija en el desarrollo de la consciencia de sí misma y en el control de sus emociones, con el fin de obtener el máximo de lo que es.

Capítulo 9: Conocer a los Demás trata de la inteligencia social y de cómo desarrollarla para que su hijo alcance un nivel satisfactorio de confianza social, se relacione bien con los demás y se beneficie de lo que los demás le pueden ofrecer.

Capítulo 10: Su Filosófico Hijo describe cómo ayudar a su hijo a discutir sobre y resolver problemas. Muestra de qué modo discutir con él una aventura en ideas y cómo puede desarrollar usted la inteligencia filosófica de su hijo.

Comencemos tomando en consideración el más importante de los órganos de su hijo: su sorprendente cerebro.

1
El potencial cerebral
El desarrollo de las muchas inteligencias de su hijo

Si un niño ha sido el preferido indiscutible de su madre, retiene a lo largo de toda su vida unos sentimientos de triunfo y una confianza en el éxito que no debe extrañarnos que traigan consigo un éxito real.

Freud, de "A Childhood Recollection"

Todo el mundo es listo en algo. Me pregunto en qué seré listo yo.

Greg, 6 años

Le estaba leyendo a mis hijos un conocido cuento acerca de un oso de peluche llamado el Oso Edward, de Christopher Robin. El niño de la historia solía arrastrarlo escaleras abajo de tal manera que su cabeza iba rebotando de peldaño en peldaño. Era el único modo de bajar las escaleras que conocía el pobre oso, aunque a veces pensaba que debía de haber otra forma, pero para poder pensar en ello necesitaba que cesara aquel golpeteo. Aunque la verdad es que no estaba seguro... Dejé de leer y les pregunté a mis hijos si ellos podrían ayudar al Oso Edward (alias Winnie de Puh) a pensar en otras formas de bajar las escaleras. Después de un tímido comienzo, las ideas comenzaron a fluir:

- Podría pedirle a alguien que le bajara. ¿Por qué no iba a ayudarle? Podría decirle, "Si me bajas por las escaleras te contaré un chiste".

- Podría deslizarse por la barandilla con los brazos abiertos, así, para mantener el equilibrio.

- Podría hacerse un paracaídas con una sábana y dejarse caer.

- Podría sentarse sobre una bandeja como si fuera un trineo y deslizarse hacia abajo.

- Podría sujetar una silla como si fuera un ascensor al lado de la escalera. Después se sentaría y alguien la empujaría arriba y abajo.

- Podría hacerse una trampilla y deslizarse por ella con una soga... si no fuera porque podría aterrizar encima de la cabeza de alguien. Pero no habría problema si hubiera una campanilla sujeta a la soga, pues sonaría cada vez que fuera a bajar.

Cuando terminamos de aportar ideas les pregunté cómo podía ser que hubieran tantas formas de bajar las escaleras, y me respondieron:

- Hay tantas formas de bajar las escaleras como se te ocurran.

- Sí pero, ¿cuántas son? –insistí.

- ¿Quién sabe? Siempre habrá alguien al que se le ocurra otra idea.

Todos los niños nacen con un cerebro sorprendente. Que sepamos, no existe nada en la naturaleza tan complejo y poderoso, y se encuentra en la cúspide en cuanto a potencia organizadora en la naturaleza. El niño promedio nace con cien mil millones de células cerebrales, las neuronas. De estas neuronas brotan miles de conexiones, cada una de las cuales almacena información y la enlaza con lo que ya conocemos. Fueron estas conexiones las que, ante la visión de un animal peludo de cuatro patas, le permitieron a mi hijo pequeño decir que aquello era un perro. Por desgracia, en aquella ocasión lo que estaba viendo era un caballo. El cerebro establece conexiones, aún cuando a veces no sean las correctas.

El cerebro aprende estableciendo nuevas conexiones o caminos entre elementos del conocimiento, y es esta capacidad la que le permite seguir aprendiendo desde el nacimiento hasta la muerte. Pero los primeros años son los más vitales en el aprendizaje, pues es entonces cuando se establecen los principales caminos entre las diferentes zonas del cerebro. Tomemos el lenguaje, por ejemplo. El acento que uno aprenda en los primeros cinco años de su vida será, probablemente, el que le quede para el resto de sus días. Es muy difícil cambiarlo después, puesto que se ha implantado en los principales senderos cerebrales que tienen que ver con el lenguaje. Así, aunque uno añada nuevas palabras a medida que crece, la forma en que habla vendrá determinada en gran medida por las conexiones que haya establecido en sus primeros años.

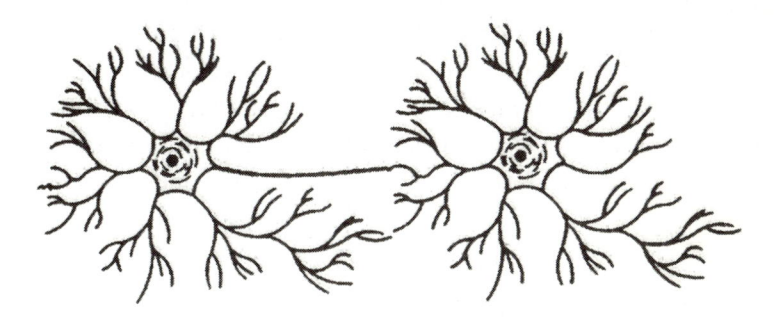

El potencial cerebral se desarrolla mediante el establecimiento de conexiones

El potencial del cerebro subyace en el número y la complejidad de las conexiones que puede establecer, no sólo en el lenguaje, sino en otros tipos de inteligencia que forman parte del cerebro. Las principales autopistas, así como todos los caminos que las interconectan, permiten que la información almacenada en una parte del cerebro se conecte con la información guardada en otras zonas. La capacidad del cerebro para hacer estas conexiones es la fuente del aprendizaje en el ser humano, así como de toda nuestra creatividad y cultura. También es la razón por la cual nos reímos, bromeamos o podemos resolver una adivinanza. Ahí va un chiste que me contó hace poco un niño:

Niño: Toc, toc.
Yo: ¿Quién es?
Niño: Luís.
Yo: ¿Qué Luís?
Niño: ¡No! ¡José Luís!

Usted resuelve una adivinanza o le encuentra la gracia a un chiste al establecer una conexión, o como dice el niño en ese momento: "¿Lo has pillado?"

Este libro tratará de ayudarle a su hija a desarrollar su potencial cerebral utilizando sus distintas inteligencias para establecer conexiones mentales. Vamos a ver todo esto con más detalle.

¿Cuales son las inteligencias de su hija?

Su hija utilizará muchos tipos diferentes de pensamiento para lograr sus objetivos en la vida. Existen al menos nueve tipos de inteligencia que potencian su mente razonadora (ver diagrama de la página 19). Cada uno de ellos tiene una localización física en el cerebro, y proporciona una forma distinta de pensamiento. Cada uno de ellos nos permite resolver distintos tipos de problemas y alcanzar distintos tipos de consecuciones en el mundo.

> **¿Sabía usted que...?**
>
> El cerebro con el que nace un bebé contiene todos los elementos de la inteligencia. En el primer año de vida, el cerebro de un bebé triplica su tamaño hasta alcanzar los ¾ de su tamaño adulto, y le lleva 17 años más desarrollar el último cuarto. El cerebro adulto plenamente desarrollado pesa algo menos de un kilo y medio, y es, con diferencia, el objeto más complejo que se conozca en el universo. No tenemos más que una vaga idea de cómo funciona, pero sabemos algunos métodos que le ayudan a funcionar mejor, y de eso es de lo que trata este libro.

Cada una de estas inteligencias diferentes capacita a su hija en diferentes tipos de aprendizaje. Todos los seres humanos, salvo los que padecen algún tipo de lesión cerebral, disponen de todas estas formas de inteligencia. Unas estarán más desarrolladas que otras, pero su hija las tiene todas plenamente interconectadas en su cerebro.

Por regla general pensamos que tenemos sólo una mente, pero nuestras mentes se parecen más bien a una orquesta en la que cooperan diversas partes, y en ocasiones tomamos consciencia de la necesidad de que todas estas partes se reúnan para resolver un problema. Gema, de nueve años, parecía ser consciente de este hecho cuando comentó que, para dormirse,

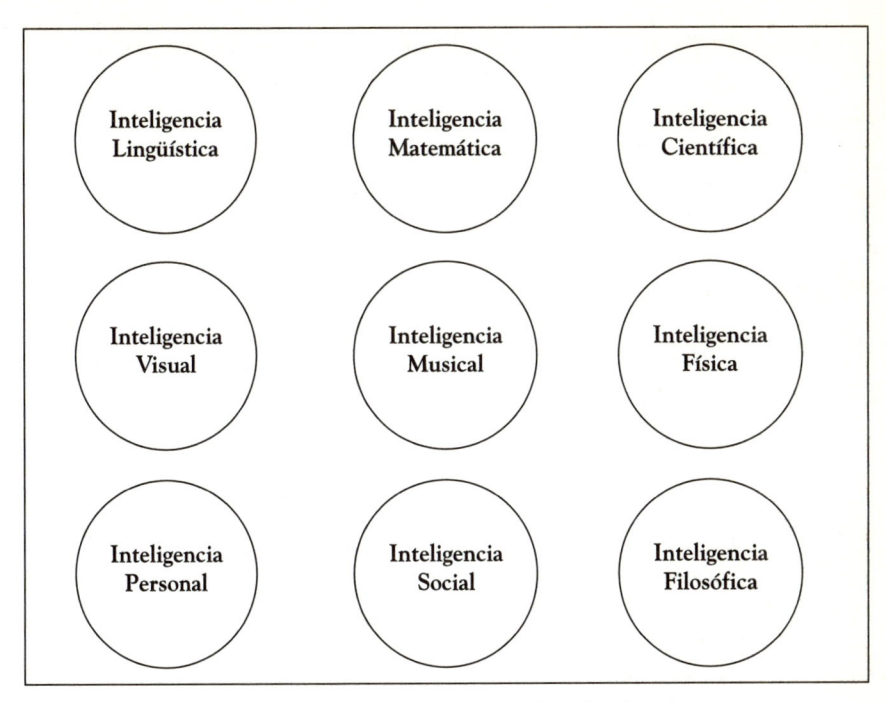

Inteligencia Lingüística	Inteligencia Matemática	Inteligencia Científica
Inteligencia Visual	Inteligencia Musical	Inteligencia Física
Inteligencia Personal	Inteligencia Social	Inteligencia Filosófica

Las nueve inteligencias que potencian el cerebro de su hija

"a veces me hablo a mí misma, a veces me canto una canción y a veces cuento. Hay veces en que partes diferentes de mi mente hablan entre sí". La mente de su hija no tiene sólo una voz y una serie de pensamientos, sino que posee diferentes voces y distintas clases de pensamiento. Para conseguir el máximo rendimiento de su mente tenemos que ser conscientes de éstas y de las capacidades que se derivan de cada tipo de inteligencia. Cada niño, sea varón o hembra, y sea cual sea su origen, tiene todas y cada una de los siguientes tipos de inteligencia:

- Inteligencia Lingüística: la utilización del lenguaje para aprender, y la capacidad para hablar, leer y escribir.
- Inteligencia Matemática: la comprensión de los números y la lógica en el pensamiento.
- Inteligencia Científica: el aprendizaje sobre el mundo exterior, y la curiosidad para descubrir más cosas.
- Inteligencia Visual: el aprendizaje a través de la visión, y la consciencia de las formas y el espacio.

- Inteligencia Musical: el aprendizaje a través de la escucha, y la consciencia de los sonidos.
- Inteligencia Física: el aprendizaje a través del cuerpo, y el desarrollo de habilidades físicas.
- Inteligencia Personal: ser consciente de uno mismo, de los pensamientos, sentimientos y necesidades de uno.
- Inteligencia Social: ser consciente de los demás, y relacionarse bien con ellos.
- Inteligencia Filosófica: pensar y hacerse preguntas acerca del significado de la vida.

Hace algún tiempo se veía a la inteligencia como algo fijo, como una especie de motor con una capacidad fija con la que uno nacía y que no cambiaba nunca. Cuando se medía el potencial de este motor mental se le llamaba el CI (Cociente de Inteligencia), pero aquellos tests no cubrían más que algunos aspectos de la inteligencia (principalmente el lingüístico y el matemático). Ahora sabemos que aquellas personas con un elevado CI no necesariamente terminaban teniendo más riqueza, más felicidad o más éxito[1] que aquellos que tenían un CI inferior. El cerebro no es tanto un motor de capacidad fija como una serie de motores de capacidades desconocidas. Lo que importa es obtener el máximo rendimiento de los motores (o inteligencias) que potencian la mente de su hija, y la vida en el hogar juega un importante papel en la consecución de este objetivo.

---

1 Tendríamos que aceptar también como relativo y cuestionable que el dinero, la felicidad y el éxito, tal como los entienden las sociedades occidentales, sean los objetivos prioritarios en la vida. (Nota del Traductor)

El desarrollo de las distintas inteligencias de su hijo

No hay nadie cuyo cerebro funcione a pleno rendimiento; todos tenemos capacidades mentales que están por desarrollar. No sabemos lo que podríamos conseguir en caso de contar con la ayuda necesaria, el tiempo suficiente y los estímulos adecuados. Todos necesitamos los estímulos del ejercicio mental para mantener a punto nuestras mentes. Al igual que los músculos, la mente humana se expande y se desarrolla con el uso y, al igual que el cuerpo, se mantiene en forma mediante una actividad regular. El objetivo de este libro es mostrar de qué modo ejercitar los distintos aspectos de la inteligencia de su hijo para ayudarle a expandir el potencial de su mente. Esto es algo que los niños también desean por sí mismos. Sophie, de ocho años, decía, "Me gustaría tener un cerebro más grande". Sophie no podía cambiar su cerebro, pero lo que sí que podía hacer era utilizarlo mejor, si se le mostraba de qué forma. Al igual que en la historia de la tortuga y la liebre, lo que cuenta en un principio no es lo rápido o lo listo que sea uno; a la larga, lo importante es el esfuerzo que haga por ven-

Si su hijo/a	Lo que puede hacer usted es	Lo que su hijo/a puede aprender
Piensa que es estúpido, que no puede pensar o aprender nada	Mostrarle cómo lograr resultados en el aprendizaje de algo nuevo	Puede darse cuenta de que puede aprender algo nuevo con ayuda si se lo propone de verdad
Piensa que es buena para aprender unas cosas pero no otras	Animarla para que practique aquello en lo que es buena y ayudarla en aquello en lo que tiene dificultades	Aprende que se puede mejorar tanto en lo que es buena como en lo que le resulta difícil.
Piensa que es listo, y que se desempeña bien en todo tipo de pensamiento y aprendizaje	Plantearle nuevos retos, y alabar o recompensar sus esfuerzos.	Que lo importante en la vida es el esfuerzo que se haga, no lo listo que pueda ser.

cer los problemas con los que se enfrente. Y todos los niños tendrán que enfrentarse con distintos problemas.

Bajo el antiguo punto de vista sobre la inteligencia se creía que los niños nacían listos o torpes y que no se podía hacer gran cosa al respecto. Ahora se piensa que cualquier niño es potencialmente brillante en algunos aspectos de su inteligencia y menos brillante en otros. No sabemos qué aspectos se desarrollarán en mayor medida. Claro está que la inteligencia de su hijo tiene sus límites, pero no sabemos dónde se encuentran, de ahí que debamos educar a nuestros hijos con un espíritu de optimismo, y esto tiene sentido en tanto en cuanto sabemos que las personas tienden a hacer las cosas mejor en la medida en que se sienten confiados y hacen el esfuerzo por lograr sus objetivos. Si nos mostramos pesimistas con respecto a lo que nuestros hijos pueden saber y hacer, los limitamos con nuestras expectativas. Si no esperamos mucho de ellos, ellos probablemente tampoco esperarán mucho de sí mismos.

Los niños son plenamente conscientes de lo que sus padres piensan de ellos, y esto les afecta en el modo en que se ven a sí mismos. Un niño que se vea a sí mismo como brillante y prometedor tenderá a estar a la altura de esta imagen. Un niño del que se piense que es torpe terminará pensando en sí mismo como un fracasado, en especial cuando se tenga que enfrentar con problemas. En ocasiones, los niños se sienten confundidos ante mensajes contrapuestos y no saben qué pensar de sí mismos.

Cualquier niño puede encontrarse en la situación de que alguien pretenda menospreciarle, reírse de sus esfuerzos, desdeñar su falta de conocimientos o deleitarse con el hecho de que no sea tan bueno en hacer algo. Crecer significa tener que entendérselas con gente que intenta ponerle a uno mal, y resulta doblemente difícil para un niño el que las personas que le están poniendo mal sean aquellas con las que comparte su vida cotidiana. Los padres pueden inhibir y reducir el desarrollo mental de su hijo o pueden estimularle para que despliegue su potencial (ver diagrama superior).

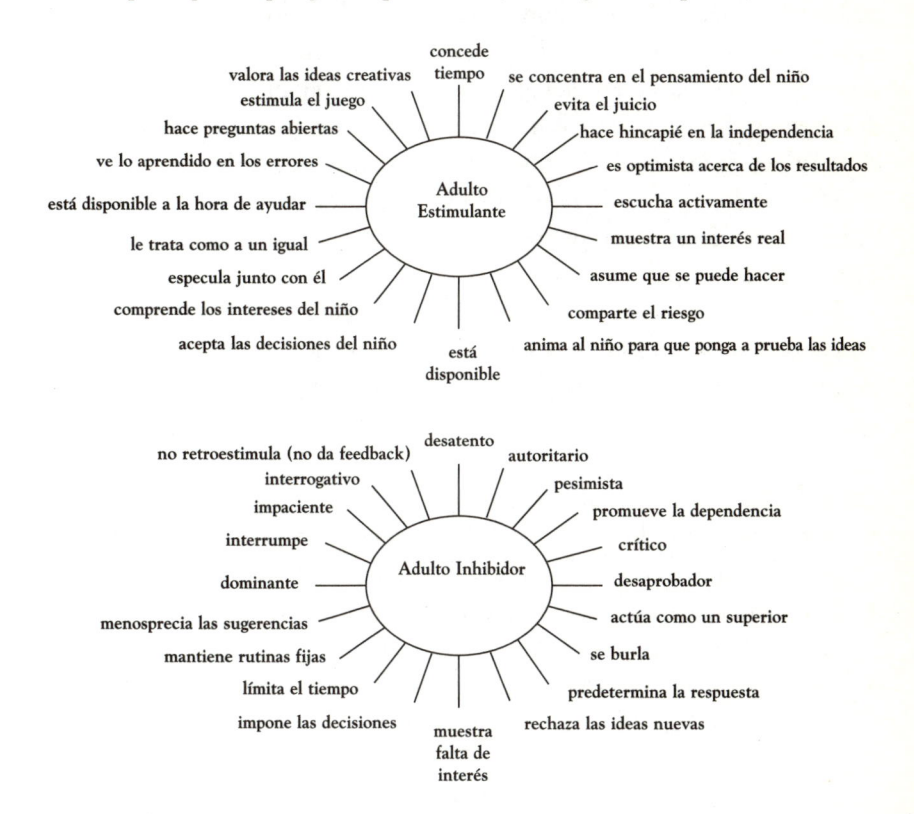

Adulto Estimulante
- concede tiempo
- valora las ideas creativas
- estimula el juego
- hace preguntas abiertas
- ve lo aprendido en los errores
- está disponible a la hora de ayudar
- le trata como a un igual
- especula junto con él
- comprende los intereses del niño
- acepta las decisiones del niño
- está disponible
- se concentra en el pensamiento del niño
- evita el juicio
- hace hincapié en la independencia
- es optimista acerca de los resultados
- escucha activamente
- muestra un interés real
- asume que se puede hacer
- comparte el riesgo
- anima al niño para que ponga a prueba las ideas

Adulto Inhibidor
- desatento
- no retroestimula (no da feedback)
- interrogativo
- impaciente
- interrumpe
- dominante
- menosprecia las sugerencias
- mantiene rutinas fijas
- límita el tiempo
- impone las decisiones
- muestra falta de interés
- autoritario
- pesimista
- promueve la dependencia
- crítico
- desaprobador
- actúa como un superior
- se burla
- predetermina la respuesta
- rechaza las ideas nuevas

Adulto estimulante y adulto inhibidor [2]

---

[2] Este diagrama se ha recuperado de Teaching Children to Think, de Robert Fisher, publicado por Stanley Thornes (1995), en donde se discute con más detalle la naturaleza del pensamiento y de las habilidades de pensamiento. Reproducido con permiso.

¿Cómo desarrollar las inteligencias?

Los buenos padres, al igual que las buenas escuelas, hacen que sus hijos sean más inteligentes. Pero, ¿qué es la inteligencia y cómo se desarrolla?

Existen tres aspectos en cada una de las inteligencias de nuestra hijo. En primer lugar, está el cerebro con el que ha nacido. Su cerebro es similar al nuestro, pero está interconectado de forma diferente. El *hardware* físico de su cerebro es fijo y no se puede cambiar (a menos que se provoque un daño cerebral o por cirugía). Aquello con lo que ha nacido es lo que los expertos llaman la "inteligencia neural". Pero el modo en el cual utiliza y desarrolla su cerebro, lo que podríamos llamar el *software*, proporciona los elementos fluidos de la inteligencia. Desarrollará su cerebro a través del uso que de él haga en el hogar, en la escuela y a través de las experiencias de la vida.

El segundo aspecto de la inteligencia es el modo en que el cerebro de su hijo se ve desarrollado por parte de los demás a través de la experiencia diaria y de la cultura.

El tercer aspecto es lo que él mismo desarrolla mediante su propio pensamiento y acción. Es la parte de la inteligencia que puede expandir por sí mismo cuando lleva a cabo su propio aprendizaje, por ejemplo cuando establece sus propios objetivos y alcanza sus propias metas.

Las tres dimensiones de una inteligencia
- Inteligencia con la que se nace –el cerebro con el que hemos nacido, que permanece con nosotros toda la vida.
- Inteligencia desarrollada –el cerebro desarrollado por los demás, la familia, la escuela, los amigos, el trabajo, etc.
- Inteligencia autodesarrollada –el cerebro que desarrollamos mediante nuestro propio pensamiento y aprendizaje.

Los niños tienden a utilizar una de las dos creencias que existen acerca de la inteligencia: o bien que es de naturaleza fija y que no puede cambiar, o bien que se puede mejorar a través del esfuerzo. Los niños que creen que la inteligencia se puede mejorar suelen aprender mejor que aquellos que creen que su inteligencia es fija. Y existen serios inconvenientes para los niños que piensan que han nacido con una inteligencia fija, tanto si esa fijación es en el nivel de la estupidez, como en el promedio o el de la inteligencia superior.

INPUT	Lo que usted hace	Usted le proporciona un estímulo a las inteligencias de su hija y la anima a creer que la inteligencia no es algo fijo sino que se puede mejorar a través del esfuerzo.
OUTPUT	Lo que hace su hija	Su hija gana en confianza con la utilización de sus diversas formas de inteligencia, y por fin se da cuenta de que puede mejorar su intelecto mediante el esfuerzo.
AUTOCONTROL	Lo que su hija aprende	Su hija se capacita para utilizar las distintas formas de inteligencia en la mejora de su pensamiento y su aprendizaje en la escuela, así como a través de la vida.

¿Sabía usted que...?

El cerebro es un órgano hambriento, el más hambriento del cuerpo humano. Aunque constituye tan sólo el 2 por ciento del peso total del cuerpo, consume un 20 por ciento del oxígeno que entra en el organismo. Este oxígeno es esencial para el funcionamiento cerebral. Después de cinco a diez segundos sin oxígeno perdemos la consciencia, después de 20 segundos perdemos el control muscular, después de cuatro minutos las neuronas cerebrales se ven seriamente dañadas, y después de diez minutos estamos muertos.

El inconveniente de decirles a los niños en todo momento que son muy inteligentes es que les hace vulnerables a pensamientos derrotistas si fracasan en algo. Si se persuade a los niños de que no son inteligentes, esto se puede convertir rápidamente en una profecía que se cumple por sí misma —cada fracaso la confirma, de modo que cesa el intento. Lo que los niños deben aprender es que cualquier aspecto de su inteligencia es mejorable, sea mediante sus propios esfuerzos o sea con la ayuda de otros. Ben, de nueve años, demostró comprender algo de esto cuando dijo:

- El que los demás te digan que sigas intentándolo no ayuda. Lo que de verdad tienes que hacer es decírtelo a ti mismo.

Pero si usted quiere hacer algo más que decirle a su hija que siga intentándolo, ¿cómo puede ayudarle a que se ayude a sí misma?

El proceso de desarrollo de todo tipo de inteligencia implica tanto una acción de entrada (*input*) (usted proporciona un estímulo que supone un reto) como una reacción de salida (*output*) (su hija hace un esfuerzo por tener éxito), que, si todo va bien, llevará al autocontrol (su hija aprenderá de qué forma alcanzar un buen resultado en aquello que hace).

¿Qué puede hacer para ayudar?

Una profesora llevó en cierta ocasión un paquete de golosinas a su clase de niños de cuatro y cinco años y les dijo que les iba a dar golosinas a todos. Les preguntó si querían una golosina o dos, y los niños dijeron que querían dos. Entonces, puso una golosina delante de cada uno de los niños y les dijo que podían comérsela, pero que si la dejaban allí durante cinco minutos tendrían aquella y otra más. Después, se marchó para ver qué sucedía. Los niños, sin saberlo, estaban participando en un experimento en el que se pretendía observar su comportamiento. ¿Se comerían la golosina que tenían delante o esperarían cinco minutos para conseguir otra?

Algunos niños no pudieron esperar y se comieron la golosina. Otros dudaban, miraban la golosina, levantaban la vista inquietos en sus sillas, jugaban con los dedos, observaban lo que hacían los demás, y al final se la comían. Algunos otros hicieron también todo esto pero esperaron los cinco minutos sin comerse su golosina, y cuando la profesora volvió los recompensó con otra. Dado que era un experimento, se realizó un seguimiento a largo plazo de los niños con el fin de ver qué grupo, si es que se daban diferencias, era el que más éxito tenía en la escuela y en la vida. Los investigadores descubrieron que uno de los grupos resultó tener más éxito que los otros en conseguir buenas notas en la escuela y, más tarde, mejores resultados en sus profesiones. ¿Qué grupo fue?

El grupo que mejores resultados obtuvo resultó ser el que había esperado. ¿Qué razones podrían haber para esto? Una de ellas parece ser que fue que los niños que eran impulsivos, que no habían aprendido a ser conscientes, a detenerse y pensar, tendían a no desenvolverse tan bien en la vida como los que se detenían y pensaban antes de actuar, haciendo el esfuerzo de dejar a un lado la gratificación inmediata a cambio de una futura recompensa. O como lo diría un espabiladillo de catorce años, "Has de mantenerte frío, analizar las opciones, trabajar un poquito con la cabeza antes y se te dará lo que te corresponde después". Así pues, ¿qué le puede ayudar a su hijo para que se haga más consciente y menos impulsivo?

Lo que sigue es un experimento para ver cuán consciente puede ser alguien a la hora de escuchar. Haga las siguientes preguntas en una sucesión rápida (y dé la respuesta si la otra persona no puede hacerlo):

Pregunta: ¿Cómo se le llama al árbol que crece de las bellotas?
Respuesta: Roble (o Encina).
Pregunta: ¿Cómo se les llama a las historietas cortas que hacen reír?
Respuesta: Chistes.
Pregunta: ¿Cómo se le llama al sonido que hace la rana?
Respuesta: Croar.
Pregunta: ¿Cómo se le llama a la parte blanca del huevo?
Respuesta: ¡Yema!

A la parte blanca del huevo se le llama clara. ¿Por qué dijiste yema?

A los niños les encanta esta clase de añagazas, pero éstas tienen un lado serio pues nos muestran lo fácil que es que caigamos en los peligros de lo repetitivo en nuestras vidas. El ritmo de lo familiar nos sumerge en la inconsciencia. Una de las razones por las que nos gustan tanto los chistes es porque el remate del chiste genera una conexión inesperada.

Esta capacidad para "ver" las conexiones en los chistes no es más que uno de los aspectos de una de las inteligencias que todos poseemos: la inteligencia lingüística.

Inteligencia Lingüística: el desarrollo del sentido de las palabras
¿Cuál es el chiste favorito de su hijo?
Éste es el chiste favorito de un niño de cinco años:

Pregunta: ¿Qué es lo que le dice una uva a otra?
Respuesta: Nada, tonto. Las uvas no hablan.

Todos tenemos esta habilidad para jugar con las palabras. El humor y los juegos de palabras son características exclusivamente humanas. ¿De dónde obtuvimos este sentido de las palabras? ¿Cómo podemos ayudar a nuestro hijo para que desarrolle su habilidad en el uso de las palabras? La naturaleza nos da una ventaja, pues llegamos al mundo bien preparados para las palabras, quizás debido al tipo de inteligencia más importante de todos: la inteligencia lingüística.

Todo el mundo necesita una inteligencia lingüística bien desarrollada para comunicar de forma adecuada lo que quiere y necesita. Hay algunas profesiones que requieren una inteligencia lingüística altamente desarrollada para su ejecución, como ocurre con los actores, los escritores, los abogados, los líderes religiosos, los vendedores, los profesores, los locutores de radio o televisión, o los poetas. Un niño con una inteligencia lingüística bien desarrollada aprenderá a través de la palabra, la escucha, la lectura y la escritura, disfrutará con el uso de las palabras, por ejemplo escribiendo o dramatizando, y se desenvolverá bien en la comunicación con los demás.

En el capítulo 2 se exploran formas para ayudar a desarrollar los aspectos importantes de la inteligencia lingüística de su hijo: hablar y escuchar, leer y escribir, así como pensar. Claro está que su hijo necesita algo más que palabras, necesita también aprender acerca de otros extraños productos de la mente humana que pueden llevar tanto a la miseria como a la dicha: los números.

Inteligencia Matemática: el desarrollo del sentido del número y la lógica.

El sentido del número es una capacidad innata, y cualquier niño puede desenvolverse bien en aritmética con la práctica suficiente. Sin embargo, aunque hayamos nacido con el sentido del número, lo que determina si llegaremos a obtener el máximo rendimiento de nuestra inteligencia matemática es nuestra experiencia vital.

La asombrosa habilidad que tienen con los números algunos *idiots savants*, es decir, niños que tienen un CI muy bajo y muy pocas habilidades sociales, muestra otro rasgo interesante de la inteligencia matemática. Muchos de estos niños tienen el don de la calendrología, es decir, la habilidad de calcular qué día de la semana era un día determinado. Esta habilidad no es innata, sino aprendida mediante la patológica capacidad de concentrarse en los calendarios a expensas de casi todo lo demás, incluidos los demás seres humanos. Probablemente usted no deseará una mentalidad tan limitada en su hijo, pero esto demuestra que una buena ejecución en aritmética no depende de ningún tipo de inteligencia general, sino simplemente de un sentido particular e innato del número y la lógica, del mismo modo que otros módulos del cerebro nos permiten llevar a cabo tareas con el lenguaje. Sarah, de seis años, expresaba una experiencia muy común cuando decía: "Puedo sumar, pero no te puedo decir cómo lo hago". Claro está que las matemáticas involucran algo más que cierta capacidad con los números. Su hijo necesita del lenguaje para que tomen sentido los problemas matemáticos y para hacer conexiones con los hechos almacenados en la memoria. El aprendizaje de las tablas de multiplicar involucra tanto a la memoria como al lenguaje, que es el motivo por el cual algunas personas con lesiones cerebrales cuya memoria del lenguaje está dañada tienen dificultades a la hora de multiplicar aunque no tienen problemas con otras clases de operaciones aritméticas.

El conocimiento de la geometría, de la forma y el espacio, también requiere la utilización de otras formas de inteligencia, en especial la inteligencia visual-espacial, de manera que, aunque hemos nacido con cierto sentido para el número, en el cual se basa la inteligencia lógico-matemática, su hijo precisa desarrollar otros elementos de la inteligencia para desenvolverse bien con todo tipo de problemas matemáticos.

La investigación cerebral demuestra que algunas zonas del cerebro juegan un papel más importante que otras en el cálculo matemático. Pero la razón por la cual algunas personas son brillantes en matemáticas todavía no se comprende del todo. Sabemos, no obstante, la clase de actividades que fortalecerán la inteligencia matemática de su hijo. Como decía Janie, de ocho años, en un informe escolar sobre matemáticas que escribió acerca de sí misma: "No soy muy buena con las mates. Sé que podría hacerlo mejor, pero necesito ayuda".

> **¿Sabía usted que...?**
>
> En Inglaterra y Gales, las chicas se desenvuelven mejor que los chicos en los tests de matemáticas a la edad de 14 años, pero entre los más dotados en matemáticas hay muchos más chicos que chicas.

En el capítulo 3 se contemplan algunos métodos para ayudar a su hijo con las mates tanto en casa como en la escuela, y se le muestra cómo la naturaleza lógica de las matemáticas le puede ayudar con otros tipos de pensamiento, en particular con el pensamiento científico. Como explicaba Jeremy, de 11 años: "Las mates son una especie de lengua extranjera que tienes que aprender. Es una forma especial de describir el mundo que te rodea y de descubrir más sobre él". Este impulso por descubrir el mundo es otra de las facetas fascinantes de la mente humana[3].

Inteligencia Científica: el descubrimiento del mundo.

Haciendo balance de su vida, una vida empleada en descubrir más cosas acerca del mundo, el gran científico Sir Isaac Newton dijo en cierta ocasión que tenía la sensación de haber sido como "un niño jugando a la orilla del mar, buscando guijarros planos para entretenerme o alguna concha más llamativa de lo normal, mientras el gran océano de la verdad se extendía ante mí totalmente desconocido". Los niños son científicos naturales. Al igual que éstos, necesitan tomar consciencia del mundo que se extiende a su alrededor, por ver si pueden descubrir algo más de las cosas que escuchan, ven, tocan y huelen. Desde los primeros días de la infancia utilizan formas simples de pensamiento científico para investigar los objetos que ven a su alrededor, y experimentan con el fin de descubrir lo que esos objetos pueden hacer. En cierta ocasión en que una niñita de pocos meses estrelló un plato contra el suelo lanzándolo desde las alturas de su silla en una fiesta, su madre dijo: "¡Oh, no te preocupes Jane! Simplemente está experimentando con la gravedad". Los bebés saben un montón acerca de las propiedades de los objetos, pero se sorprenden enormemente con la gravedad.

---

3 Para profundizar en el innato sentido humano por los números véase The Number Sense: How the Mind Creates Mathematics, de Stanislas Dehaene, publicado por Routledge, 1998.

Los niños pequeños desarrollan gran cantidad de creencias sobre el mundo cuando intentan darle sentido a sus experiencias. James, de cinco años, tenía unas creencias extrañas acerca de la materia. Era consciente de que un paquete de arroz tiene peso, pero le extrañaba que un grano de arroz no pesara nada, y decía que, si uno corta una manzana por la mitad una y otra vez, llegaría un momento en que el trozo sería tan pequeño que no habría nada, no ocuparía lugar, no habría manzana allí.

- ¿Cómo puedes tener un trozo que no es nada? –le pregunté.
- Es tan pequeño que no está ahí –respondió.

La idea de James no era una tontería, puesto que algunos objetos son tan pequeños que no puede detectarlos el ojo humano. Pero era una idea errónea dado que, al cortar algo por la mitad una y otra vez, se puede conseguir algo más pequeño, sí, pero sólo hasta que ya no se puede cortar más. Así pues, la ciencia no trata sólo de lo que podemos ver, sino también de cómo le damos *sentido* a lo que vemos.

La ciencia no es sólo lo que encontramos en los libros o lo que aprendemos en la escuela; es un modo de comprender el mundo. Esta forma de conocimiento es una forma particular de la inteligencia humana, la inteligencia científica. Pero que todos dispongamos de esta inteligencia no quiere decir que, automáticamente, todos nos desenvolvamos bien con la ciencia en la escuela o que deseemos leer libros científicos. Es una inteligencia que nos ayuda a descubrir el mundo que nos rodea, tanto las plantas del jardín como las conchas de la playa, y que lleva en sí la curiosidad que nos impulsa a descubrir más cosas. Zoe, de seis años, se hizo eco de los pensamientos de muchos cuando dijo: "Me gustaría mucho ver un volcán, pero no me apetece leer sobre ello". Después de miles de años hemos conseguido desarrollar las herramientas de la investigación científica, herramientas que se pueden aplicar a distintos problemas de cualquier área de estudio, por ejemplo, lo que sucedió en el pasado (historia), en otros lugares (geografía) o en el mundo físico (física, química y biología). No todas las sociedades han necesitado estas herramientas. En la sencilla forma de vida de los cazadores-recolectores no hacía falta nada más que el más simple de los razonamientos científicos para cazar animales o hacer crecer las cosechas. Sin embargo, el éxito en las complejas sociedades modernas depende de cierta comprensión de la ciencia.

> **¿Sabía usted que...?**
>
> Las sociedades, como las personas, varían en cuanto al valor que le otorgan al conocimiento científico. En algunas sociedades tradicionales, como en las comunidades hindúes, virtualmente no se ha generado historia escrita; en vez de historia tienen mitos, leyendas y textos religiosos, mientras que en otras culturas, como la de la antigua China, se guardaban extensos registros del pasado. También las familias difieren en los registros que guardan del pasado.

En el capítulo 4 veremos con más profundidad lo que es la inteligencia científica y cómo se puede desarrollar. Claro está que está estrechamente relacionada con otras formas de inteligencia –el lenguaje para describir el mundo, las matemáticas para medir el mundo y la inteligencia visual para observar el mundo.

Inteligencia Visual: aprender a ver.

"Sabré lo que es cuando lo vea", dijo Amy, de cuatro años, cuando se le indicó algo que no podía distinguir en un principio. Durante cada segundo del día su hija está haciendo cosas extraordinarias. Siente el mundo, reconoce caras al instante, puede distinguir millones de tonos de color y miles de olores, siente el más ligero toque de una pluma y escucha el distante canto de un pájaro, y hace todo esto, al parecer, sin ningún esfuerzo. Un niño normal no necesita ayuda para ver, oler, tocar, saborear o sentir. ¿Quiere esto decir que su hija no es más que un receptor pasivo de colores y sonidos, como una cámara o un magnetófono, o es algo más que eso?

El cerebro de su hija es mucho más que una cámara o un magnetófono. Estos aparatos graban imágenes y sonidos, pero no tienen sentido de lo que graban. No tienen inteligencia visual.

Los sentidos de su hija tienen distintos centros de control en el cerebro que, como científicos diminutos, le ayudan a darle sentido a lo que ve, escucha, huele, toca o saborea. Puede recurrir a recuerdos de sus experiencias pasadas que le ayudarán a comprender la nueva experiencia. Cuando no está segura, los centros sensoriales del cerebro hacen cuidadosas conjeturas, como por ejemplo, "Parece una especie de..." o "Suena como una especie de..."

La primera vez que mi hijo, siendo muy pequeñito, vio la imagen de un león, dijo: "Perro". Era una criatura parecida a un perro. Estaba razonando por analogía. Con el tiempo, vería una estatua en Trafalgar Square y la reconocería como un león. El ojo necesita de la mente, necesita de la inteligencia visual para decirnos qué es lo que vemos.

Todos nacemos con inteligencia visual, pero tiene que desarrollarse. Lo malo de la mente es que quiere una vida fácil, y cae fácilmente en hábitos irreflexivos. Ninguno observamos con detenimiento si la mente dice que no hay necesidad de ello; si podemos ver (y etiquetar algo) de un vistazo, ¿para qué prestarle más atención? Los niños caen con facilidad en el hábito de no prestar atención, de contentarse con un rápido vistazo, de ser visualmente perezosos. Pero a cualquier edad podemos desarrollar un ojo más inteligente. Cuando Grandma Moses[4] comenzó su exitosa carrera como pintora a la edad de noventa años utilizaba una inteligencia visual que siempre había estado ahí, desde su más tierna infancia, pero que no se había desarrollado o alcanzado su plena expansión a través de la experiencia.

Los sentidos de un niño normal son extraordinariamente agudos. Puede ver hasta las motas más pequeñas de color y, si de verdad escucha, oír la caída de un alfiler. Pero, paradójicamente, lo que no ve ni escucha es tan importante como lo que sí que percibe. Cada especie siente e interpreta el mundo de diferente modo. Nosotros no podemos más que imaginar el rango de olores y sonidos que un perro puede percibir, o lo que algunos animales pueden ver gracias a unos ojos altamente perfeccionados. Los receptores visuales de los ojos de un águila están mucho más desarrollados que los del ojo humano. Un águila puede percibir a un conejo a cinco kilómetros de distancia; un ser humano sólo puede ver a un conejo hasta la distancia de un kilómetro. Tan sólo una fracción de la información disponible llega al cerebro para ser interpretada y procesada. Sabemos que el cerebro de un niño descompone la información que recibe en elementos manejables con el fin de darle sentido, pero, ¿cómo vuelve a reunir esos elementos? ¿Cómo le da sentido a ese aluvión de información, y cómo podemos ayudarle para que lo haga mejor?

---

4 Anna Mary Robertson Moses (1860-1961). Pintora estadounidense de estilo naïf que se dio a conocer como artista a una avanzada edad. (Nota del Traductor)

> **¿Sabía usted que...?**
>
> La retina del ojo es tan delgada como esta página, y sin embargo nos permite distinguir hasta ocho millones de tonalidades de color. Pero sólo reconocemos variaciones de color si observamos con atención. Pruebe a hacer este experimento: elija un color y mire a su alrededor. ¿Cuántas tonalidades de ese color puede diferenciar usted (o su hijo)?

Vemos a través de los ojos, pero es el cerebro el que le da sentido a lo que vemos. Sin las necesarias conexiones con un cerebro pensante nuestros ojos serían inútiles. La investigación sobre el cerebro nos puede decir mucho acerca de cómo éste le da sentido a lo que vemos. Ahora sabemos que el área visual del cerebro, que está en la parte posterior de la cabeza, abarca hasta un 30 por ciento del córtex, el tacto abarca hasta un 8 por ciento y el oído un 3 por ciento. Su hijo aprende a través de todos estos sentidos. En el capítulo 5 exploraremos el pensamiento visual, y después consideraremos esa otra forma de inteligencia sensorial, la del oído, y por qué aprender a escuchar es tan importante como aprender a ver.

Inteligencia Musical: aprender a escuchar.

La música sola con sus ágiles hechizos puede infundir
una sensación de abandono, y aliviar de preocupaciones la mente.
                    William Congreve, "Himno a la Armonía"

Uno de los pequeños estaba en la cocina haciendo un espantoso ruido con una cuchara y una cacerola.
- ¿Qué ruido es ése? –grité.
- Es Tom –respondió mi mujer-, que está componiendo su primera obra musical.
La música se encuentra presente en todas las culturas humanas, desde los tambores de África a los cánticos de los monjes medievales, desde las sinfonías de Mozart hasta lo último en música disco. De todas las capacidades de la mente, no hay ninguna que se desarrolle a una etapa más temprana. En términos de evolución humana, es muy probable que los seres humanos hicieran música antes incluso de que aprendieran a comunicarse a través de la palabra o de que hicieran sus primeros cálculos numéri-

cos. La música tiene el poder de "hablarnos" de un modo que no posee ningún otro medio, aún cuando a veces los niños la "hablen" de un modo excesivamente sonoro.

Las madres suelen cantarles a sus hijos para que se duerman. Los ejércitos marchan al son de los tambores. Todas las religiones tienen su música sacra, todos los países su himno nacional. Bailamos con la música, expresamos nuestro amor y nuestro pesar a través de la música. Y la música es la primera de las capacidades intelectuales que desarrolla su hijo.

Los estudios hechos sobre el desarrollo del ser humano sugieren que todos los niños tienen cierta capacidad musical "en bruto". Esta respuesta natural al ritmo y a la melodía tiene su origen en el ritmo del corazón de la madre y en los primeros intentos del niño por comprender las cadencias melódicas de la palabra. Determinadas partes del cerebro, en gran medida localizadas en el hemisferio derecho, juegan un papel muy importante en la percepción y la producción musical. Esta clase de inteligencia se desarrolla hasta un nivel muy elevado en ciertas personas. Los padres de Yehudi Menuhin metían a su hijo a hurtadillas en las salas de conciertos cuando sólo tenía tres años. Al pequeño Yehudi le extasiaba tanto el sonido del violín que pidió uno para su cumpleaños –y un profesor. Consiguió ambas cosas y, cuando cumplió los diez años, era ya un interprete de talla internacional. Tenía el don musical, pero necesitó ayuda para obtener el máximo rendimiento de este don. ¿Cómo saber si su hija tiene el don de la música?

Una niña dotada para la música mostrará un gran interés por los sonidos musicales y disfrutará con ellos. Este interés puede observarse antes de que aprenda a hablar. Antes de cumplir los dos años es posible que cante con bastante acierto las canciones que escucha. Puede incluso imitar una canción después de escucharla una sola vez y ser lo que se llama "entonada" a la edad de cinco años. Algunos pueden leer música a esa edad y haber comenzado a tocar un instrumento por sí mismos.

Todos los niños son capaces de componer sus propias canciones, pero la mayoría deja de hacerlo cuando alcanzan la edad escolar. La niña musicalmente dotada seguirá componiendo canciones de un modo divertido y creativo. Será buena también escuchando música, y no sólo escuchará las melodías sino que podrá diferenciar los sonidos de los instrumentos e identificar el ritmo y la melodía en la música. Será capaz de hablar acerca de los diferentes sonidos que escucha, y podrá explicar en qué se diferencia una obra musical de otra.

La mayoría de los niños pueden no estar musicalmente dotados en el sentido de ser capaces de tocar un instrumento bien, pero todos tienen la capacidad de apreciar la música y de beneficiarse de ella al ser iniciados a la música en el hogar. La respuesta de su hija a la música está plenamente establecida en su cerebro como una forma diferenciada de inteligencia. En el capítulo 6 se explica cómo puede usted ayudarle a desarrollar el don de la inteligencia musical.

> **¿Sabía usted que...?**
>
> La idea de que la música puede ser una ayuda en el aprendizaje no es nueva. El público de la antigua Grecia asistía a una celebración llamada la Panatenea cada cuatro años. Durante esta celebración, un presentador cantaba toda la *Iliada* de memoria al rítmico latido de una lira tocada con suavidad. Las crónicas cuentan que muchas personas del público podían recordar después largos pasajes de esta gran obra.

Inteligencia Física: el desarrollo de la mente y el cuerpo.

"¡Me gustaría que mi cuerpo hiciera lo que yo le digo que haga!", dijo una exasperada niña después de intentar coger una pelota y botarla. No siempre es fácil conseguir que nuestro cuerpo haga algo que queremos que haga. Para mover el cuerpo tenemos que usar el cerebro. Sólo una pequeña parte de nuestros movimientos físicos, como estornudar o bostezar, son involuntarios. El cuerpo es un instrumento que, para la mayor parte de sus usos, hay que tomarse la molestia de amaestrarlo. ¿Cómo podemos hacerlo?

El control del movimiento del cuerpo está localizado en el córtex motor del cerebro. Una de las cosas extrañas que tiene el cerebro es que el control del movimiento en las personas diestras está situado en la mitad izquierda del cerebro, mientras que en los zurdos está situado en el hemisferio derecho. Cuando esta zona del cerebro se ve dañada podemos perder la capacidad de controlar nuestros movimientos. Aún cuando tengamos la capacidad física para movernos, es una zona cerebral la que nos permite iniciar la acción, aunque, afortunadamente, no tenemos que pensar cada acción que deseamos emprender. El cerebro piensa por nosotros, aporta la información necesaria cuando queremos hacer algo de forma automática a través de la espina dorsal hasta las partes relevantes del cuerpo. Distintas partes del córtex motor son responsables de diferentes movimientos musculares (razón por la cual su hijo encuentra difícil frotarse la barriga con la mano en un movimiento circular mientras con la otra intenta palmear la parte superior de la cabeza).

Estos movimientos pre-programados son lo que llamamos los "sabe-cómo". No tenemos que pensar en ellos para hacerlos, y mejoran con la práctica. También mejora lo que hacemos mediante el uso de herramientas. Al usar herramientas tales como bolígrafos, cepillos, cuchillos y tenedores, hay dos partes del cuerpo que resultan de gran importancia: la mano y el ojo. Para aprender a usar herramientas de una forma cada vez más precisa necesitamos que estos elementos se coordinen entre sí. Esto lleva tiempo, y Jodie, de siete años, esforzándose con su caligrafía, decía: "¡Sé lo que hay que hacer, pero mis manos se niegan a hacerlo!"

La inteligencia física no sólo está involucrada en los problemas diarios de hacer tareas en casa y en la escuela, también está involucrada en todo tipo de juegos y deportes. Tanto si golpeamos una pelota con una raqueta de tenis, como si imitamos una acción o utilizamos el cuerpo para expresar una emoción (como en la danza), estamos usando la inteligencia física. Ésta se encuentra involucrada en todo tipo de actividades artísticas, tanto si dibujamos como si pintamos o modelamos; en el diseño de cualquier invento, en el arreglo de un aparato o una máquina y en la preparación de una comida. Hay personas que son mejores que otras en la realización de estas actividades, pero es una inteligencia que todos tenemos y que todos podemos desarrollar, ¡hasta aquellos que dicen que no saben cambiar un fusible, planchar una camisa o hervir un huevo!

Para algunos niños es su inteligencia física la que les dará los mayores resultados, convirtiéndose en una fuente de gratificaciones en su vida, puesto que les resultará más fácil aprender por medios físicos, táctiles y cinestésicos. Como Alex, de seis años, que en cierta ocasión me dijo: "No te lo puedo explicar, pero te puedo mostrar cómo lo hago yo". O como el mecánico de automóviles que necesita pillar "la sensación" del motor antes de descubrir qué es lo que anda mal, o el cocinero que, con los ingredientes, prefiere el sistema de ensayo-error antes que seguir estrictamente una receta.

> **¿Sabía usted que...?**
>
> En una clase normal de treinta niños, más de veinte de ellos serán capaces de asimilar información de tres formas diferentes: visualmente (a través de la vista), auditivamente (a través del oído) y cinestésicamente (a través del tacto). Dos o tres de los niños tendrán problemas para aprender de cualquiera de estas formas. El resto, alrededor de seis, tendrán una forma de aprendizaje mucho más potenciada, sea la visual, la auditiva o la cinestésica.

Aquellos niños para los que el método físico sea su método preferido de aprendizaje, tendrán necesidad de moverse, de sentir, de tocar y de hacer, y si no se les da la oportunidad de hacer esto en casa o en la escuela pueden sentirse marginados, confusos y aburridos. En el capítulo 7 se toman en consideración los modos de ayudar a todos los niños para que aprendan más mediante su inteligencia física.

Inteligencia Personal: ser conscientes de nosotros mismos.

En el principio, probablemente, los seres humanos no serían conscientes de sí mismos como personas, serían conscientes nada más de lo que les sucedía y de lo que sucedía a su alrededor. Sus mentes inconscientes harían todo el trabajo, sin necesidad de ningún tipo de comprensión consciente. Un recién nacido es así en gran medida, reaccionando a lo que le sucede sin saber quién es o lo que es, como persona diferenciada. Entre los muchos descubrimientos asombrosos que hace un bebé está el de darse cuenta de que es una persona separada de las demás. Ésta es la razón por la cual un espejo puede ser un juguete sumamente educativo para un bebé, pues llega un día en que descubre algo que resulta enormemente fascinante: que el que se ve en el espejo no es otro que él mismo. Para algunos, este es el comienzo de toda una vida de amor.

El desarrollo de la mente humana es, en parte, el desarrollo del "yo", mi idea de la persona que soy yo. La inteligencia personal es esa parte de la mente que nos dice quién somos. Cuando los seres humanos comprendieron que eran personas únicas y diferenciadas fue cuando tomaron conciencia no sólo de "¿qué hay ahí fuera?", sino que también se interesaron en "¿qué hay aquí dentro?" Cuando a Tom, de diez años, se le pidió que pensara en lo que pasaba por su cabeza, escribió: "¿No resulta extraño que la única mente que uno realmente conoce es la suya propia? Nunca podrás estar seguro de lo que pasa por la cabeza de cualquier otro". Parte de la fascinación que conlleva el ser padre, cuidador o maestro de un niño consiste en que siempre hay algo nuevo que descubrir en cuanto a lo que pasa (o no pasa) por la cabeza de un niño.

Adulto (señalándole la cabeza al niño): ¿Qué está pasando por ahí?
Niño: Lo siento, no hay nadie ahora. Llame más tarde.

Hay veces en que los niños ven sus mentes como si hubiera un pequeño 'yo' dentro diciéndoles qué pensar y qué hacer. Lo extraño es que no haya ningún 'yo', que lo único que haya sea neuronas enviando mensajes por todo el cerebro. El yo es una de las invenciones humanas más maravillosas. Creamos la idea de nuestro yo al reunir todas nuestras actividades corporales y mentales, y a menudo se experimenta este yo como una voz interior. Esta 'voz del pensamiento', cuando toma consciencia de sí misma como un 'yo', es una expresión de la inteligencia personal. Los niños pequeños suelen identificar ese 'yo' en un nivel físico:

RF: ¿Quién eres tú?
Paul (cuatro años): Soy un niño.
RF: ¿Qué clase de persona eres tú?
Paul: Tengo el pelo castaño.

Los niños más mayores empiezan a evaluarse como un yo en relación con otros:
RF: ¿Qué clase de persona eres?
Jason (ocho años): Soy mejor que otros niños.
RF: ¿Qué tienes de especial?
Jason: Soy más rápido corriendo que los demás.

A medida que crecen, los niños empiezan a desarrollar unas creencias sistemáticas sobre sí mismos:
RF: ¿Qué clase de persona eres?
Miranda (doce años): Bueno, soy una persona maja. No soy egoísta. Me gusta compartir las cosas con los demás. Sólo me enfado cuando nadie me escucha.

RF: ¿Qué tienes de especial?
Miranda: Bueno, nadie siente algo o piensa algo como lo hago yo. ¡Al menos no he encontrado a nadie hasta ahora!

La inteligencia personal le permite a una persona entenderse y obtener el máximo partido de sí misma, le permite a su hijo recurrir a otras formas de inteligencia para obtener un mayor conocimiento de sí mismo, le da ocasión de tomar conciencia de sus sentimientos y de sus estados corporales, le ayuda a comprender quién es y qué puede hacer, y lo que es más importante: le ayuda a entender lo que tiene que hacer para desenvolverse mejor. La inteligencia personal es un elemento importante en el autocontrol, o más bien en el aprendizaje de cuándo controlarse y cuándo no. Este sentido de consciencia propia varía de unas personas a otras, pero todos tenemos la capacidad de conocernos, y de conocernos mejor.

En el capítulo 8 se muestra cómo puede ayudar a su hijo a desarrollar su inteligencia personal.

¿Sabía usted que...?

Las personas que se cuentan a sí mismas sus problemas personales suelen desenvolverse mejor en la resolución de estos problemas que aquellas que no se los cuentan. En los niños, el "hablarse a sí mismo" es una expresión de inteligencia personal, y puede llevar a una consciencia de sí mismo creciente.

Inteligencia Social: ser consciente de los demás.

- ¿Por qué no puedo tener lo que quiero? –vociferaba un irritable niño de dos años.
- Porque tu hermana también lo quiere y es su turno –llegó la respuesta de la madre.
- ¿Y por qué no puede ser *siempre* mi turno? –protestó el niño.

En el drama diario de la vida familiar es normal que ocurran situaciones como ésta. La familia puede resultar enloquecedora. En la experiencia de la vida en común es donde se evocan las emociones más poderosas –la ira, los celos, el amor y la desesperación–, y la forma en la que comprendemos y tratamos estos conflictos, así como el desarrollo de la comprensión hacia los demás, es función de la inteligencia social.

No es difícil darse cuenta del motivo por el cual la inteligencia social era importante para los seres humanos. En las sociedades prehistóricas, las habilidades de la caza y de la vida en común como grupo requerían de la participación y la cooperación de un gran número de personas. La inteligencia social se desarrolló gracias a nuestra necesidad de resolver los problemas de la vida en común –la necesidad por equilibrar nuestras propias necesidades con las necesidades de los demás, para poder resolver enfrentamientos y beneficiarnos de lo que los demás podían ofrecer. Era un desafío constante. Como dijo Nadia, de cuatro años, después de pelearse con sus amigas, haciéndose eco de un sentimiento que las personas deben de haber tenido a lo largo de la historia: "¡Todo sería perfecto si no fuera por culpa de los demás!"

Uno de los factores que hace de los seres humanos algo especial es su largo período de infancia, así como el fuerte cariño del bebé por la persona que hace el papel de madre. La infancia es una época crucial para el aprendizaje del amor y de cómo establecer relaciones con los demás. Si en la experiencia de una niña pequeña no existe la vivencia del amor materno, su desarrollo social y su capacidad para establecer relaciones con sus semejantes se pueden ver deteriorados. A través del amor y de nuestras primeras relaciones descubrimos que el yo no está solo, que estamos conectados con muchas clases de personas –familia, amigos, los que nos ayudan en la comunidad y aquellos por los cuales sentimos algún tipo de cariño. Para algunas personas, este sentimiento por los demás puede ser considerable. Cuando se le preguntó a Judy, de cinco años, por quién iba a rezar, respondió: "Voy a rezar por todos. Y espero que ellos recen por mí". La inteligencia social se muestra en el estar consciente de los demás. Se ve activa principalmente en los lóbulos frontales del cerebro. Si esta zona del cerebro sufre algún daño se pueden dar cambios en la personalidad, como ocurre con algunas formas de demencia senil, y se puede perder la capacidad para comprender a y relacionarse con los demás. Las personas que poseen una inteligencia social bien desarrollada son conscientes de cómo se sienten los demás, y son capaces de detectar su estado de ánimo, sus deseos e intenciones. Disponen de buenas habilidades sociales, se llevan bien con los demás y son populares. A veces se convierten en el tipo de líderes y organizadores que los demás están dispuestos a seguir. Como decía Paula, de once años, acerca de su amiga Liane: "Me gusta Liane, porque parece saber lo que quiero mejor que yo misma".

La inteligencia social utiliza otras formas de inteligencia para obtener más conocimiento, así como en la relación con otros seres humanos. Es una capacidad que todos tenemos, pero que se desarrolla de un modo diferente en cada uno. En el capítulo 9 se mostrará de qué modo podemos ayudar a nuestro hijo a desarrollar la inteligencia social.

> **¿Sabía usted que...?**
>
> Existe el doble de emociones negativas, como el miedo, los celos, el pesar, la ansiedad y la culpa, que de positivas. Hay muchas formas de ser infeliz, pero no hay muchas para ser mucho más feliz. Aquellos que se llevan bien con los demás tienen menos emociones negativas y son normalmente más felices que aquellos que no se llevan bien con sus semejantes. La inteligencia social puede ayudar a su hijo a llevar una vida más feliz en la medida en que le ayuda a uno a llevarse bien con los demás.

Inteligencia Filosófica: el pensamiento sobre el significado de la vida.

Lo maravilloso de los niños pequeños es que son filósofos por naturaleza. Desean conocer el significado de las cosas y, cuando son pequeños, no tienen miedo de preguntar. Es algo natural y universal.

En cualquier país y en cualquier época, los niños siempre han hecho preguntas incómodas. Nacen sin experiencia del mundo y, para ellos, es un lugar bullicioso y radiante lleno de gente grande y extraña, de cosas que suceden y cambios. Nacen sin ningún tipo de mapas o guías. Sus padres y cuidadores son sus primeros guías. Como turistas en un país extranjero tienen un montón de preguntas que hacer. Algunas tratarán de cosas cotidianas como "¿Cómo se llama eso?" "¿Por qué hace eso?" "¿Dónde se va?" Son éstas preguntas basadas en hechos reales para las que suele haber una respuesta simple, que es verdadera o falsa.

Pero hay otras preguntas de las que hacen los niños que son más difíciles de contestar. Normalmente, tratarán de lo que significan las cosas y de por qué la vida es como es; por ejemplo, "¿Por qué se mueren las personas?" "¿Por qué se odian las personas entre sí?" "¿Qué es Dios?" Son preguntas sobre la vida humana y sobre lo que pensamos de la vida. Estas preguntas no sólo confunden a los niños, sino que también han estado confundiendo a los filósofos durante miles de años. Son habituales porque todos tenemos la capacidad de plantear preguntas filosóficas. Lo que pasa es que no podemos hacerlas muy a menudo y, a medida que nos hacemos mayores, quizás dejemos de hacer este tipo de preguntas. Y los niños también dejarán de planteárselas si no se les anima a que sigan haciéndolas. En la escuela, los profesores comentan que, a medida que los niños se hacen mayores, van haciendo cada vez menos preguntas, hasta el punto de algunos dejan de hacer preguntas completamente. Esto se puede deber a que se les desanima en su comportamiento de plantear cuestiones en casa o en clase. Si a nadie le interesa, ¿para qué hacer preguntas? Como dijo Charlotte, de once años: "Dejé de hacer preguntas. Todos parecían saber las respuestas excepto yo, y no había nadie que quisiera escuchar".

Uno de los problemas que plantean las preguntas de los niños es que, en ocasiones, la respuesta no es fácil, o puede haber todo un abanico de respuestas posibles, o quizás ni nosotros ni nadie conozcamos la respuesta. Estas son algunas de las preguntas planteadas por niños de cuatro y cinco años de edad. Algunas de ellas son científicas en el sentido de que existe una respuesta basada en la realidad, otras son filosóficas en el sentido de que tratan de la naturaleza de la vida y de nuestras creencias en la vida, y para éstas puede que no haya una respuesta fácil.

- ¿Por qué le crecen pelos en la nariz a la abuela?
- ¿Adónde va la gente cuando se muere?
- ¿Por qué no hay que robar?
- ¿Pueden pensar los conejos?
- ¿La magia existe?
- ¿Los caracoles se aman?
- ¿Existen de verdad los ángeles?

¿Cómo responder a estas preguntas? En el capítulo 10 se exploran varias formas de responder y se contempla lo que podemos hacer para desarrollar la inteligencia filosófica de nuestro hijo.

> **¿Sabía usted que...?**
>
> Cuando se le preguntó al conocido filósofo Kant qué era la filosofía, respondió: "Vete, haz algo y lo averiguarás". Kant creía que todos disponían de una capacidad dada por Dios para hacerse preguntas filosóficas, y la habilidad de utilizar su razonamiento para encontrar las respuestas por sí mismos. A esta capacidad para el pensamiento filosófico le llamaba "razón". Es una habilidad que todas las personas tienen, aunque no todas la utilicen.

Para ayudar a aprender a su hijo

Los siguientes capítulos exploran poco a poco cada una de las inteligencias, explican lo que es la inteligencia y cómo se puede desarrollar. En cada capítulo se esboza un enfoque de tres pasos para ayudar a su hijo. Lo primero que necesita su hijo es un INPUT. Su cerebro, su mente y sus sentidos están conectados y listos para el estímulo. El input que usted le da puede ser algo que usted hace o dice para estimular su pensamiento, como puede ser el hacer una pregunta, leer una historia o jugar a algo. El segundo paso es el OUTPUT —es decir, lo que su hijo hace en respuesta al estímulo, que puede ser el pensamiento, la acción o la conversación a que da lugar. El tercer paso es el AUTOCONTROL —es decir, lo que su hijo aprende o aquello de lo que toma conciencia como resultado de lo escuchado, visto o hecho.

Algunos profesores, padres y tutores se frustran cuando los niños parecen no captar o recordar lo que les han estado diciendo. El problema estriba en que, nada más diciendo, lo único que hacemos es proporcionar el INPUT, que, por sí solo, no constituye una forma eficaz para el aprendizaje. El mejor aprendizaje tiene lugar cuando hay un OUTPUT por parte del que aprende, un elemento activo o acción, como por ejemplo la resolución de un problema o el responder a una pregunta.

Adulto: Parece que nunca aprendas de lo que haces.
Niño: ¿Cómo puedo aprender si estoy ocupado haciéndolo?

Pero el input y el output, la sugerencia de qué hacer y la acción del niño, no suelen ser suficientes para que el aprendizaje quede firmemente establecido. Se necesita un tercer elemento a través del cual el que aprende pueda tomar el control de su aprendizaje, traduciendo las ideas o las experiencias a sus propias palabras. AUTOCONTROL significa el sentido que su hijo le da al input, lo que usted ha dicho o hecho, y al output, que es lo que él ha dicho o hecho. Un niño consigue el autocontrol o el dominio sobre lo que ha aprendido cuando puede ponerlo en sus propias palabras, demostrárselo o explicárselo a usted.

Adulto: ¿Me puedes enseñar cómo se hace?
Niño: Primero tengo que enseñármelo a mí mismo.

El enseñar a otros y ayudarles a aprender nunca es fácil. Es posible que sus padres o sus profesores se arrancaran los cabellos en el pasado en sus intentos por hacerle aprender. En ocasiones, la más difícil de todas las enseñanzas puede ser la del padre que intenta ayudar a su hijo o hija. Un padre explicaba sus dificultades del siguiente modo: "Los quieres tanto y lo intentas con tanta fuerza que te rechazan, y cuando no lo intentas con la fuerza suficiente, te ignoran".

Todos soñamos con tener unos hijos que salgan adelante y lo hagan bien, y cuando no temen los resultados les damos la lata y los presionamos. Pero, en ocasiones, esto les deja una sensación poco inspiradora. Más adelante encontrará ideas clave para ayudar a su hijo en el aprendizaje, y al final de cada uno de los capítulos que siguen encontrará unos resúmenes con siete ideas clave o pasos para conformar cada una de las inteligencias de su hijo. Sólo con que uno de los pasos funcione con usted y con su hijo, éste al menos le habrá ayudado para obtener el máximo rendimiento de la mente de su hijo. Los chinos dicen que un viaje de mil kilómetros comienza con un paso. Trabaje pues pasito a pasito, pues no es fácil el sendero que abrirá el potencial de su hijo. Será la combinación de muchos pequeños pasos repetidos a lo largo de los años lo que le llevará al resultado que busca, a lo que dijo Joe, de ocho años, cuando se las estaba viendo con un problema: "Sólo con que hubiera un interruptor secreto en el cerebro que pudieras pulsar y que dijera 'POTENCIA CEREBRAL'".

Siete pasos para ayudar a su hijo a aprender

• Lo poco y a menudo es más efectivo- no se pase de la raya	INPUT
• Haga que el aprendizaje sea divertido en la medida de lo posible	INPUT
• Explique lo que está haciendo y por qué, clara y lentamente	INPUT
• Involúcrele activamente, no lo haga todo por él	OUTPUT
• Sea paciente, haga preguntas para comprobar que entiende	OUTPUT
• Deténgase para darle tiempo, anímela si necesita ayuda, alabe sus esfuerzos.	OUTPUT
• Anímele a explicar, contar o enseñarle lo que ha aprendido	AUTOCONTROL

2

Un camino con palabras
El desarrollo de la inteligencia lingüística

¿Qué uso se le puede dar a un libro –pensó Alicia- que no tiene dibujos ni diálogos?

Lewis Carroll
"Las Aventuras de Alicia en el País de las Maravillas"

Las historias no son sólo algo que se puede leer, también son algo de lo que se puede hablar.

Jane, 8 años

Jane es una niña a la que se le dan bien las palabras, se expresa bien con ellas y se siente segura tanto a la hora de leer como de escribir. En la escuela se le está dando bien tanto la lectura, como la escritura y la palabra. Las expectativas que se han depositado sobre ella son que hará bien los exámenes y que saldrá adelante en su carrera, pero puede que no sea así. Jane tiene su inteligencia lingüística, pero aún necesita ayuda para desarrollarla.

El poeta T. S. Eliot fue otro de estos niños. Cuando tenía diez años creó su propia revista, a la que llamó *Fireside*. En tres días, durante sus vacaciones de Navidad, hizo ocho números de la revista. En todos ellos había poemas, relatos de aventuras, noticias, cotilleos y humor. En aquel esfuerzo infantil se encontraban las semillas de su futuro genio, pero aún necesitaría mucha ayuda y ánimos tanto en casa como en la escuela para actualizar su potencial.

Brian no tiene tanta suerte como los anteriores. Cuando habla, se muestra dubitativo y nervioso. En casa no hay muchos libros, y a su madre y a su padre no les dice gran cosa. A pesar de sus seis años, no puede leer más que unas cuantas palabras sencillas. Su escritura es pobre, y le resulta difícil deletrear. Él, como Jane, tiene su propia inteligencia lingüística, pero va a necesitar mucha más ayuda para sacar el máximo partido de sus dones. Si Brian consigue esa ayuda y aprende a ayudarse a sí mismo, puede aprender y desenvolverse en la vida tan bien o mejor que Jane. Tanto para Brian como para Jane existe el peligro de que no lleguen a desarrollar plenamente su inteligencia lingüística. Pero, ¿qué es la inteligencia lingüística, y cómo se puede desarrollar mejor?

¿Qué es la inteligencia lingüística?

La inteligencia lingüística es la inteligencia de las palabras, y se desarrolla desde una edad muy temprana. Un bebé puede aprender a reconocer la voz de su madre estando aún en el útero, y con cuatro días de edad puede reconocer la forma de hablar de su madre. Antes de que cumpla su primer año comienza a asociar las palabras con los significados, y sobre los dieciocho meses comienza a desarrollar un vocabulario que, seis meses después, habrá crecido hasta incluir unas 2.000 palabras. ¿Cómo puede un niño conseguir este sorprendente dominio del lenguaje con tanta rapidez?

La investigación cerebral nos dice que nacemos con zonas específicas en el cerebro que son responsables de diferentes aspectos del lenguaje. Si una de estas partes del cerebro resulta lesionada podemos perder la capacidad para entender lo que significan las palabras, o cómo se dicen o deletrean. La inteligencia lingüística está localizada en la parte izquierda del cerebro, pero se interconecta con otras zonas de la inteligencia en otras partes de este órgano. Podemos utilizar el lenguaje para hablar de matemáticas, música y otras formas de inteligencia, pero nuestra capacidad para utilizar las palabras deviene de esta inteligencia en concreto.

¿Por qué son tan importantes las palabras? La mayor parte del pensamiento humano se basa en las palabras. Éstas nos ayudan a expresar los pensamientos y las ideas (o conceptos), y nos permiten comunicárselos a los demás. Sin palabras, seríamos incapaces de decir lo que queremos decir. La habilidad de su hijo para utilizar las palabras y para comunicar lo que sabe mediante el habla y la escucha, la lectura y la escritura, será una de las claves de su éxito en el aprendizaje y en la vida. Pero su hijo necesitará ayuda para desarrollar su habilidad en el uso de las palabras. Como decía Kerry, de seis años: "Hay veces que las palabras no me vienen, y no vienen porque no están ahí, no importa cuánto te esfuerces".

A continuación se dan algunos ejemplos de la utilización de la inteligencia lingüística en la resolución de problemas de la vida real:

- A Mary le apetecía mucho ir de vacaciones a un sitio en concreto, pero primero tenía que persuadir a su familia para que les apeteciera a ellos también. Les habló de esa posibilidad, pero no parecieron muy entusiasmados. Escuchó con atención sus razones y luego le explicó a cada uno de los miembros de la familia lo mucho que iba a disfrutar con esas vacaciones. Al final accedieron pero, por desgracia, durante las vacaciones hizo muy mal tiempo. La inteligencia lingüística ayuda a persuadir a los demás, ¡pero no puede controlar el clima!
- Tony tenía que comprar una nueva cocina sin más dilación. La que tenían en casa había muerto por fin, y necesitaban una con urgencia. Con la ayuda de su familia estuvo consultando los informes de las revistas de consumidores en busca de las sugerencias de compra. Compararon las ofertas que se anunciaban y, al final, todo salió bien: encontraron en una tienda cercana una cocina que se recomendaba como la mejor compra en una revista de consumo, y a un buen precio. Desgraciadamente era blanca, cuando lo que querían era una cocina verde. Ni siquiera una buena investigación puede garantizarle que vaya a conseguir lo que realmente necesita.
- Tracy estaba enfadada. Se había comprado un caro reloj con un año de garantía y, a poco de pasar el año, se había estropeado. Le dijeron que costaría tanto de reparar como si lo comprara nuevo, de modo que escribió a los fabricantes, pero le contestaron que la garantía había expirado. Volvió a escribir y consiguió persuadirles para que le reemplazaran el reloj. Para cuando llegó el nuevo reloj, ya se había comprado otro, pero su carta había funcionado –había conseguido que le cambiaran el reloj.

El desarrollo de la inteligencia lingüística de su hijo

Un niño normal nace con una inteligencia lingüística que le da el potencial para aprender cualquier lengua humana desde el mismo momento del nacimiento. Lo que desarrolla esta inteligencia es el estímulo que recibe el niño por parte de sus padres y cuidadores. Cuantas más palabras e ideas escucha, utiliza y comprende un niño, mayor será la inteligencia verbal que desarrolle.

Este proceso comienza con la simple escucha de las palabras que hace el bebé y su balbuceo como respuesta, y continúa con toda la experiencia de hablar y escuchar, incluyendo el hablarse a sí mismo. Paula, de ocho años, se refiere a esta clase de conversación interna cuando dice: "A veces, mis mejores conversaciones tienen lugar cuando hablo conmigo misma... ¡*pos* no hay nadie que me interrumpa!"

Hay niños que desarrollan su camino con las palabras con mayor rapidez que otros. Hablan más, se interesan por nuevas palabras y se les anima

Si su hijo/a	Lo que puede hacer usted es	Lo que su hijo/a puede aprender
Es tímido para hablar y titubea cuando habla delante de los demás	Anímele a hablar a solas con usted de las cosas que le interesan	Que hablar con una persona ayuda a ganar confianza para hablar con otros
Tiene problemas para prestar atención y escuchar cuando los demás están hablando	Explíquele qué se siente al no ser escuchado, utilice juegos de hablar y escuchar (ver abajo), y alábele cuando escuche bien	Que se descubren más cosas cuando se escucha con atención lo que otro dice
No le gusta leer y tiene dificultades con la palabra impresa	Busque libros que le interesen, léaselos, y después léanlos juntos	Que la lectura puede ser interesante y divertida, y que se puede aprender con la ayuda necesaria

activamente en casa para que lean y escriban. No importa la rapidez o lentitud con la que su hijo desarrolle el lenguaje, usted puede ayudarle a sacar más partido de esta inteligencia.

¿Cómo desarrollar la inteligencia lingüística?

Un bebé nace con un cerebro listo para hablar. Todo lo que necesita son palabras que le hagan funcionar. Parte de la zona del lenguaje en el cerebro está programada para el habla y el control de los músculos del habla. Pero hay una zona bastante grande que no está comprometida y que tiene que llenarse con la experiencia, en concreto con la experiencia del lenguaje. Es aquí donde los padres y tutores pueden jugar un papel vital. Un niño pequeño aprende por imitación, escuchando y comparando los sonidos que hacen los adultos y las palabras que pronuncian. Claro está que, a veces, las cosas no salen del todo bien. Claire, de tres años, escuchó a su madre decir algo de "hacer caricias al gato", de manera que le llamaba "gato caricias".

Su hija puede decir muchas cosas raras en su deseo de imitarle. Eso está muy bien, pues demuestra que está aprendiendo –por imitación (y, en ocasiones, siendo corregida) y siendo recompensada. Los padres suelen recompensar los sonidos que les gustan prestando atención, sonriendo y respondiendo. Las palabras que reconocen y las frases que quieren escuchar se recompensan de este modo, mientras que otras palabras y sonidos se ignoran.

En los primeros seis años de vida, la mayoría de los niños aprenden sus primeras 3.000 palabras importantes en el lenguaje del hogar, y muchos de ellos pueden conseguir este sorprendente logro a la edad de cuatro o cinco años. Esto lo aprenden, principalmente, a partir de su experiencia en el hogar, hablando con sus padres y compartiendo con ellos las experiencias del lenguaje. Si viven en una casa en donde se hablan dos lenguas, las aprenderán las dos. Si se hablan tres lenguas, aprenderán las tres. La cantidad de tiempo que los padres emplean hablando con sus hijos, así como la calidad de sus charlas, son de vital importancia y constituyen los elementos más importantes a la hora de predecir el éxito escolar del niño, porque la mayor parte del pensamiento que se utiliza en la escuela se hace con palabras. Como comentó Joe, un niño brillante de nueve años, al respecto del buen desempeño en la escuela, "Tienes que ser bueno hablando si quieres ser bueno pensando".

Como el resto de inteligencias, los sentidos del lenguaje se desarrollan con el uso, escuchando palabras, viéndolas, pronunciándolas, leyéndolas y escribiéndolas. Los cerebros de los niños están dispuestos para responder a las palabras y para pensar creativamente con palabras, incluso con palabras que nunca han escuchado. Esto se puede comprobar dándole a cualquier niña pequeña el test 'wug'. Se le dice a la niña: "Aquí hay un wug. Ahora hay dos de ellos. Hay dos...." Y la niña responderá rápidamente "wugs", no porque haya oído hablar de wugs, o porque se le haya explicado la regla de añadir una 's' al plural, sino porque nuestros cerebros están preparados para comprender las reglas de las oraciones y las frases (sintaxis) y cómo se construyen las palabras con elementos más pequeños (morfología). Lo que necesita la niña para desencadenar su comprensión es la experiencia. Lo que su hija necesita es el mejor tipo de experiencias para desarrollar su instinto natural para el lenguaje.

Aunque la inteligencia lingüística se desarrolla con más rapidez cuando se es joven, se puede desarrollar también a cualquier edad. Algunas personas maduran esta capacidad 'tardíamente', como en el caso de la mujer que comienza un curso de estudio después de haber sacado adelante a sus hijos, o el de la persona que, después de jubilarse, escribe el libro que siempre sintió que estaba dentro de ella, o aquella persona de cualquier edad que inicia una campaña política para defender un caso concreto o responder a algo erróneo. Esta inteligencia se puede potenciar en cualquier momento de la vida, pero la mejor época para su desarrollo es la de los primeros años, cuando el cerebro es más flexible y más influenciable. El problema en una familia muy ocupada es encontrar el momento para ello.

En una familia promedio, las oportunidades más frecuentes se dan al contarse unos a otros lo que ha sucedido. "¿Cómo te ha ido el día?" "¿Qué has hecho hoy?" "¿Qué hay de nuevo?", constituyen ocasiones para ejercitar la inteligencia lingüística.

Lo que sigue es el sendero de desarrollo de esta inteligencia:

| Inteligencia lingüística básica | • comprende palabras sencillas
• pronuncia de frases simples
• dispone de habilidades de comunicación básicas |

Inteligencia lingüística desarrollada	• tiene un vocabulario amplio • es capaz de contar historias y chistes • está aprendiendo las bases de la lectura y la escritura
Inteligencia lingüística personas bien desarrollada	• lee para aprender y por placer • escribe con diferentes propósitos y para diferentes • se comunica bien en diversas situaciones

La inteligencia lingüística se desarrolla en situaciones en donde se les da a los niños el tiempo y la oportunidad de expresar sus ideas con palabras. Para ello, la niña necesita un estímulo (input), como el que se le haga una pregunta, una actividad (output), como animársele a que cuente sus novedades, y la ocasión de practicar una responsabilidad (control) sobre sus medios de expresión, como dejarle que cuente tanto o tan poco como desee. Este proceso, y la parte que usted pone en él, se pueden resumir como sigue:

INPUT:	Usted estimula a su hija...	dándole palabras para que las utilice y motivos para hablar, escuchar, leer y escribir.
OUTPUT:	Lo que su hija hace es...	hablar y escuchar, leer para aprender y escribir por diversos motivos y para diversas personas.
AUTOCONTROL:	Capacitando a su hija para...	comunicarse con confianza del modo que desee, a quien desee y cuando desee.

> **¿Sabía usted que...?**
>
> Desde que nacen hasta los cuatro meses, los bebés pueden distinguir más de 150 sonidos diferentes que se dan en todas las lenguas, pero hacia los diez meses de edad sólo pueden distinguir los sonidos del habla de su propia lengua nativa.
>
> Ayude a su bebé a aprender los sonidos del habla de su lengua materna, hablándole, leyéndole y cantándole. La audición del lenguaje le ayudará a reconocer y distinguir los sonidos del habla bastante antes de que sepa lo que significan.

Los niños desarrollan la inteligencia lingüística cuando:

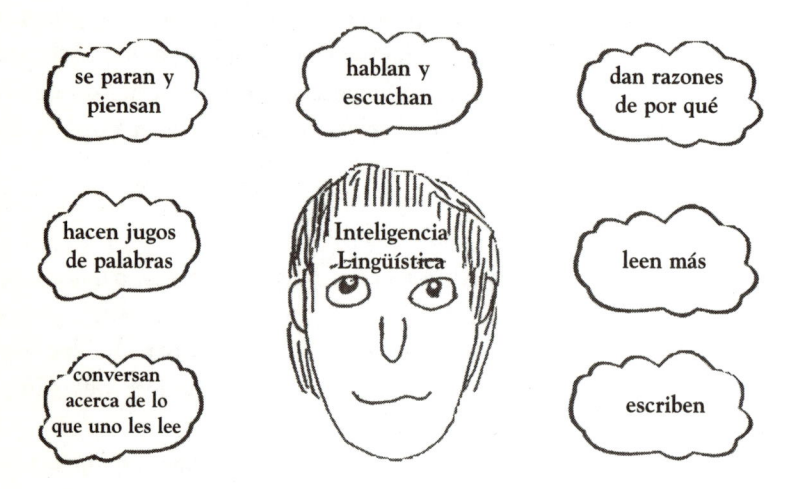

- se paran y piensan
- hablan y escuchan
- dan razones de por qué
- hacen jugos de palabras
- Inteligencia Lingüística
- leen más
- conversan acerca de lo que uno les lee
- escriben

¿Qué puede hacer para ayudar?

Existen varias formas con las cuales ayudar a enriquecer la experiencia lingüística de su hijo.

Los niños deberían de escuchar a diario y desde temprana edad las novedades de las que se habla en el hogar, para aprender así cosas de la sociedad en la que vive. Las canciones infantiles, los cuentos de hadas, los relatos religiosos y los cuentos populares proporcionan material para la inteligencia lingüística. Una niña pequeña puede ver de este modo que las palabras se utilizan para resolver problemas, y comenzar así a ejercitar su inteligencia a través del esfuerzo –como Lucy, de tres años, que le enseñaba a su osito de peluche todas las palabras que conocía. "Le he enseñado a hablar a mi osito", decía, "pero es tan tímido que la única persona que le puede oír soy yo". En el momento su hijo haya aprendido a hablar, podrá hablar para aprender.

Hablar y pensar
'Ha llegado el momento', dijo la Morsa,
'de hablar de muchas cosas:
De zapatos –y barcos- y cera para sellar-
De coles –y reyes...'

Lewis Carroll
"A través del espejo"

Aprender a hablar constituye un logro asombroso. Un niño normal empezará a decir palabras hacia el final de su primer año de vida. Hacia los dos años empezará a decir frases sencillas de dos o tres palabras, y estará aprendiendo un sistema gramatical más complicado. Sobre los cinco años hablará con fluidez su lengua natal, le encantará cantar canciones, contar historias y representarlas, solo o con los amigos. Su cerebro habrá crecido un 90 por ciento, y sus órganos de habla estarán bien desarrollados. Antes de entrar en la escuela, el niño habrá aprendido miles de palabras y habrá aprendido a utilizar el lenguaje para organizar su vida. Pero la calidad y la diversidad de su lenguaje dependerán en gran medida de la ayuda que padres y tutores le hayan dado en el hogar. Un bebé puede repetir todos los sonidos de todas las lenguas del mundo (¡y a veces lo hacen!), y puede aprender cualquier lengua del mundo, pero, ¿aprendería una de estas lenguas si nunca se le hablara?

En 1799 se capturó al Niño Salvaje de Aveyron en un bosque de Francia. Tenía 11 o 12 años, pero nunca había hablado, eso se pensó, con un ser humano. Mostraba tan pocas reacciones a lo que se le decía que al principio pensaron que estaba sordo, y les llevó años enseñarle las palabras más sencillas. Los años perdidos de su infancia no se pudieron recuperar jamás.

En 1972 descubrieron a Genie, una chica de 13 años a la que su familia había mantenido en reclusión en una habitación y a la que no se le había hablado desde que tenía dos años de edad. Sobre los 16, después de tres años de enseñanza intensiva, no podía decir más que frases sencillas del nivel de un niño de dos o tres años. Claro está que estos niños habían sido privados de algo más que del lenguaje, también se les había privado del apoyo emocional y del amor, con su consiguiente deterioro en el aprendizaje. Pero, a pesar de todo, se venía a demostrar que un niño, si se le priva de toda experiencia sobre el lenguaje humano, nunca aprenderá a hablar, y que los primeros diez años de la vida son cruciales para el desarrollo de la inteligencia lingüística.

> **¿Sabía usted que...?**
>
> Cuando el psicólogo infantil C. W. Valentine decidió plasmar por escrito todo lo que un niño de dos años y medio decía en un día, no sabía dónde se estaba metiendo. El parloteo de un día, cuando se publicó, ocupó 27 páginas de una revista especializada.
> Si tiene usted un hijo pequeño, por qué no registra en un diario algunas de las cosas que dice. ¡Puede ser interesante de leer en un futuro!

No sólo es importante que le hable a su hijo, sino también que le hable con frases tan a menudo como pueda. Esto le proporciona al niño más material para escuchar, más para aprender, y le ofrece un buen modelo de charla. Para muchos niños, la conversación en casa se limita a unas cuantas frases de rutina, normalmente copiadas de los padres, hermanos o hermanas. Cuando los niños están aprendiendo a hablar no saben lo que es una frase, o que el lenguaje se hace con frases, no con palabras aisladas. Usted puede ayudar a su hijo pequeño ampliando lo que él dice, y ofreciéndole versiones más completas de lo que usted cree que está intentando decir. Por ejemplo:

Niño: ¿Vamos tiendas?
Madre: ¿Quieres venir a las tiendas con mamá?

Niño: Perro cansado.
Madre: El perro está cansado, y se ha echado para descansar.
    (O bien: "¡Mamá también cree que el perro está cansado!")

No hay actividad más importante que el mantener una conversación prolongada con su hijo. Estas conversaciones, en sintonía con lo que le interesa al niño, son esenciales para su crecimiento intelectual. Esto significa algo más que darle una o dos palabras de respuesta, que es todo lo que algunos niños escuchan de labios de sus padres, como en el siguiente caso:

Niño: Me voy a jugar con mis autos.
Adulto: Muy bien, cariño.
Niño: Y me voy a hacer una pintura.
Adulto: Buena idea.
Niño: Y después me voy a matar.
Adulto: De acuerdo, cariño.

Ésta es una muestra de cómo no entrar en conversación con un niño, ignorando lo que dice (si quiere ver más ejemplos de este tipo de conversaciones, vea *Not Now, Bernard*, de David McKee). Otra cosa que no ayuda a su hijo es apabullarlo finalizando lo que está diciendo por sí mismo y no dándole tiempo para responder, como en el siguiente ejemplo:

Adulto: ¿Dónde construyen los pájaros sus nidos?
Niño: Bueno... eeeh...
Adulto: En los árboles, cariño, ¿no es así?
Niño: Sí...
Adulto: En la copa de los árboles.
Niño: Sí, los construyen en...
Adulto: ¿Qué clase de pájaros son?
Niño: Los vi antes...
Adulto: Son gorriones, cariño, ¿no es así? Gorriones.
Niño: Sí, y nosotros...
Adulto: Nosotros hemos leído un cuento sobre los gorriones, ¿no?

Es fácil que los adultos dominen la conversación con los niños, pero lo que los niños necesitan es tiempo para pensar, tiempo para elaborar las respuestas y tiempo para hacer sus propias preguntas, no ser bombardeados constantemente con preguntas por parte de los adultos. Un niño brillante es un niño que piensa. Así pues, cuando hable con su hija, dele tiempo para pensar.

¿En qué medida dejan los padres pensar a sus hijos cuando hablan con ellos?

La mayoría de los padres y profesores dejan alrededor de un segundo para que los niños respondan a una pregunta. Si usted le deja cinco segundos para pensar después de plantear la pregunta o de hacer un comentario, su hija tendrá tiempo para pensar. En ocasiones, los niños necesitan tiempo para aclarar sus ideas, para poner sus pensamientos en palabras o para decidir lo que de verdad quieren decir. De igual modo, su hija no siempre debería de recibir una respuesta inmediata por parte de usted. Los niños que piensan tienen padres que piensan. Así pues, si usted responde algunas veces diciendo algo como, "Qué interesante, tengo que pensar en eso", y se detiene para pensar antes de responder, habrá una ventaja doble. Le dará a usted tiempo para aclarar sus ideas antes de responder, y también le ofrecerá un modelo a su hija de lo que quiere que aprenda a hacer, es decir, detenerse y pensar antes de responder.

Así pues, cuando hable con su hija, dele tiempo para pensar, y tiempo para responderle. Piense en lo que dice su hija y dígale a veces que necesita pensar antes de darle una respuesta. Recuerde que pensar es una especie de conversación interior. Si usted piensa primero, le dará tiempo para ensayar lo que va a decir, le dará tiempo para pensar en alternativas y para poner palabras a las ideas. Como dijo Peter, de ocho años, "Si hablas primero contigo mismo, sabrás lo que tienes que decir". La idea clave, como todas nuestras ideas clave, es aplicable a niños de cualquier edad: anímela para que 'se detenga y piense'. Esto quiere decir que no hay que darle prisas para que responda, o decir o hacer lo primero que usted o ella piensan, sino darle tiempo para pensar y hablar consigo misma.

Idea clave: enseñe a su hija a que se detenga y piense

Hablar con su hija es un proceso de doble sentido. Anímela para que participe de igual a igual en la conversación, y procure no dominar el proceso. Trate a su hija con el respeto con el que trataría a cualquier otra persona, y así habrá más probabilidades de que se alcance el equilibrio en la conversación.

La gran ventaja que tiene usted sobre su hija es que usted tiene mucha más experiencia vital, conoce más respuestas a las preguntas y tiene mucho más de qué hablar. De lo que su hija puede hablar es de su propia experiencia, y ésta puede ser muy limitada. La mejor manera de animar la conversación es compartir experiencias con su hija y hablar de ellas juntos. Esto se puede hacer mientras se juega a algo, mientras se va de compras o, simplemente, visitando lugares de interés, como un parque. Cuando esté con su hija sea observador y describa las cosas del modo adecuado. Busque la ocasión para provocar a su hija para que diga más y no acepte por las buenas las respuestas fáciles que dé. Pregúntele lo que quiere decir y lo que piensa. No siempre es fácil, como se puede comprobar en la siguiente conversación, escuchada en una tienda de ropa:

Niña: Quiero aquel.
Madre: ¿Quieres decir que te gustaría aquel vestido de algodón rayado con pliegues en la espalda? ¿Aquél de algodón que cuesta 15 libras?
Niña: No, el otro.

No siempre es fácil conseguir que un niño diga más. Como decía Richard, un niño bastante silencioso: "Sólo hablo cuando hay algo que de verdad quiero decir". Así pues, ¿cómo apañárselas, llegado el caso, para incitar a una niña a decir más?

Los siguientes son algunos *abre-puertas* que pueden animar a su hija a conversar. Están orientadas a abrir la puerta y a ofrecer a la niña una ocasión para hablar.

"Dime más"
"¿Qué decía el hombre?" "¿Por qué hizo aquello?" "¿Cómo funcionó?" son los tipos de pregunta "dime más" que invitarán a su hija a ampliar lo que ha dicho mediante el uso de una pregunta.

"Y…"
"Ya veo", "¿De verdad?" "Oh", "Hmmm?" "Sigue", "¿Fue así?" "¿Sí?" "¿Y…?" son ejemplos de incitación verbal que ayuda a mantener el discurso de su hija.

"¿A qué se parecía?"
"¿Se parece a algún otro que conozcas?" "¿En qué se parecen?" "¿En qué se diferencian?", todas ellas invitan a su hija a conectar y relacionar sus ideas con otras cosas que conoce o que puede recordar.

"*¿Qué más?*"

"*¿Explícame eso?*" "*¿Qué quiere decir?*" "*¿Cómo lo sabemos?*" impulsan a su hija a pensar y a decir más, por ejemplo, sobre posibles consecuencias o sobre lo que sucedió después.

Una niña que dice, "¿cuándo es la cena?", puede estar preguntando por la hora, puede estar indicando que tiene hambre, puede estar mostrando que está aburrida, quizás está queriendo salir a la calle o cualquier otra cosa. En ocasiones tenemos que comprobar que realmente sabemos lo que los niños están diciendo, animándoles a decir más mediante señales corporales como la mirada, o invitándoles simplemente a decir más.

Idea clave: ayude a su hijo a hablar y a escuchar

La utilización de abre-puertas para invitar a su hijo a decir más puede ser importante, particularmente para un niño tímido, pero de similar importancia resulta el aprender a escuchar. Un niño brillante sabe cómo escuchar.

Los niños aprenden primero su lengua a través de la escucha. Un niño pequeño comprende más cosas de las que puede decir. Las primeras palabras que dijo Thomas Carlyle, un escritor del siglo XIX, fueron: "¿Qué te aflige, Jock?" Como es obvio, el pequeño Thomas había estado escuchando muchas conversaciones antes de animarse a hablar. Aprender a escuchar es tan importante como aprender a hablar, pues es a través de la escucha que el niño aprende lo que es el hablar y cómo hablar bien. El niño que no haya escuchado bien cometerá errores en la pronunciación, como aquel pequeño que, de repente, dijo, "¡Quiero violar, quiero violar!". La madre se quedó atónita, hasta que recordó que al niño le encantaba *volar* mientras ella le daba vueltas aferrándolo de las manos.

El punto más importante a la hora de ayudar a su hijo a escuchar es comprobar su audición. Los problemas auditivos, como un oído taponado, pueden traer una importante pérdida de audición y los consiguientes problemas en el aprendizaje. Así pues, no estaría de más que le hicieran un chequeo auditivo, y no deje nunca sin tratamiento un problema del oído. Usted mismo puede detectar algunos problemas auditivos, por ejemplo comprobando si su hijo responde a sonidos fuertes o a su nombre cuando se le llama. Otro elemento importante es hablarle a su hijo con claridad.

Si usted habla entre dientes, él también lo hará. Él aprenderá a hablarle a usted del mismo modo que usted le hable a él.

Si quiere que su hijo le escuche, tendrá usted que escuchar a su hijo. Para demostrarle que está escuchando, tendrá usted que responder a lo que él diga. Lo malo con la escucha es que puede ser una tarea difícil. Mientras escuchamos, los pensamientos siguen interrumpiéndonos en nuestro interior, o bien otras cosas nos llaman la atención. Un niño escribió una vez un poema sobre la experiencia de *no* escuchar a su profesora, que decía:

Mi señorita cree que estoy escuchando
Pero la verdad es que estoy haciendo surf en Hawai
Estoy ganando la partida
Estoy yendo a una fiesta
Estoy volando a la luna
Estoy viajando por una superautopista
Ya no estoy aquí
Volveré pronto...

Hay varias pistas que nos indican si alguien no está escuchando: si se mueve sin parar o juguetea con algo, si se muestra aburrido, si la mirada esta perdida (¡las cortinas están abiertas pero no hay nadie dentro!) o si mira de forma provocadora. Es posible que su hijo muestre deficiencias en la escucha. Así pues, ¿cómo se le puede ayudar para que escuche mejor? A continuación se presentan algunos juegos que pueden ayudarle a mejorar las habilidades de escucha.

Detenerse y escuchar
Inténtelo en cualquier momento, en cualquier lugar, en la calle, en el supermercado, en casa o en el parque. Deténgalo todo, cierre los ojos y escuche. ¿Qué sonidos puede oír –el tráfico, la gente, los pájaros, sonidos de la naturaleza, sonidos de máquinas? ¿Puede oír su propia respiración? ¿Hay un silencio absoluto?

El juego de los sonidos
Pídale al niño que cierre los ojos y que escuche. Tenga varios objetos a mano, como puede ser un lápiz, una cucharilla, un vaso, un papel o un instrumento musical. Haga un ruido, por ejemplo golpeando el vaso con la

cucharilla, o la mesa con el lápiz, arrugando el papel, dando una palmada con las manos, agitando las cortinas, abriendo la puerta, encendiendo las luces, etc. Compruebe si su hijo es capaz de identificar el sonido. Haga turnos en el juego.

Termina el ritmo
Entone una canción infantil, un poema, una canción popular o una copla, pero no pronuncie la palabra final que rima. ¿Puede finalizar el niño la línea con una palabra que rime?

Los cuchicheos chinos
Éste es un juego para que lo realice un grupo de niños. Se sientan en un círculo, y usted cuchichea una frase al oído del primer niño de tal modo que ningún otro lo escuche. Éste se lo cuchichea al siguiente, y así sucesivamente alrededor del círculo. El último de los niños tiene que decir en voz alta la frase que ha oído. ¿Se ha transformado la frase susurrada a lo largo de su viaje? Una alternativa más difícil es susurrar una historia y ver cómo cambia con la transmisión.

Obedece mi orden
En este juego, los participantes deben recordar y obedecer una serie de órdenes que se tienen que cumplir en el orden correcto para poder ganar. Por ejemplo: "Escucha con atención. Tienes que traer una cuchara de la cocina, abrir y cerrar la puerta del dormitorio y después acariciar al gato". Anime el juego simulando que el niño es un robot, o el genio de la lámpara. Si lo hace bien, entonces es su turno para dar órdenes. A los niños pequeños se les puede dar tres o cuatro órdenes, mientras que los mayores pueden seguir siete o más.

Hágalo en una grabación
Haga una grabación de sonidos a identificar por parte de su hijo, sonidos como el de los pasos, el de la puerta del frigorífico al cerrarse, el de la batidora, el del goteo del grifo, la voz de su personaje preferido de televisión, etc.

El magnetófono puede ser de gran ayuda para las habilidades de escucha de su hijo. A los niños les fascina escuchar su propia voz grabada. Utilícelo para grabar y reproducir los primeros balbuceos de su hijo y, a medida que avance en el lenguaje, anímelo a que grabe una conversación, la lectura de su poema favorito o la lectura de un relato juntos. Déjele que entreviste a un familiar o amigo, anímele para que envíe un mensaje grabado a alguien que viva en el extranjero, y llévese el magnetófono de vacaciones y grabe algunas impresiones de primera mano o efectos de sonido.

Llame la atención de su hijo hacia cualquier sonido extraño o interesante, y ayúdele también a apreciar la extraña belleza del silencio. Como veremos, la escucha atenta es clave en el aprendizaje de la lectura, y ayuda en el desarrollo de todas las formas de inteligencia. Si quiere saber más sobre la escucha, vea la página (*la que corresponda*), y recuerde que la escucha es una habilidad que mejora con la práctica.

El ver la televisión no le ayuda a su hijo a desarrollar las habilidades de escucha, pero sí que puede hacerlo el escuchar la radio o un magnetófono. Unos investigadores holandeses se plantearon la pregunta de si sus hijos, que ven mucha televisión de Alemania, aprenderían así algunas palabras alemanas, y se dieron cuenta de que sus hijos no las aprendían a menos que las supieran de antes por parte de los padres o los profesores. Otro dato interesante obtenido a partir de investigaciones se relaciona con un niño llamado Jim. Jim era un niño auditivamente normal cuyos padres eran totalmente sordos. No escuchaba conversaciones en casa, pero sus padres lo ponían delante del televisor durante horas, día tras día, con la esperanza de que aprendería a hablar y a escuchar con la televisión. A los dos años y medio fue cuando Jim dijo sus primeras palabras, repetidas de un anuncio de televisión, y, cuando se pusieron a prueba sus habilidades lingüísticas a la edad de tres años, se descubrió que sabía muy pocas palabras. Necesitaba sesiones de terapia basadas en charla constante. Tras seis meses de ayuda intensiva, el chico consiguió alcanzar el dominio del habla y la escucha propios de su edad.

La televisión les ofrece a los niños el conocimiento del mundo y de la cultura en la que viven, pero ver la tele puede ser perjudicial si su hijo consume en ella todas sus horas libres. Las investigaciones demuestran que el ruido de fondo continuo de la televisión en casa puede retrasar el desarrollo del lenguaje hablado en niños pequeños. Los estudios sugieren que los niños pequeños que ven la televisión durante demasiado tiempo son más propensos a un trastorno de déficit de la atención, una alteración en la cual le resulta muy difícil al niño concentrarse en cualquier cosa por más de unos pocos segundos (el promedio de tiempo que una imagen se mantiene en el televisor). La televisión no requiere una escucha atenta o una atención sostenida sobre una imagen en particular, ni lleva a un niño a la necesidad de leer, hablar o jugar mientras la tele está en marcha. Muchos niños ven la televisión durante más horas de las que están en la escuela. Como los dulces, los placeres pasivos y sin exigencias de la televisión pueden resultar adictivos.

Limite el tiempo de televisión de su hijo a un máximo de tres horas diarias, y establezca determinados momentos del día como zonas libres de tele. Algunos padres prohiben ver la televisión durante el desayuno o durante las horas diurnas, otros no permiten la televisión en el dormitorio del niño. Racione el tiempo de televisión, planifique con antelación y en compañía de su hijo su tiempo semanal, establezca el máximo de horas de tele y la hora tope por la noche. Lo mismo se debe de aplicar al uso del ordenador o computadora. Tanto ésta como la tele pueden estimular a su hijo para que haga preguntas y se ponga a pensar, pero tiene usted que ayudarle. Entre las formas de ayudar a su hijo para que le saque provecho a la televisión están:

Pídale que justifique lo que quiere ver
Incítele a que diga por qué vale la pena ver el programa que desea ver. Si dice que le gusta o que no le gusta un programa determinado, pregúntele por qué. Si usted quiere que él vea determinado programa, expóngale las razones por las cuales cree que debe verlo.

Hablar acerca del programa
Discuta con su hija lo que usted planea ver, lo que está viendo y lo que ha visto. Incremente su vocabulario comprobando que entiende las palabras que se están utilizando (¡las que usted quiera que comprenda!).

Discutir la producción
¿Qué clase de programa era? ¿Era un buen programa? ¿Qué había de bueno y de malo en la historia, la escena, los hechos, la actuación y demás? ¿Qué nota, de cero a diez, le daría al programa, y por qué?

Diferenciar los hechos de la ficción
Ayude a su hija a diferenciar lo real de lo imaginario, la verdad de la opinión, el hecho de la ficción. ¿Cuándo se supone que tiene lugar, dónde, quién está implicado y por qué está sucediendo?

Amplíe sus intereses
Planifique de qué modo puede enriquecer el contenido de un programa,

sea sobre vida salvaje, deportes, espectáculos o asuntos cotidianos, con libros, imágenes, periódicos y revistas que pueda consultar y mirar. En una representación televisiva o "culebrón", pídale que prediga lo que va a suceder después.

Ser crítico

Anime a su hijo para que sea crítico con lo que ve, por ejemplo mediante la discusión de las exageradas afirmaciones de los anuncios televisivos, de las imágenes estereotipadas y de los estímulos persuasivos ocultos. Hágale ver que no todo es lo que parece.

Siempre que establezca líneas tope a su hija, tanto si se refiere al tiempo de tele como a cualquier otro aspecto de su comportamiento, la regla de oro es la de *dar los motivos* por los cuales impone esa norma. Si desea que su hija se comporte de determinada manera, dígale por qué desea que sea así. Si le prohibe algo, dígale por qué. De mismo modo, si su hija quiere algo, como ver un programa de televisión, pídale que explique por qué. Por ejemplo: "Dame una (o dos, o tres) buenas razones por las que deberías quedarte a ver ese programa".

Si quiere que su hija sea razonable, que sepa lo que está haciendo y por qué, tendrá que mostrarle lo que significa ser razonable. Significa tener razones para hacer las cosas y decir cuáles son esas razones. Puede llevarle tiempo, pues toda buena razón puede ponerse a prueba, como en la siguiente disputa familiar acerca de qué programa de televisión ver:

Padre: Vamos a ver este programa porque tres de nosotros así lo queremos y sólo tú no.
Niña: ¿Pero por qué es mejor lo que tres quieren ver que lo que uno quiere ver?

Lleva tiempo crear una niña brillante, y parte de ese tiempo se emplea en darle razones a su hija para que haga las cosas y en explicarle el por qué sus razones son mejores que las de ella. A la larga, la razón por la cual tiene que hacer las cosas como usted dice es porque usted es el progenitor y ella es la hija. Usted es responsable de su seguridad y su bienestar. Ser un padre que da razones no significa renunciar a su responsabilidad como padre, o permitir que su hija haga lo que le dé la gana, sino tratar a su hija como la clase de persona que espera que llegue a ser, una persona consciente y razonable.

Idea clave: dé siempre razones y pida razones de por qué

Juegos de palabras
"Lo malo de los libros es que están llenos de palabras", decía un niño de seis años esforzándose en leer. La lengua francesa tiene un vocabulario de cerca de 100.000 palabras, pero es menos de la mitad del número de palabras del vocabulario cotidiano de la lengua inglesa. Es un espantoso número de palabras el que hay que aprender, pero las palabras son importantes para desarrollar la inteligencia lingüística, dado que son las herramientas del pensamiento. Cuantas más palabras conozca su hija, más fácil le resultará expresar sus pensamientos y sus ideas. Sin las palabras no podrá dar forma a sus ideas, y sus pensamientos serán mudos. Así pues, alimente con palabras la mente de su hija, pero hágalo de un modo divertido. Convierta su juego de palabras en un pasatiempo.

El primer y más importante juego de palabras es el juego de los nombres. En la elevación del potencial de palabras de su hija, lo más sensato es comenzar con el juego de los nombres, o sustantivos, dado que con éstos se etiqueta a las personas, los lugares, los animales, las cosas y las ideas para que su hija pueda identificarlas. Así pues, ayúdela a etiquetar todo lo que ve, escucha, toca, prueba y huele, así como todas esas cosas importantes que no puede ver, como los sentimientos, y las ideas abstractas, como el tiempo, el espacio y la eternidad. Le ayudará a recordar si no solamente las nombra, sino también si las ve o las experimenta mediante alguno de sus sentidos. Su hija sabe lo que es una manzana, pero haga la prueba del sabor: ¿podrá explicar la diferencia entre una Granny Smith y una Golden Delicious?

Padre: Adán le puso nombre a todos los animales en el Jardín del Edén.
Hija: ¿Y de dónde se sacó los nombres?

Cuando un niño pequeño descubre que todo tiene su nombre es cuando descubre de qué va el lenguaje. Ofrézcale a su hija el nombre de todo aquello que le interese. Nómbrele las flores de su jardín, los alimentos que come, los productos de un catálogo. Los juegos de nombres como el "Veo, veo" se pueden iniciar a los 18 meses. Y no tema las palabras largas. Cuando le pregunté a un niño de cuatro años cuál era su palabra larga favorita, me dijo "fosforescente". El niño no estaba seguro de lo que significaba, pero por aquel entonces yo tampoco lo estaba.

¿Cuál es la palabra más larga, la más interesante o la más hermosa que conoce su hija?

Después de los nombres vienen los verbos, las palabras de acción. Pruebe a mantener el enfoque del 'decir y ver o hacer'. Hable de lo que está haciendo usted mientras lo hace. "Ahora voy a hacer la cena. ¿Quieres ayudarme a hacer una salsa?" Mi hijo pequeño es un buen cocinero, y resulta que todo comenzó "haciendo salsas" en la cocina cuando era pequeño. Cuéntele a su bebé lo que está haciendo. Yo solía tener largas conversaciones con mis hijos cuando eran bebés... Recuerde que entienden mucho más de lo que pueden decir, ¡y puede resultar muy terapéutico hablar a una audiencia que no puede escapar!

Añada adjetivos, adverbios y preposiciones. Utilice palabras que describan las cosas (adjetivos) como la "brillante, peluda, sedosa y suave" piel de su perro, y adverbios para describir verbos como cuánto corres, y preposiciones para describir los lugares de las cosas. Los niños pueden confundirse con la gramática. En cierta ocasión en que les pregunté a unos niños de ocho años qué era la gramática, un niño me dijo, "Yo sé lo que es la 'gramática'. La esposa del gramático". No se trata sólo de un niño que no está muy seguro de lo que es la gramática. Si usted no está seguro de asesorar bien sobre gramática a un niño más mayor, cómprese uno de los muchos libros de gramática para niños que hay en las librerías -¡pero para usted!

Más importante que conocer las partes de la oración o las reglas gramaticales es ayudarle a su hija a desarrollar un amplio vocabulario. Busque la oportunidad de enseñarle nuevas palabras y tómese tiempo para compartir su interés en las palabras. Pero estese preparado para algunas sorpresas. En cierta ocasión en que una profesora estaba escuchando a sus alumnos mientras le informaban de sus novedades, una niña de cinco años dijo: "Mi hermano se encontró un anticonceptivo en el patio". La profesora hizo una pausa, y en ese momento otra niña levantó la mano para hacer una pregunta. La profesora, aterrorizada ante lo que iba a escuchar, indicó a la niña con la cabeza para que hiciera su pregunta. "Por favor, señorita", dijo la niña, "¿qué es un patio?"

Haga que las palabras formen parte de la vida cotidiana de su hijo. Tenga un tablero de corcho en la cocina para pinchar allí cosas que hay que recordar, avisos, cartas, anuncios, calendarios de eventos, tiras cómicas y cualquier cosa de interés común para que su hijo y el resto de la familia puedan leer. Ponga otro tablero para él en su dormitorio, para que haga lo mismo con fotos, recortes, carteles y sus propios escritos y dibujos. Juegue un poco con las palabras todos los días, por ejemplo:

Cuentos, poesías y canciones

El interés de un niño por las palabras se suele despertar con las poesías y los cuentos, a través de maravilloso mundo en el que los búhos se hacen a la mar con gatitos, y las vacas saltan sobre la luna. Las investigaciones demuestran que la escucha y el aprendizaje de canciones infantiles es importante en el desarrollo posterior de las habilidades para la lectura y la escritura. Esto se debe en parte a que, al escuchar cómo riman las palabras, los niños pequeños aprenden mucho acerca de los sonidos del lenguaje (ver pág. 72).

Chistes, adivinanzas y juegos de palabras

¿Le ha sucedido algo divertido hoy? Pues cuénteselo a su hijo. Anímelo a compartir con usted sus momentos divertidos. Comparta el interés de su hijo en los chistes, las adivinanzas y los juegos de palabras. ¿Qué adivinanzas conoce su hijo? ¿Cuál es su chiste favorito? ¿Qué trabalenguas se ha inventado?

En cierta ocasión le pregunté a un niño de siete años cuál era su chiste favorito, y me dijo:

- ¿Qué tienes que saber antes de poder enseñarle a tu mascota?
Respuesta: ¡Tienes que saber más que la mascota!

Hay chistes que te hacen reír y chistes que no te hacen gracia. Hay personas que son buenas recordando y contando chistes, y hay personas que no. Un chiste es un juego verbal que ejercita la inteligencia lingüística. Lo que nos hace reír es la conexión creativa que hay en los chistes entre dos ideas inesperadas, y para valorar el chiste tendremos que apreciar la conexión. Las adivinanzas funcionan del mismo modo. La siguiente adivinanza era la favorita de un niño de ocho años:

Pregunta: ¿Cuál es el último de los peces?
Respuesta: El delfín.

Las adivinanzas constituyen una de las más antiguas y universales formas de los juegos de palabras. La investigación sugiere que cuanto más juegue su hijo con las palabras y los sonidos, mayor será el éxito que tendrá en el aprendizaje de la lectura y la escritura en la escuela. Estos juegos van desde el simple 'Veo, veo' de los niños pequeños hasta los juegos verbales elaborados, como el Scrabble de los niños mayores.

> **¿Sabía usted que...?**
>
> Una de las formas en que se demuestra la inteligencia lingüística es en la habilidad para crear palabras nuevas. Todos los idiomas se amplían constantemente con la invención de nuevas palabras, y muchos grandes escritores han utilizado en sus obras palabras que ellos mismos han creado. Roald Dahl es un buen ejemplo de ello, pues le encantaba crear palabras nuevas. Shakespeare también lo hacía: la palabra más larga que utilizó en sus obras es 'honorificabilitudinitatibus' (en *Trabajos de Amor Perdidos*, Acto V, Escena 1, Línea 44), y se cree que es una de las que construyó. Juegue con su hijo a construir nuevas palabras (para inspirarse puede leer el poema de Lewis Carroll, *Jabberwocky*).

A continuación se ofrecen algunos juegos de palabras más que ayudarán a estimular la inteligencia verbal:

- *Juegos de letras*, como el de ver cuántas cosas puedes ver que empiecen por determinada letra (con niños más pequeños, con determinado sonido).
- *Juegos de palabras*, como el de 'Veinte Preguntas' o el de '¿Animal, Vegetal o Mineral?'
- *Juegos de frases*, como el de 'Iniciales' en el que los jugadores intentan formar una frase divertida a partir de unas iniciales dadas (por ejemplo, Juan, podría ser 'Jamás Uses Alpargatas Nuevas'), o de las letras de las matrículas de los automóviles.
- *Juegos de oraciones*, como los trabalenguas (ej.: el famoso de 'Tres tristes tigres comen trigo en un trigal' u otros en la misma línea).
- *Juegos de historietas*, como aquel en el que uno empieza una historieta y la desarrolla hasta cierto punto, entonces se detiene y el siguiente la tiene que continuar, y se van pasando por turnos hasta que la terminan.

- *Juegos de memorias*, como el de "Fui al mercado y traje..." o "En la maleta he metido..." La primera persona nombra un elemento, el siguiente jugador tiene que repetir este elemento y añadir otro, y así sucesivamente.

La inteligencia lingüística de su hijo se desarrolla mediante su comprensión de las palabras, razón por la cual puede ser tan importante hacerle preguntas sobre las palabras que utiliza. Ponga a prueba la comprensión verbal de su hijo preguntándole, "¿Qué quieres decir con esto?" "¿Qué significa esta palabra?" o "¿Hay otra palabra que signifique lo mismo?" Tenga un buen diccionario en casa para hacer las comprobaciones pertinentes. Compre un diccionario de imágenes si tiene un hijo pequeño, o un diccionario de imágenes de palabras extranjeras si el niño es más mayor. Anímele a que resuelva los juegos de palabras que aparecen en los tebeos y en las revistas. Recuerde que jugar con palabras eleva el potencial verbal. Paul, de siete años, tenía una vaga idea de todo esto cuando, viendo un enorme diccionario, dijo "Si te supieras todas estas palabras, lo sabrías todo".

Idea clave: haga juegos con las palabras

Otro juego de palabras útil para un niño es aprender palabras y frases en otro idioma. El cerebro de su hijo tiene una capacidad especial para el aprendizaje de idiomas, capacidad que decrece con el paso de los años, de manera que el mejor momento para aprender un segundo o un tercer idioma es durante los primeros años, entre los tres y los seis años de edad. La mejor forma de aprender otro idioma es el 'método materno', es decir, hablarle a su hijo regularmente *sólo en ese idioma*. Este método es más efectivo que el posterior método de traducción. Comience con frases simples cotidianas más que con un montón de palabras al azar, pues es sobre estas unidades básicas sobre las que podrá construir en años posteriores. A partir de los siete años, el aprendizaje de otro idioma se convierte en una tarea difícil, pero todos los niños disfrutan aprendiendo algunas palabras extranjeras de sonidos extraños, especialmente si usted lo hace divertido e intenta hacer de ello un juego.

Leérselo todo
"Si por mucho que lo intentes no puedes disfrutar con la lectura de un libro, la lectura no será de utilidad alguna".
Oscar Wilde

El escritor estadounidense William Saroyan sufrió un shock el primer día que fue al colegio. Su profesora del jardín de infancia lo dejó desconcertado al dibujar cuatro formas extrañas en la pizarra: G – A – T – O.

- Esto es gato –dijo la mujer.

Y en aquel mismo momento Saroyan llegó a la conclusión de que debía de estar loca. Un gato –concretamente *su* gato- tenía el pelo negro y los ojos verdes. ¿Qué es lo que esta mujer estaba intentando hacerle creer?

El shock para el pequeño Saroyan tuvo lugar al descubrir que las palabras constituyen un código. Lo que le interesa a un niño cuando aprende a leer es lo que significan las palabras, no las letras de las que se componen. Saber lo que significan las palabras (el vocabulario) es importante, pero también lo es el código. El código se compone de letras. Estas letras ocupan el lugar de determinados sonidos hablados, así, en el aprendizaje de la lectura, es muy importante conocer cómo suenan las letras. Y las palabras, escritas o impresas en un libro, son signos visibles, de modo que también es importante el ser capaz de reconocerlas con la vista. El aprendizaje de la lectura es una tarea de la mente, de los oídos y de los ojos, de ahí que tengamos que ayudar a nuestros hijos a escuchar los diferentes sonidos de las palabras, a ver estos sonidos en las letras y a escribirlas.

significado	+	sonido	+	visión	= lectura
de la palabra		de la palabra		de la palabra	
(mente)		(oídos)		(ojos)	

Una buena actividad en los primeros estadios de la lectura es el juego de cambio de palabras. Comience con una palabra como 'casa', y, cambiando una letra en cada ocasión, vean cuántas palabras diferentes se pueden construir –por ejemplo: masa, mesa, misa, musa, mula, mala, malo, ralo, etc. Siga el proceso de pensamiento, sonido (hablar y escuchar) y visión (escribir y leer) de forma que su hijo procese las palabras de tres formas, a través de la mente, de los oídos y de los ojos.

Algunos niños aprenden a leer simplemente poniéndose a leer, siguiendo las palabras y aprendiéndoselas. Éstos son lo que llamamos 'lectores naturales'. No hay muchos niños así, pero los que pertenecen a esta categoría empiezan a leer a los tres años. Para la mayoría de los niños el aprendizaje de la lectura es una difícil tarea, y les lleva años desarrollar el hábito de leer, por lo que sería aconsejable que adquiriera este hábito desde temprana edad. Tómense un tiempo para leer cuando ambos estén relajados, y sólo cuando los dos le puedan prestar una total atención al relato.

Los niños aprenden mucho más fácilmente de aquellos que aman, y compartir historias con su hija es una manera de amarla, una oportunidad para estar un rato juntos, en relación estrecha, personal y creativa. Una niña a quien alguno de sus progenitores le lea a diario es una niña con suerte, pues esto es algo que puede perdurar en el tiempo. Hay padres con hijos de quince o dieciséis años que aún les leen a sus hijos o leen juntos. No hace mucho, una joven de 21 años ingresó en un hospital para una operación, y lo primero que hizo mientras se recuperaba fue pedirle a su madre que le leyera *El mercado de los duendes*, un relato poético de Christina Rossetti que había sido uno de sus libros preferidos de la infancia. Conozco también un matrimonio de más de setenta años de edad que todavía se leen uno a otro en la cama durante los fines de semana. Hace tiempo que los hijos se fueron de casa, pero, como dicen ellos, simplemente han seguido leyendo.

¿Sabía usted que...?

Todas las palabras en español se pueden escribir con 27 letras, y se pronuncian usando sólo 24 sonidos básicos (llamados fonemas). La totalidad de estos 24 sonidos se contiene en la siguiente lista de palabras (en cada palabra se subraya *un* sonido clave):

casa, bueno (o vaca), dedo, beso, foca, gato, pila, jugo (o ágil), kilo (o cama), lago, mano, nene, caña, oso, pan, pared, perro, sol, tapón, uva, taxi, yema (o lluvia), azul (o cinco), chino

Para que su hijo pequeño aprenda estos sonidos, escríbalos de uno en uno, pronuncie cada uno de forma clara y diferenciada y pídale que lo repita. Una vez lo haga, vea qué es lo que piensa su hijo de otras palabras, pronúncielas o léalas con cada sonido clave. Busque palabras que lleven el sonido al final o en la mitad de ellas (le vendrá bien un alfabeto móvil de letras minúsculas). No se preocupe de los nombres de las letras, pues son los sonidos lo que importa.

Las investigaciones demuestran que el progreso de una niña con la lectura está en relación directa con la cantidad de tiempo que alguien le dedica leyéndole en casa. ¿Cuánto tiempo dedican los padres a la lectura con sus hijos cada semana? Los niños que muestran un buen progreso en la lectura son aquellos cuyos padres les leen al menos sesenta minutos a la semana en sesiones cortas pero regulares, por ejemplo, unos diez minutos seis veces a la semana.

Si los niños tienen libros que leer, libros con los que reír y de los cuales conversar, tomarán conciencia de que los libros pueden ser interesantes, divertidos e informativos. Disponiendo libros para leerles terminarán aprendiendo a disfrutar de los libros y, con el tiempo, querrán leerlos por sí mismos. Pero, ¿qué libros son los mejores?

Los libros que diga su hija que le gustan son preferibles a cualquier lista de libros. Si tiene dudas pregúntele a su hija, vaya con ella a una librería o a una biblioteca y déjala que elija. No tiene sentido obligarla a escuchar o leer algo que no comprende o no disfruta. Pida consejo al bibliotecario o a sus profesores. Intente interesarla en los libros que le gustan a usted, y no tema comprar libros que usted crea que le van a gustar, aún cuando no pueda leerlos. Katie tenía sólo tres semanas de edad cuando su tía le envió un regalo: un libro de 200 páginas sobre leyendas árabes. La madre de Katie pensó que aquello era un tontería, puesto que en aquel momento la niña ni siquiera llegaba a enfocar bien la visión. Sin embargo, trece años después aquel libro ocupaba un lugar muy especial en el corazón de Katie, pues era el primer libro que había tenido. De muy pequeña se decía: "Algún día podré leerlo". Así pues, jamás tema darle un libro a una niña aunque aún no pueda leerlo, pues algún día podrá hacerlo.

Lea libros y relatos que le entretengan y que crea que valen la pena, o los relatos favoritos y los libros de ilustraciones que su hija elija para usted. Pruebe a introducir diferentes tipos de historias –fábulas, mitos y cuentos populares. Pruebe a escribir un relato propio para después leérselo a su hija –¡seguro que piensa que es bueno!-, y, cuando se ponga a leerle en voz alta, búsquese el sitio de lectura más cómodo, en el sofá, en la cama o en el suelo. Diviértase con las historias y ríase en las partes graciosas, haga más interesante el relato utilizando voces diferentes para los distintos personajes. Y deténgase de vez en cuando para ver si su hija es capaz de adivinar lo que sucederá después (ver más abajo sobre las preguntas que se pueden hacer para llevar a pensar a su hija acerca de los relatos que usted le lee).

De vez en cuando también puede contarle una historia en lugar de leérsela. Si cree que se va a olvidar de algún detalle del relato que pretende narrarle, prepárese unas notas de antemano. Pruebe a inventarse alguna parte de la historia, o una historia completa, para hacerlo aún más interesante. Y deténgase de cuando en cuando para pedirle a ella que añada algo o que continúe con la historia que usted estaba inventando.

Lea poemas que sean de su agrado. Los niños pequeños deberían de escuchar poemas y canciones infantiles alguna vez a la semana. Cómprele buenos libros de poesía y anímela a memorizar y recitar sus poemas y canciones favoritas. Comparta también algún libro que no sea de ficción y que pueda resultarle de interés –los niños suelen preferirlos-, y tenga a mano una buena referencia de libros para consultar cuando lo necesite. Si dispone de un ordenador, muéstrele cómo usarlo para encontrar hechos e información, y consiga algún libro de cosas divertidas para compartir, como puede ser un libro de récords o de misterios sorprendentes.

Lo importante es que, una vez se hija se haya lanzado a leer, conviene escucharla leer regularmente en casa. Muchos trabajos de investigación han demostrado que, sea cual sea el sistema de enseñanza de la lectura que se utilice en la escuela, el modo más eficaz de incrementar las habilidades de la lectura es el que los padres escuchen a sus hijos leer en casa regularmente. Sólo sesenta minutos semanales pueden marcar la diferencia en la evolución de la lectura de su hija.

A continuación se exponen algunas formas con las que se puede hacer menos dificultoso y más placentero, para ambos.

- *Hágalo breve*, no pretenda hacer demasiado. Sólo diez minutos diarios de lectura y de charla sobre lo que se ha leído es suficiente. Si se pierde algún día, no importa.
- *Elija el mejor momento*, cuando ambos estén relajados. Como me dijo una niña en cierta ocasión, "Antes de ponernos a leer, mamá necesita algo bien cargado para beber". No la saque a rastras de algo que le resulte más interesante, o si de verdad no está de humor para ello. Pregunte: "¿Cuándo crees que será un buen momento?"
- *Deje que su hija saque el mayor partido de la labor*, y dele tiempo para que se prepare. Lo ideal es que la niña corrija sus propios errores. Dele tiempo para hacer pausas, no hay ninguna prisa. No potencie las conjeturas descabelladas, hágale escuchar el sonido de las palabras y seguir la historia.

- *Lean juntos*, siéntese junto a su hija y preste atención a lo que está leyendo. Léale primero la página si esto le ayuda, o bien léale páginas alternas.
- *Alabe y anime*. No critique nunca su habilidad, ni la compare con otros niños. Su hija es única. Es posible que le esté desquiciando o llevando a la desesperación, pero se merece el máximo esfuerzo por su parte. Como un niño que se quejaba: "Me gustaría que mis padres fueran mis hijos. ¡Entonces se darían cuenta de que no es fácil ser un niño!"

> ### ¿Sabía usted que...?
> Durante el siglo X una reina de Wessex tenía cuatro hijos. Sabía que, algún día, uno de ellos se convertiría en rey, y su mayor deseo era que todos ellos aprendieran las artes de los soberanos, incluida la habilidad de la lectura. De manera que, con el fin de animarles, les leía algunos fragmentos de su posesión más preciada, una gran Biblia ilustrada, pero sólo uno de sus cuatro príncipes mostró cierto interés. Las grandes y coloreadas ilustraciones le fascinaban. De los cuatro, fue el único que aprendió a leer, y fue mientras veía aquellas imágenes y hablaba de ellas con su madre, que, según la leyenda, lo había introducido en la senda de la lectura. Este niño con suerte sería después Alfredo, uno de los reyes más grandes de Inglaterra.

El enfoque que le sugerimos a la hora de escuchar cómo lee su hija es DETENERSE-APUNTAR-ALABAR.

Detenerse: dele tiempo para pensar si se atasca. La lectura es una actividad de resolución de problemas, de modo que anime a su hija a resolverse las dificultades por sí misma –'detenerse y pensar'.

Apuntar: dele una pista para todas aquellas palabras que no conozca, después de la pausa para pensar (ofrezca ayuda).

Alabar: elógiela por su buena ejecución o, simplemente, por haberlo intentado (recompense el esfuerzo).

¿Cómo saber si un libro es demasiado difícil de leer para su hijo? Si hay más de una palabra por frase que no pueda leer (más o menos una palabra de cada 15), probablemente sea demasiado difícil para él, aunque no para que usted se lo lea a él. Si se atasca en una palabra no le dé demasiada importancia, dele tiempo para pensar. Apúntele pronunciando la primera letra o releyendo la frase, diga después la palabra si él no puede, y siga adelante. Hacerle escuchar toda la frase, para que vea cómo podría encajar la palabra, puede ayudarle a adivinar la palabra. Aunque esto no siempre funciona, como se verá en el siguiente ejemplo:

Niño (leyendo la historia): El vaquero se cayó del ...
(La palabra es 'caballo' pero el niño se atasca. El padre le permite una pausa para que piense y después repite la sentencia).
Padre: El vaquero se cayó del ...
(El padre hace otra pausa y después, dado que el niño sigue atascado, dice la frase con el sonido de la primera sílaba de la palabra como pista).
Padre: El vaquero se cayó del... ca...
Niño: ¡...de la casa!
Padre: ¿El vaquero se cayó de la *casa*? ¿Los vaqueros se caen de las casas?
Niño: Sí. A lo mejor estaba pintándola y se cayó de la escalera.

Está claro que hay otras muchas cosas que se pueden leer además de los libros. Hay padres a los que les preocupa que sus hijos lean demasiados tebeos. La investigación demuestra que los buenos lectores suelen leer muchos tebeos, al igual que muchos lectores deficientes. Los buenos lectores leen más de todo, sean niños o adultos. La lectura de tebeos o de cualquier otra cosa no les evitara el ser buenos lectores. Lo importante es que lean mucho. Así pues, ¿qué deberían leer?

¿Qué más deberían leer?
- tebeos y revistas;
- apuntes, cosas que recordar y cartas que le escriba usted o que escriban juntos;
- letreros de tiendas, anuncios, noticias y señales en las calles;
- listas de compra, recetas y menús;
- instrucciones en bolsas o paquetes, envases, cajas, etc.;
- etiquetas de botellas y paquetes, ingredientes, indicaciones y ofertas especiales;
- libros que hagan ustedes juntos, como álbumes de recortes o libros de cuentos;
- titulares de periódicos, informes y tiras cómicas;

- catálogos de viajes, de venta por correo, programas y folletos;
- información de los listines telefónicos, Páginas Amarillas, etc.;
- álbumes de fotos familiares, de recortes, tarjetas postales;
- televisión, teletexto, textos de videojuegos o juegos de ordenador y CD roms.

Si su hijo es reacio a leer, busque alguna lectura que esté relacionada con sus intereses, sus hobbies o los programas de televisión que suela ver. Desgraciadamente, los niños no siempre quieren leer acerca de sus intereses. Si un niño o una niña están locos por el fútbol es posible que quieran practicarlo, pero no leer sobre él. Sin embargo, el tener un interés es un buen punto de partida, y puede que, *de vez en cuando*, su hijo quiera leer algo sobre ello.

Pruebe a compartir las cosas que le entusiasman a usted, pero no espere que a su hijo le guste automáticamente lo que le gusta a usted. Dele ocasión para elegir sus propios temas de lectura y para que le cuente lo que piensa sobre ello. En cierta ocasión, una madre le estaba contando a su hija de cinco años un cuento acerca de una princesa que hacía amistad con una rana. La princesa fue tan amable con la rana que aceptó llevársela a la cama con ella, y a la mañana siguiente se llevó una enorme sorpresa: la rana se había convertido en un guapo príncipe que le pedía la mano en matrimonio. Entonces se dio cuenta la madre de la mirada de incredulidad de la niña, de manera que le preguntó:

- ¿No te lo crees?
- No –respondió la niña–. ¡Y apuesto a que su madre tampoco se lo creería!

Intente ver el mundo a través de los ojos de su hijo. Su hijo está rodeado por un mundo impreso –en el supermercado, en la calle, en los anuncios, en los carteles, señales y envoltorios. Nosotros damos por sentado lo que dicen y significan estas palabras, pero para un niño pequeño es un reto constante, un problema al que tiene que buscar sentido. Del mismo modo que con los libros, su hijo puede hacer 'ojos ciegos' a este bombardeo, y puede necesitar su ayuda para que algunos de estos mensajes tomen sentido, para indicarle las palabras más interesantes y para desvelar los secretos de la palabra escrita (véase el apéndice A, página 303, para ver más formas con las cuales ayudar a su hijo a leer en casa).

Idea clave: léale a su hijo y ayúdele a leer

Una pequeña proporción de niños con problemas de lectura tiene problemas visuales, problemas que se pueden poner en evidencia si ve que se frota a menudo los ojos, mira la página con los ojos entrecerrados, se tapa un ojo o gira la cabeza hacia un lado para leer. Si ocurre esto, posiblemente convenga hacerle una exploración oftalmológica. La capacidad para discriminar los sonidos y las formas de las palabras depende del habla, de la escucha y de la visión. Si su hijo tiene problemas con cualquiera de éstas, pida que le hagan una exploración médica. Esto es muy importante, pues cuando los niños empiezan a fracasar pierden el interés. Lo que tenemos que hacer es mantener vivo su interés en la lectura, y una forma de hacerlo es conversar con ellos acerca de lo que leen.

Preguntas para pensar
Guardo conmigo a seis sirvientes
  (Ellos me enseñaron todo cuanto sé):
Sus nombres son Qué, Por Qué y Cuándo,
  Cómo, Dónde y Quién.

Rudyard Kipling, de 'The Elephant's Child',
en *Just So Stories*

¿Qué preguntas tendríamos que hacerles a nuestros hijos con respecto a su lectura? Lo que sigue es una lista de preguntas que se pueden formular acerca de cualquier material de lectura, de ficción o no, en forma de libro o de artículo. Los buenos lectores se hacen preguntas sobre lo que leen, preguntas como "¿Qué ha sucedido?" "¿Por qué hicieron/dijeron eso?" "¿Qué pasará después?" Son éstas preguntas que ayudan a pensar acerca de lo que se lee. Si usted utiliza preguntas como éstas con su hija, la incitará a que se pregunte a sí misma cada vez que lea.

Las preguntas de Rudyard Kipling son útiles para comenzar a formular cuestiones sobre lo que su hija piensa acerca de lo que se le lee o ella le lee a usted:

Preguntas acerca de historias o relatos
- *¿Cuándo?*   ¿Cuándo tuvo lugar?
  ¿Cuánto tiempo hace?

¿Qué había pasado antes?
¿Qué pasará después?
¿Qué quiere decir 'había una vez'?

- *¿Dónde?*

    ¿Dónde fue?
    ¿Qué clase de lugar era?
    ¿Era un sitio real o imaginario?
    ¿Puedes dibujarlo?
    ¿Dónde podría haber estado?

- *¿Quién?*

    ¿Quién lo escribió? ¿Quién aparece ahí?
    ¿Cuál es el personaje más importante?
    ¿Quién más hay importante?
    ¿Puedes dibujar al personaje?
    ¿Qué tipo de persona es?

- *¿Qué?*

    ¿Qué tipo de historia es?
    ¿Qué sucedió?
    ¿Qué podría/debería de haber sucedido?
    ¿Qué es lo que los personajes piensan/dicen/sienten?
    ¿Qué piensan/quieren/esperan que suceda?

- *¿Cómo?*

    ¿Cómo sucedió?
    ¿Cómo empezó?

¿Cómo crees que terminará?
¿Cómo terminó?
¿Qué final le habrías dado tú?

- *¿Por qué?* ¿Por qué sucedió de la forma en que sucedió en la historia?
¿Por qué fue escrita?
¿Por qué está escrita así?
¿Quién cuenta la historia y por qué?
¿Para qué leerla?

A continuación se dan algunas de las preguntas que un padre le formuló a su hija de seis años después de leer el cuento de la Cenicienta, con el fin de ver lo que la niña recordaba y ayudarle a pensar más acerca del relato:

Padre: ¿Qué clase de cuento era?
Niña: Era un cuento de hadas.
Padre: ¿Qué es un cuento de hadas?
Niña: Es un cuento en donde los sueños se hacen realidad.
Padre: ¿Cómo podría haber terminado el cuento?
Niña: Cenicienta podría no haberse casado con el príncipe. Podría haber crecido hasta hacerse mala y fea como sus hermanas.
Padre: ¿Y por qué se iba a hacer fea?
Niña: Porque cuando nadie te quiere te hacen sentirte fea, y entonces... pareces fea.
Padre: ¿Qué personaje te habría gustado ser en el cuento?
Niña: (después de pensar un poco) Uno de los ratones.
Padre: ¿Por qué?
Niña: ... ¡Porque me gusta el queso!

Lo que hace el padre en este fragmento es examinar con más detalle las respuestas de su hija a través de la pregunta 'Por qué', invitándola así a que diga más. Hay una diferencia fundamental entre un niño que nada más lee palabras y las olvida o no comprende lo que significan, y un niño que lee para comprender. Un buen lector es aquel que lee con fluidez, es decir el niño que es capaz de leer las palabras y comprenderlas. Sólo hablando con su hija acerca de lo que lee podrá usted saber si su lectura es fluida. Si quiere ver más acerca de las conversaciones que puede entablar con su hija sobre los relatos, véase la página 289.

Idea clave: pregunte y conversen acerca de lo que se lee

Escribir

Cuando se le preguntó a la escritora Evelyn Waugh acerca del secreto de su buen hacer, dijo: "Yo pongo las palabras en el papel y después les doy unas cuantas vueltas". Usted puede hacer mucho para que su hijo se convierta en un escritor, para que ponga las palabras en el papel y 'les dé unas cuantas vueltas'. William Hazlitt decía que cuanto más escribe una persona, más capaz se hace de escribir. Los niños aprenden a escribir leyendo y escribiendo. Pero, ¿qué viene primero, la lectura o la escritura?

Los niños de una guardería que siga el método Montessori aprenderán a escribir antes que a leer. Al principio aprenderán a controlar los músculos de la mano jugando con formas, rompecabezas y puzzles, desarrollando así las habilidades manuales necesarias para escribir. Cuando han desarrollado la habilidad manipulativa para controlar el lápiz, aprenden a dibujar con plantillas y a calcar dibujos. Después trazarán letras hechas de papel de lija y aprenderán los sonidos que hacen las letras. Así, mediante el entrenamiento de los sentidos de la mano y del ojo, y aprendiendo el sonido de las letras, el niño está listo para escribir. María Montessori habla de la necesidad de *involucrar* al niño y de animarle a perseverar con los puzzles, que implican el uso de manos y ojos, e ilustra esto contando lo sucedido con un niño de dos años y medio que estuvo inmerso en un juego de formas de letras durante tres cuartos de hora (o, como diría Waugh, estuvo 'dándoles unas cuantas vueltas').

Para un niño pequeño, el aprendizaje de la escritura comienza jugando con las manos, los ojos y el cerebro con el fin de mover, manipular y comprobar los límites físicos de las cosas. El control de los músculos de la mano necesario para escribir se alcanza dibujando, pintando, garabateando, jugando con rompecabezas y plastilina, cogiendo una pelota, usando el cuchillo, el tenedor y la cuchara, decorando, recortando y pegando cosas en álbumes de recortes, etc. Había una niña pequeña a la que le encantaba romper en trozos pequeños las multicolores páginas de las revistas. "Sólo está poniendo a prueba los límites físicos de las cosas", le decía su madre a un espectador que no comprendía aquello. Más tarde, la niña descubriría la forma de usar el lápiz con bastante facilidad, y ahora trabaja como editora en una revista de satinadas páginas (que de vez en cuando dice que todavía se siente tentada de romper en trocitos).

Según el método Montessori, el niño pasará de forma natural de la escritura a la lectura normalmente alrededor de los cuatro o cinco años. Si el niño está interesado en las palabras, se le debería dar la oportunidad de dibujar o garabatear con bolígrafos, lápices, pinturas o tizas. Las letras se hacen con líneas rectas y círculos. Las líneas rectas son horizontales (tumbadas) o verticales (de pie). Indique cosas horizontales y verticales. Reúna cosas circulares y redondas. Enséñele a su hijo a dibujar un círculo a partir de la posición de las dos en punto, en el sentido de las manecillas del reloj y en el sentido opuesto. Que practique otros diseños –lazos, arcos, curvas, diagonales, ganchos, zigzags o cualquier otro diseño que pueda inventar o copiar de usted. Que dibuje los modelos de cosas reales como una lluvia torrencial, nubes de humo, redondas mariquitas, curvas lunas, caracoles espiralados, muñecos de papel, colas de animales y besos[1] (xxx).

Compre letras como las de las cajas de abecedarios (letras que encajan en una especie de molde), y letras magnéticas que se sujeten en el frigorífico o en cualquier otra superficie metálica. Deletree el nombre de su hijo. Escriba su nombre y haga que lo calque y lo pinte con colores diferentes para darle un efecto de arco iris. Enséñele primero las letras minúsculas, en vez de las mayúsculas. Compruebe qué estilo de escritura utilizan en la escuela, el estilo que entenderá su hijo. "La primera palabra que escribieron mis chicos", dice María Montessori, "despertó en mis pequeños una indescriptible emoción de alegría".

Para algunos niños la lectura llega primero. Para estos niños, la habilidad manual requerida para escribir puede resultarles mucho más difícil que leer palabras en una página. No espere que su hijo escriba al mismo nivel que es capaz de leer. La escritura es una tarea que exige más esfuerzo. Esté agradecido por sus progresos en cualquier habilidad y ayúdele siempre que pueda. A veces, cuando a los niños no se les enseña a escribir, intentan hacerlo por sí mismos. Gary, de cinco años, desarrolló su propio método de escritura; aguantaba el lápiz casi sin moverlo mientras movía el papel alrededor para

---

[1] En Gran Bretaña, la forma de indicar un beso por escrito en una carta es mediante una cruz, (x). (Nota del Traductor).

darle forma a las letras. Era un método ingenioso pero lento, e hizo falta algún tiempo para enseñarle un modo más fácil de escribir. No hacía falta decirle lo que tenía que hacer, sino darle actividades prácticas para que llegara a saber por sí mismo lo que era escribir y si podía hacerlo.

Si su hijo no está dispuesto a escribir haga usted el papel de amanuense y, ocupando su lugar, demuéstrele lo que es escribir. Que su hijo le dicte sus cuentos, sus cartas o ideas, y escríbalo usted. Simplemente, dígale: "Tú me dices lo que quieres que escriba y luego lo leeremos juntos". No se sorprenda si al niño le resulta difícil. A la humanidad le llevó miles de años aprender a leer y a escribir. Su hijo está intentando llevar a cabo un logro milenario de la humanidad en unos cuantos años, de modo que sea paciente.

La caligrafía, al igual que la ortografía, es una habilidad que tiene que automatizarse. El uso de un ordenador puede liberar al niño de la faena de escribir a mano, pero escribir bien, sea en una pantalla o en una página, requiere de mucha práctica. La señal de un buen aprendizaje es el dominio gradual de esta habilidad, mediante la práctica y la guía, mediante ensayo y error. Hágase a la idea de que su hijo va a cometer errores, pero elogie el esfuerzo. Recuerde que lo importante es el mensaje, no cómo se produjo. Muchos grandes escritores, al igual que muchos médicos, tienen una caligrafía bastante pobre. Muchos incluso cometen errores de ortografía. Lo que todos ellos han tenido es un lector comprensivo que se ha sumergido en lo que ellos estaban intentando decir.

Desde la infancia hasta la adolescencia su hijo deberá escribir más, con más claridad, más fluidez y más rapidez. Debería desarrollar una 'buena mano' para que su caligrafía sea fácil de leer, y una 'mano rápida' para tomar apuntes (el tipo de apuntes que su médico escribe y que resulta tan difícil de leer). Conseguir una mano rápida significa juntar tantas letras como sea posible. Los niños más mayores suelen poner a prueba con agrado su rapidez con la escritura.

He aquí una prueba de velocidad de escritura que quizás les apetezca realizar a usted o a su hijo:

Prueba de velocidad de escritura
Escriba una frase que contenga todas las letras del alfabeto, como "Tal vez festejaba su éxito con un pequeño trago de whisky de marca", tantas veces como pueda en un minuto. Cuando haya finalizado, cuente el número de letras que ha escrito. La frase sugerida ("Tal vez festejaba... de marca")

contiene 54 letras. Ésa será su puntuación en palabras por minuto. Para un niño de entre 8 y 10 años, no es una puntuación muy buena todo lo que esté por debajo de 80 palabras por minuto, 100 sería lo normal, 120 estaría bastante bien y más de 175 estaría muy bien para un adulto.

También se pueden ver las pulsaciones por minuto en un niño de mayor edad que sepa escribir con el ordenador o la máquina de escribir.

Recuerde, nadie que escriba puede hacerlo tan rápido como puede pensar las palabras. El objetivo que se ha de marcar con su hija es, simplemente, que su habilidad para escribir le permita capturar sus pensamientos y plasmarlos sobre el papel. Lo que se necesita es una escritura rápida y fluida, no una lenta y dolorosa pulcritud, pero eso puede precisar de bastante tiempo para su desarrollo. Los niños que tienen una caligrafía desordenada y escasamente coordinada pueden tener también problemas con la ortografía, de manera que, ¿cómo se les puede ayudar con la ortografía?

Las preguntas que los padres suelen hacer sobre este tema son:

"¿Por qué mi hija hace faltas de ortografía aún cuando le haya mostrado la forma correcta de escribir una palabra?"

"¿Por qué para unos niños es fácil la ortografía mientras que para otros no?"

"¿Por qué hay veces en que los buenos lectores son malos con la ortografía?"

La habilidad para deletrear es bastante diferente de la habilidad para la lectura. La mayoría de los adultos no tiene problemas para leer, pero hay bastantes menos personas que puedan deletrear una palabra con exactitud. Al leer podemos adivinar hasta cierto punto las palabras, y hay otras que simplemente las ignoramos. Si cometemos un error en la lectura nadie se va a enterar, pero las faltas de ortografía quedan sobre el papel, de forma que todo el mundo puede verlo. Al leer nos ayudamos en gran medida del resto de palabras de la frase, pero con la ortografía

---

2   Hay que tener en cuenta que el autor es de habla inglesa, y que en esta lengua las dificultades de transcripción de sonidos para la escritura son mayores que en castellano. El problema de las faltas de ortografía es mayor en los países anglófonos que en los países hispanohablantes. (Nota del Traductor)

no tenemos ningún tipo de ayuda. Deletrear es diferente de leer y más difícil. Ésta es la razón por la cual existen buenos lectores que no necesariamente son buenos con la ortografía. Su hija no es rara porque pueda leer bien pero tenga problemas al deletrear. Lo malo de la ortografía es que hay muchas formas posibles de deletrear una palabra. Lo que para nosotros puede ser obvio en cuestión de ortografía, puede no ser tan obvio para un niño[2].

Todos tenemos palabras que nos resultan difíciles de deletrear. Deletrear no es un 'juego de niños' para ninguno de nosotros: todos podemos cometer errores. Hay palabras que pueden estar "oxidadas" si no las utilizamos regularmente. Nuestra habilidad para deletrear no es una señal de inteligencia, ni los problemas de ortografía se deben a la pereza. Puede que lo intentemos una y otra vez y que, aún así, sigamos cometiendo errores de ortografía. Existen varias formas de recordar las palabras que deletreamos. Las palabras que le resultan difíciles a usted puede que no lo sean para otras personas de su familia, y su modo de recordar las palabras puede que no sea el mismo que el de ellas. ¿Qué palabras le crean problemas a la hora de deletrear? ¿Qué hace usted para recordar el deletreo de palabras problemáticas? ¿Qué puede hacer para mejorar su habilidad con la ortografía?

> **¿Sabía usted que...?**
>
> En inglés existen miles de formas de deletrear el nombre de Shakespeare de forma que siga sonando correctamente. William Shakespeare escribía su nombre de diversas formas –once en total. No hay una forma oficial de deletrear el nombre del viejo Will. He aquí algunas alternativas:
>
> | Shakespeare | Shakspayr | Shakespear |
> |---|---|---|
> | Shackspur | Shakespiere | Shaxpur | Shaxspeare |
> | Shakespere | Shaxpere | Shaksper | Shaxpeire |
> | | Schakspier, | etc. | |

Muchas escuelas en los países de habla inglesa utilizan una rutina llamada Look-Cover-Write-Check, que está pensada para ofrecerle a los niños un modo de aprender cómo se deletrean las palabras 'problemáticas', con resultados diversos. Lo malo es que, si los niños no ven el punto de un ejercicio o rutina, es poco probable que lo puedan usar por sí mismos de forma adecuada para que su utilización se haga automática. Es mejor que se les muestre a los niños las diferentes formas de aprender a deletrear y que se les anime a descubrir sus propios métodos para recordar la ortografía. Lo que se necesita es el enfoque multipensante que proponemos en este libro, un enfoque en donde se sugiere al que aprende que se detenga y piense, y que use todas sus facultades mentales para mejorar su aprendizaje.

Lo que viene a continuación es lo que podría decir a sus alumnos un profesor que utilice este enfoque: "Vamos a aprendernos esta palabra de todas las formas que se nos ocurran. Os la podéis aprender con la vista mirándola con atención, cerrando los ojos e intentando verla en vuestra imaginación. Os la podéis aprender con el oído, pronunciándola en voz alta y escuchando como suena. Os la podéis aprender con la mano, cuando la escribís. Podéis pensar en el elemento de la palabra que es difícil de recordar y buscar un truco para recordarlo. Vamos a ver si podemos descubrir la mejor forma de que recordéis la palabra".

Lo que este profesor está haciendo es ayudar a los chicos a encontrar una estrategia, la mejor estrategia para el niño, para aprender a deletrear mediante un enfoque racional que utilice medios visuales (ver), verbales (pronunciar) o físicos (escribir). Las principales estrategias para pensar en ello son 'ver, decir, hacer y revisar':

- *Ver*
  Mira la palabra e intenta hacerte una imagen de ella, o como dice un profesor: ¡Haz una foto de la palabra dentro de tu cabeza! Tápala, y ahora intenta escribirla a partir de cómo la recuerdas.
- *Decir*
  Mira la palabra, léela y pronúnciala lentamente, sílaba por sílaba (ej.: 're-cor-dar'). Deletréala en voz alta y escucha con atención. Deletréala otra vez sin mirar la palabra. Comprueba a ver si lo has hecho bien.
- *Hacer: escribir y comprobar*
  Copia la palabra varias veces (con letra cursiva si es posible), después escríbela sin mirarla. Escríbela con atención. Comprueba si lo has hecho bien.
- *Revisar: examinarlo*
  Pregúntate: ¿En qué parte o partes cometes faltas de ortografía? Piensa en esos elementos difíciles (subráyalos, o reálzalos con algún color). Ahora ya no tienes que aprenderte toda la palabra, sino sólo los elementos difíciles.

Un truco personal que les ayuda a algunas personas a recordar las palabras difíciles son las mnemotécnicas. Una de ellas consiste en asignar a cada letra de la palabra que se quiere recordar una palabra que comience por esa letra, de modo que se pueda formar una frase con sentido o que resulte divertida. Por ejemplo, la palabra 'espectáculo' se podría recordar como 'estos señores podrían esperar como todos, aquí cuelan uno (y) luego otro'. Se puede recordar el elemento dificultoso de 'almohada' pensando en la hache problemática como la misma que inicia la 'habitación' en donde se encuentra la almohada.

Aprenderse algunas reglas ortográficas puede ayudar. Lo malo con el inglés es que algunas palabras no siguen estas reglas. Serían muchas las reglas que habría que aprender y podrían confundir fácilmente a un niño pequeño. Algunas reglas, como la de que la 'q' va siempre seguida de 'u', pueden ser útiles. Si hay dudas, el lema es 'Pregunta en la escuela', y ten cuidado con las excepciones.

No se desespere si a su hijo le cuesta deletrear. Napoleón nunca llegó a saber deletrear correctamente, y su escritura era horrorosa. Al dramaturgo irlandés George Bernard Shaw siempre le resultó difícil la ortografía, pero esto no afectó a la calidad de sus escritos. Hay niños que se llegan a preocupar en gran medida por su ortografía, mientras a otros no les preocupa en absoluto. Como decía un niño, "Sé que no soy bueno con la ortografía, pero no me importa. Ahora tengo una máquina que me lo soluciona". Claro está que se refería a su ordenador último modelo, con su dispositivo de corrección ortográfica.

Los diccionarios también pueden ser una buena ayuda en la ortografía. Son difíciles de usar si su hijo tiene problemas con el orden alfabético, por lo que podría resultar útil la utilización del listín telefónico, de una agenda o un índice. Quizás fuera interesante comprar una agenda de direcciones A-Z y utilizarla para almacenar las palabras que su hijo se pregunta cómo se deletrean. También puede almacenar algunas mnemotécnicas que ayuden a memorizar. Puede jugar también al juego del diccionario rápido –dígale a su hijo que abra el diccionario por cualquier parte, dígale una palabra y pregúntele: "¿Tienes que buscar hacia delante o hacia atrás?"

Una buena escritura y una buena ortografía se desarrollan si existe una razón para escribir. Todo el que escribe necesita que se le incite a mejorar, tanto si son autores de un best-seller como si son niños que se esfuerzan con sus primeras palabras. Desarrolle el hábito de la escritura ofreciendo algunas razones para escribir en casa.

A continuación se exponen algunas ideas para desarrollar el hábito de escribir en un niño que ya sabe escribir.

- *La historia de mi vida*
  Todas las familias tienen una historia, y todos los niños tienen su propia historia vital. Utiliza fotos, dibujos y recuerdos, y pon por escrito el tiempo, el lugar y los hechos que tuvieron lugar.
- *El calendario*
  Los niños más mayores pueden llevar un calendario día a día, por ejemplo un calendario con los programas de televisión que quiere ver. Cree un calendario para un niño pequeño, por ejemplo con un bloc de notas grande.
- *El diario*
  Un diario de vacaciones es un buen modo de mostrarle a su hijo el valor de llevar un registro cotidiano de ideas, hechos o sentimientos. Cómprele a su hijo un diario cada año –algún día puede que escriba algo en él, igual que usted lo hizo una vez.
- *Invitaciones*
  Pídale que escriba en las felicitaciones o en las tarjetas de invitación que se envíen a los amigos o a la familia.
- *Cartas*
  Escríbale una carta a su hijo. Anímele a escribir a familiares y amigos que estén lejos, o a añadir algo en las cartas que usted escribe. Anímele a que se haga un "amigo por carta".
- *Cosas que recordar*
  Anime a su hijo a que se haga listas de cosas que debe recordar. Dele un libro privado para sus propias listas, pensamientos o historias.
- *Historias, poemas y canciones*
  Anime a su hijo a que escriba un cuento para un hermano o hermana más pequeños, o para algún familiar o amigo. Guarde los relatos, escritos o poemas que escriba en una carpeta, o bien sujételos en su tablero de corcho.
- *Una guía local*
  Haz una guía local de tu barrio para los visitantes, o envíasela a un

amigo por carta, dándole descripciones de lugares de interés cercanos, ilustrada con fotos, imágenes, dibujos y mapas.
- Crear una revista o un periódico
  ¿Por qué no hacer tu propio periódico o revista? Empieza por determinar un propósito y un público para tu publicación, por ejemplo una revista sobre tu hobby favorito, o un boletín informativo navideño para enviar a la familia o a los amigos. Planifica lo que podrías incluir en tu publicación. Piensa en un título y en cómo maquetarás los artículos, ¡y ponte a escribir!
- Concursos
  Los concursos de televisión, de periódicos, revistas y tebeos pueden dar también motivos para escribir. Crea tu propio concurso –por ejemplo, ¿qué cosas se pueden hacer con un ladrillo? (un niño creativo de diez años puede pensar más de 30 cosas- con un premio o recompensa al final.

Existen muchas salidas para la escritura creativa de su hijo, tanto en casa como en la escuela, y se están publicando cada vez más obras de autores infantiles. Dorothy Straight tenía cuatro años cuando publicó su primer libro *How the world began*. Janet Aitchison tenía cinco años cuando se publicó su historia titulada *The Pirate's Tail* en una revista. Jayne Fisher tenía nueve años cuando publicó una serie de historias que había escrito sobre personajes de frutas y vegetales llamado *The Garden Gang*. Lo que todos estos niños tenían en común es que se les estaba dando ánimos en casa, así como una razón para escribir desde temprana edad, que es lo que había ayudado a revelar sus dotes creativas.

> ### ¿Sabía usted que...?
> Hay veces en que niños con una buena inteligencia lingüística no lo hacen bien en la escuela. El poeta galés Dylan Thomas fue uno de esos niños. Le gustaba hacer novillos en la escuela, y una tarde, cuando estaba 'poniendo pies en polvorosa' fue sorprendido por uno de sus profesores.
> - ¿Adónde vas? –le preguntó.
> - A escribir poemas –dijo Dylan.
> - Bien –dijo el profesor-, ¡asegúrate de que no te pillan!

Idea clave: inspire a su hijo para que escriba, utilizando motivos auténticos

SIETE PASOS PARA LA INTELIGENCIA LINGÜÍSTICA
- Haga que su hijo se detenga y piense, y que examine las cosas.
- Anímele a hablar más y a escuchar con atención.
- Dele razones para lo que usted le dice, y pídale a él sus razones.
- Juegue con él a juegos de palabras, enséñele nuevas palabras e incremente el potencial verbal de su hijo.
- Léale, y anímele a leer libros, tebeos, revistas...
- Converse con él y que le cuente lo que piensa de los cuentos, los poemas y otras clases de lecturas.
- Inspírele para que escriba relatos, cartas y listas de cosas para recordar. Todo ello con razones auténticas.

3

El sentido de los números

El desarrollo de inteligencia matemática

> *Un niño de la nueva generación*
> *se negó a aprender la multiplicación.*
> *Y dijo, 'No albergue usted la idea*
> *de que no tengo ni idea;*
> *sólo es que me falta motivación'.*
>
> Anónimo

> *Si unos cuantos números te dejan con la boca abierta, ¿cuánto más te pueden hacer más números?*
>
> Niño de 10 años

Jane había ido con su madre al supermercado. Siguió la ronda de su madre, que no le permitía tocar nada ni hacer preguntas mientras estaba ocupada buscando los productos de la lista que había hecho. De repente, la mujer vio algo que no estaba en la lista: un expositor con libretas de ejercicios de matemáticas. Feliz y contenta, tomó una de ellas de las estanterías y la puso en su carrito de compras. La libreta estaba llena de sumas, sumas que le daría a Jane más tarde para que las hiciera. La madre quería algo que ayudara a la niña con las matemáticas, pero no se daba cuenta de que en el supermercado tenía a su disposición los materiales básicos para el aprendizaje de esta disciplina, unos materiales mucho mejores que los de cualquier libreta de ejercicios que pudiera comprar.

Las matemáticas tratan del mundo en que vivimos. Las matemáticas tratan de lo que vemos y manejamos, de la vida y de la resolución de problemas de la vida. Matemáticas es comprar una docena de huevos y dos kilos y medio (cinco libras y media) de patatas, compartir chocolate con los amigos o ver qué talla de zapatos necesita uno. Matemáticas es contar el dinero que llevamos en el bolsillo, comprar algo y ver lo que sobra. Matemáticas es ver cuánto hay que ahorrar cada semana para comprarte ese regalo que siempre quisiste. Matemáticas es ir contando y plantando semillas en el jardín. Matemáticas es pesar la harina que necesitas para cocer. Matemáticas es comprobar las quinielas del fútbol, medir el tejido para un vestido, comprar la mejor oferta y otras muchas actividades cotidianas.

Muchos padres se ponen ansiosos con las matemáticas. Es la única área de trabajo escolar que provoca una reconocida 'fobia', la 'fobia a las mates'. Para algunos padres, las matemáticas fueron la asignatura más odiada en la época escolar, aquella en la que muchos sintieron el aguijón del fracaso, un jardín secreto del que nunca pudieron encontrar la llave. La buena noticia que les tenemos que dar es que, en el caso de su hijo, las cosas no tienen por qué ser así. Aún cuando usted nunca fuera bueno con las mates, o a su hijo se las estén enseñando de un modo desconocido para usted, usted puede ayudarle a encontrar la llave del jardín. Sean cuales sean los malos recuerdos que pueda usted albergar, usted puede empezar de nuevo con las matemáticas y mostrarle a su hijo algo de su magia.

¿Qué es la inteligencia matemática?

Un hombre llamado Sr. X tiene un extraño trastorno cerebral: no puede decir cuál es la diferencia entre números pares e impares, sabe que cinco más siete no son diecinueve, pero cree que dos y dos son tres; cree que un año tiene alrededor de 350 días, que una hora tiene unos 50 minutos y que una docena es una cantidad entre seis y diez. El Sr. X tuvo una mala caída y perdió gran parte del hemisferio izquierdo del cerebro, y ahora sufre un extraño trastorno neurológico llamado acalculia, una alteración que perturba su comprensión numérica.

Hay una región en el cerebro que actúa como una calculadora primitiva, y nos proporciona la capacidad de utilizar números con precisión. Todos nacemos con este sentido numérico. Esta parte del cerebro, localizada en el córtex parietal inferior, justo por encima y por detrás de cada oreja, nos permite comprender los números. Nos capacita para estimar que siete veces ocho son alrededor de 50, pero lleva años de práctica el saber que la respuesta precisa es 56. Los bebés tienen una comprensión rudimentaria del número, pero a su innata inteligencia matemática le lleva años el desarrollarse. Y para que esto suceda necesitan ayuda, tanto en casa como en la escuela.

Los seres humanos no son los únicos que tienen cierto conocimiento innato de los números. La experimentación con animales demuestra que las ratas, las palomas y los chimpancés tienen un sentido de los números muy primitivo. Bebés de hasta cinco meses de edad disponen de la lógica suficiente como para calcular que uno y uno son dos. Si usted le muestra a un bebé dos muñecos, después los tapa con una tela y quita uno de los muñecos, es muy probable que el bebé busque el muñeco que falta cuando levante la tela. Había dos muñecos, ahora sólo hay uno, debería de haber un muñeco más. No estamos todavía seguros, pero de estos experimentos parece derivarse la idea de que el cerebro de los niños está preparado para la lógica simple de la adición y la sustracción, y es algo tan cierto en los niños como en las niñas.

La inteligencia *matemática* le da a su hija la capacidad de comprender los números y de describir el mundo con los números. Una de las formas mediante las cuales describimos el mundo es midiéndolo, como en el caso de las medidas que utilizamos en las recetas. Otra forma es mediante la comprensión de las relaciones que hay entre las formas, como en el caso de las formas que componen el patrón de un vestido. Este sentido numérico está implícito en muchos aspectos del discurrir cotidiano de una casa y de muchos trabajos. Necesitamos saber de números, formas y medidas en la casa, en los bancos, en las tiendas y en todo tipo de industria de servicios, así como en ingeniería, trabajos técnicos y manejo de ordenadores.

La inteligencia matemática está implicada en la resolución de muchos problemas prácticos de la vida. Por ejemplo:

- Danny está ahorrando para comprarse una bici nueva. Sabe el precio y qué cantidad ha ahorrado. Todo lo que tiene que hacer es cal-

cular cuánto más necesita, y entonces sabrá cuánto pedir para su cumpleaños.
- Carla quiere darse un paseo con sus amigas por una parte distante de la ciudad. Tiene que calcular los horarios de los trenes para saber cuándo llegarán y cuándo tienen que irse para estar seguras de tomar el último tren a casa.
- Tony se va a comprar un nuevo ordenador. Tiene información de muchos y diferentes modelos. Existen diferentes precios, con diferentes extras y algunas ofertas especiales. Tiene que comparar cuidadosamente los modelos, si quiere el mejor que pueda comprar con el dinero de que dispone.

> **¿Sabía usted que...?**
> Cuando el filósofo Bertrand Russell empezó a estudiar geometría a la edad de 11 años, escribió: "Fue uno de los grandes sucesos de mi vida, tan deslumbrante como el primer amor. Nunca hubiera imaginado que hubiera algo tan delicioso en el mundo".

Hay niños como Bertrand Russell que son matemáticos naturales, nacidos con una prodigiosa capacidad para comprender los números, del mismo modo que hay niños que son lectores naturales. Estos niños matemáticos pueden ser de cualquier personalidad y de cualquier sexo. Les encantan los números (a menudo tienen su propio número favorito, como el 3 o el 7). Aprenden a sumar, restar, multiplicar y dividir a temprana edad, y hacen preguntas matemáticas como, "¿Qué sucede si pongo 6 en lugar de 3?" Buscan las respuestas por sí mismos, y disfrutan haciendo cálculos con números grandes. Son niños que necesitan un buen almacén de problemas y de retos para desarrollar sus mentes, y esto puede resultar agotador tanto para los de casa como para los profesores. Personas que necesitan de una bien desarrollada inteligencia matemática son los científicos, los ingenieros, los agentes de policía, los abogados y los contables.

Sin embargo, la mayoría de los niños no son matemáticos naturales. Disponen del sentido numérico, pero las matemáticas les resultan difíciles y necesitan ayuda en casa para desarrollar su inteligencia matemática. ¿Cómo, pues, desarrollar esta inteligencia?

El desarrollo de la inteligencia matemática de su hija

La inteligencia matemática comienza en el momento en que la niña empieza a manejar objetos que puede ver y tocar, y también con el reconocimiento de los modelos visuales que hay a su alrededor. Antes de que empiecen a andar a gatas, los bebés seleccionarán cosas para llevarse a la boca, comienzan a resolver problemas acerca de formas que pueden colocar juntas y, poco a poco, llegan a comprender que los números se pueden asociar con objetos reales, que dos cosas no son una o tres, y que los números se pueden utilizar con muchos propósitos. Alrededor de los tres años habrán adquirido bastante experiencia matemática intentando dar sentido y poner orden en el confuso y desbordante mundo que les rodea, inten-

Si su hijo/a	Lo que puede hacer usted es	Lo que su hijo/a puede aprender
Dice que odia las mates y que no puede hacerlas	Intente que use las matemáticas para resolver problemas en casa y ayúdele con los deberes del colegio	Darse cuenta de que puede tener éxito con las matemáticas, y ver hasta qué punto le puede ayudar en su vida diaria
Funciona con las matemáticas, pero a veces le resultan difíciles	Haga que practique con pasatiempos y problemas con números y formas	A tomar confianza en el uso de números y formas para resolver pasatiempos y problemas
Es bueno con los números y en la resolución de problemas matemáticos	Anímele a resolver pasatiempos de lógica y de números, y ayúdele con las matemáticas en casa	La buena ejecución con las matemáticas trae el interés y el disfrute en la utilización de números y en la resolución de problemas

tando responder a preguntas como: ¿Qué son todas estas cosas? ¿Cuántas hay? ¿De dónde son?

Después aprenderán realidades numéricas, como por ejemplo cuántos números diferentes se pueden poner juntos para que hagan diez. Después, otras operaciones básicas como la multiplicación, como el que cuatro grupos de tres objetos hacen doce –o como dijo una vez un niño cuando se le estaba mostrando esto con Smarties, "Deberían de ser doce, pero me comí uno".

Los niños aprenden que las matemáticas no tratan sólo de números, sino también de resolución de problemas en la vida real por medio de las medidas –como dijo un niño que estaba contando kilómetros en un viaje en automóvil: "¿Por qué el último kilómetro es siempre el más largo?"-, y de la utilización de objetos reales de formas diferentes (geometría) –o como dijo un niño pequeño: "¿Por qué el círculo que uno dibuja nunca es tan bueno como el círculo que se imagina?"

Todos los niños aprenderán algo de matemáticas mediante la práctica natural de su inteligencia, pero usted puede hacer mucho en casa para sacar el máximo partido de su capacidad –aún cuando usted no fuera demasiado bueno en matemáticas.

¿Cómo desarrollar la inteligencia matemática?

La mayoría de la gente cree que las matemáticas tratan de aritmética, que es el estudio de los números y las operaciones, como la suma y la división. Pero las matemáticas son mucho más que esto. Es una forma de describir el mundo y de cómo se relacionan entre sí sus distintas partes. Estas relaciones se muestran con símbolos numéricos que describen verdades acerca del universo en el cual vivimos. Los matemáticos se hacen preguntas sobre el mundo: sobre las estructuras de las telas de las arañas y la distancia de las estrellas, las formas de las conchas marinas, el balanceo de un péndulo, las hojas de una rama, el vuelo de un dardo, la mejor forma, la cantidad exacta, el modelo correcto. Los números no son más que una parte de ese idioma especial que son las matemáticas, y dado que un idioma se aprende mejor con la práctica, el aprendizaje tiene que comenzar en casa.

INPUT	lo que hace usted	Usted estimula a su hijo interesándose en los números, en estructuras y formas, involucrándose en los deberes que trae del colegio y en las matemáticas de casa
OUTPUT	lo que hace su hijo	Su hijo ve que las matemáticas son útiles en el mundo real y obtiene experiencia con el uso de números y formas
AUTOCONTROL	lo que aprende el niño	Su hijo se va sintiendo más seguro con el uso de las matemáticas y ve la importancia de las matemáticas en el mundo real

Qué puede hacer usted para ayudar

Para desenvolverse bien en matemáticas su hijo tiene que desarrollar dos habilidades diferentes que están implícitas en esta ciencia –reglas y razones. Un aspecto de las matemáticas es el de las reglas. En matemáticas podemos comprobar si algo es cierto o erróneo si conocemos la regla correcta y la seguimos –por ejemplo, que al multiplicar cualquier número entero por 10 simplemente hay que añadir un 0 al número. La regla es lógica, se puede demostrar y funciona siempre. Su hijo tendrá que aprender determinado número de hechos y reglas, como las tablas de multiplicar y cómo calcular el área de un cuadrado.

Las calculadoras y los ordenadores son muy buenos aplicando reglas, pero saber cuándo hay que aplicar una regla requiere sus razones. Los niños se suelen equivocar con las matemáticas (y con la vida) cuando aplican una regla equivocada o no saben qué regla aplicar. La razón nos dice cuándo hay que aplicar una regla determinada, y nos ayuda a comprender cómo funcionan las reglas en sí. Es más importante que su hijo sea capaz de ver relaciones y de razonar y resolver problemas por sí mismo, que el que conozca las reglas.

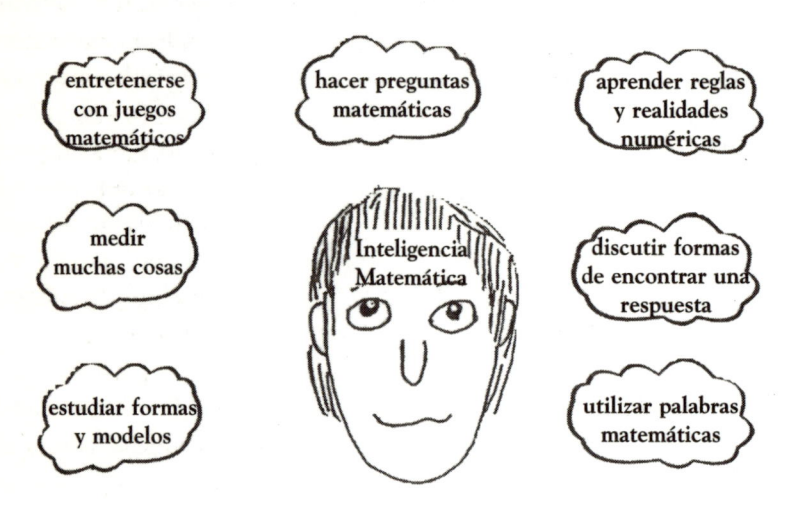

Formas de desarrollar el pensamiento matemático

El siguiente ejemplo ilustra el hecho de que conocer una regla no garantiza una respuesta correcta:

Adulto: Si tengo cinco y le doy a María cinco, ¿cuántos me quedan?
Niño: Diez.
Adulto: ¿Por qué diez?
Niño: Porque cinco y cinco son diez. Así de fácil.
(El niño conoce la regla 5+5=10, pero en este caso la aplica de forma incorrecta)

Los matemáticos hablan de matemáticas puras y aplicadas. Las matemáticas puras se ocupan de la aplicación de reglas, de la resolución de problemas en una secuencia lógica, de la utilización de símbolos abstractos. Un niño utiliza las reglas de las matemáticas puras cuando hace una página de sumas. Las matemáticas aplicadas se ocupan de la resolución de problemas en el mundo real. Éstas son las que tenemos que utilizar cuando vamos de compras, cuando cocinamos, construimos, decoramos, hacemos presupuestos o trazamos una ruta sobre un mapa. Usted puede ayudar a su hijo en el aprendizaje de las reglas que tiene que conocer, pero probablemente podrá ayudar mucho más a su hijo en el aspecto práctico del uso de las matemáticas para resolver problemas reales.

Aún cuando su hijo no sea demasiado bueno con las mates, eso no le impedirá divertirse con ellas, y usted puede hacer que adquieran importancia para él sacando el máximo partido de todo lo relacionado con las matemáticas en el hogar. Llevar adelante una casa precisa de un montón de cálculos matemáticos, para amueblarla, mantenerla y pagarla, y de un montón de trabajo con los números, las medidas y las formas. El hogar es el sitio en donde el niño aprende sus primeras matemáticas, es el lugar en donde la experiencia de las matemáticas es más real, porque trata de ellas en la vida real. Los niños aprenden sus primeras matemáticas del mismo modo que aprenden a hablar y a leer, es decir, hablando, escuchando y a través de la experiencia diaria –como sumar puntuaciones en los juegos o medir los ingredientes de una receta.

Las matemáticas en casa deberían de ser divertidas. Aunque esto no garantice que su hijo vaya a ser un experto en esta ciencia, al menos proporcionará el clima adecuado para que el aprendizaje resulte más probable, y para que se puedan desarrollar actitudes positivas al respecto. A través de juegos, pasatiempos e investigaciones, aprender matemáticas puede convertirse en algo divertido.

La utilización de juegos

No puedo hacerlo sin fichas
dice un personaje en "El Cuento de Invierno de Shakespeare"

Los juegos constituyen una buena manera de divertirse mientras se hacen matemáticas. Los juegos despiertan una curiosidad natural. ¿Cómo se juega? Deje que su hijo le enseñe cómo jugar a algo. Recorrer las reglas del juego con usted paso a paso le llevarán a afinar sus habilidades lógicas. ¿Cómo se gana? Discuta con él las estrategias de resolución de problemas necesarias para ganar. ¿Es un juego de azar o de habilidad? Si es de azar, ¿cuáles son las probabilidades de ganar? Si implica habilidad, ¿qué habilidades son necesarias? ¿Son las matemáticas alguna de estas habilidades? (Si está implícita la lógica, los números, las medidas o las formas, es que las matemáticas están implícitas.) Los juegos de interés matemático pueden ser de dos clases: juegos visuales y juegos numéricos.

1 Juegos Visuales

Los juegos visuales le enseñarán a su hijo las relaciones que existen entre la línea y el espacio (véase también la página 141), y desarrollarán su conciencia espacial, así como su pensamiento estratégico y lógico. Las matemáticas, como el arte, nos permiten explorar y descubrir el mundo que vemos. La simple pregunta, "¿Qué ves?", puede ser también una pregunta matemática acerca de formas y espacios, y puede llevar de la forma al número. Ante una imagen interesante se pueden hacer preguntas como:

- ¿Qué formas puedes ver?
- ¿Qué líneas ves?
- ¿Qué estructuras ves?
- ¿Qué espacios hay ahí?
- ¿Cómo son de grandes?
- ¿Cuán lejos están?
- ¿Cuántos puedes ver?

Cada imagen, cada escena es un rompecabezas matemático de formas y espacio. Con niños pequeños, los juegos visuales comienzan con actividades simples como 'La Búsqueda del Dedal' y juegos de sombras (sombras chinas hechas con las manos sobre la pared del salón). Juegos de 'Veo, veo', utilizando libros con fotos o el escenario en el que se encuentran, en donde usted puede incluir no sólo letras sino formas, como por ejemplo "Veo algo redondo", "Veo algo plano" o "Veo algo rectangular". A medida que crezcan, los juegos visuales pueden hacerse más complejos, usando *mapas* ("¿Puedes señalar dónde estamos?" "¿Puedes ver hacia dónde vamos?"), *direcciones* (como en la Búsqueda del Tesoro, siguiendo direcciones para encontrar dónde se esconde el tesoro) y *planos* (los juegos de ordenador, como Sim City, en donde el reto consiste en planificar tu propia ciudad, son ideales para esto).

He aquí más ideas sobre juegos que desarrollan la capacidad para visualizar formas matemáticas:

Desarrollo de modelos, con juegos de formas, como triángulos equiláteros (triángulos que tienen los tres lados de igual longitud), haciendo con ellos imágenes de personas, perros, flores, etc. Por ejemplo, hacer una estrella con 12 triángulos equiláteros del mismo tamaño (hay que poner seis juntos haciendo una figura de seis lados o hexágono, y utilizar seis más para los rayos luminosos). También puede hacer triángulos más grandes con ellos, utilizando 4, 9, 16, 25, 36, etc. (Estos modelos son cuadrados de números, por ejemplo $4=2^2$ $9=3^2$ $16=4^2$ etc.) Los niños más mayores podrán hacer modelos con instrumentos geométricos –por ejemplo, el de la rosa de los vientos- o utilizando el programa de dibujo de un ordenador. Pídale que le hable de los modelos que hace utilizando las preguntas listadas con anterioridad.

Los *Tangrams*, los rompecabezas chinos de siete piezas, se pueden utilizar para crear miles de figuras. Las piezas del tangram formaban en su origen un cuadrado. Hay otras versiones en las tiendas de juegos y juguetes, aunque también puede hacer usted su propia versión. (Véase Tangram, página 123)

El *Origami* es el arte japonés de las figuras de papel, la papiroflexia, que suele exigir grandes dosis de paciencia y habilidad. Muchos libros muestran cómo plegar el papel para crear figuras sencillas. Comience con objetos cotidianos, como sombreros, aviones, cajas, sobres, barcos y pájaros. El origami no sólo es valioso por lo entretenido de trabajar el papel, sino también porque obliga a conversar acerca de los problemas que se presentan y de las formas que se construyen.

Los *Laberintos* fascinan a los niños de todas las edades. Diséñelos usted mismo, o busque ejemplos (en página 104). También puede visitar algún laberinto vegetal de los que se construyen con setos. Anime a su hijo para que se invente sus propios laberintos. Hay personas que dicen que si uno sigue su izquierda podrá salir de cualquier laberinto. ¿Es cierto?

Los *Puzzles de Formas* se pueden conseguir de muchos tipos, como juegos de construcción, cubos de Rubik o en forma impresa –por ejemplo, como puzzles de dibujo de punto por punto.

Juegos de mesa de complejidad creciente, desde juegos sencillos como La Escalera, el Parchís y el Juego de la Oca, hasta juegos de lógica espacial como las Damas, el Mastermind, el Otelo y el Ajedrez.

Juegos al aire libre, entre los que destacarían los juegos de saltos, como el tejo (rayuela), juegos de puntería, como los dardos (ideal para enseñar las partes de un círculo), y deportes como el tenis y el fútbol (indíquele el modo en que los campos se dividen en áreas de formas regulares).

¿Puedes encontrar el camino que lleva a la montaña que hay en medio para luego volver a salir?

La danza y la gimnasia utilizan formas, espacio, equilibrio, estructuras y ritmos, como todas las artes y las actividades artesanas. De hecho, las matemáticas están implícitas en cualquier movimiento físico. Sea cocinando, cosiendo, en el bricolaje o en cualquier actividad física, hable con su hijo acerca de las matemáticas de estas actividades.

Los juegos de lápiz y papel, como el tres en raya, son juegos de formas que crean rompecabezas lógicos como el de ¿Cuál es el mejor de los movimientos que se puede hacer ahora? Los juegos de lápiz y papel que vienen a continuación se juegan sobre un cuadrado de 16 puntos.

JUEGOS DE PUNTOS

Empiece dibujando un campo de juego de 16 puntos, cuatro en cada dirección.

```
 •   •   •   •
 •   •   •   •
 •   •   •   •
 •   •   •   •
```

Juego 1: *Unir puntos*
Se hace por turnos. Se trata de unir dos puntos que estén contiguos, uno junto a otro, lado con lado, o arriba y abajo. Cada punto sólo se puede unir con uno solo de los puntos contiguos. El ganador es el que consiga hacer la última unión.

Juego 2: *Hacia arriba*
Se hace por turnos. Se comienza por el punto que hay en la esquina inferior izquierda, y se trata de unirlo con una línea recta tan larga como se desee con otro punto que esté a la derecha o por encima. En cada turno se traza una línea, sea a la derecha o arriba. El ganador es el que llegue al punto de la esquina superior derecha.

Juego 3: *Por cualquier sitio*
Se hace por turnos. Se trata de unir dos puntos cualquiera con una línea (de lado a lado, arriba, abajo o en diagonal). Una línea no debe de cruzar nunca a otra, así como tampoco cerrar una forma. Cada línea se debe trazar desde cualquier final de línea anterior. Sólo líneas rectas. El ganador es el que trace la última línea.

Juego 4: *El cuadrado*
Se hace por turnos también. Un jugador marca con Xs y el otro usa Os. Se puede marcar cualquier punto con una X (u O). El ganador es el juga-

dor que consiga marcar cuatro puntos de modo que pueda trazar un cuadrado. El ganador conecta sus puntos con un cuadrado.

Después de hacer estos juegos se puede intentar hacerlos con más puntos, añadiendo incluso nuevas reglas.

Estos juegos implican el pensamiento de formas, así como el uso de la lógica y la estrategia (el pensamiento en una serie de pasos lógicos). El valor de estos juegos estriba en pensar, imaginar y hablar de ellos. ¿Puede usted, o su hijo, encontrar una estrategia que les permita ganar?

2 Juegos Numéricos

Todo juego que lleve implícita una puntuación es un juego numérico. Deje que su hija lleve las puntuaciones siempre que jueguen –en el papel, mentalmente o en un cuadro de puntuaciones. Los juegos numéricos que se presentan a continuación son instrumentos divertidos mediante los cuales su hija puede familiarizarse con las realidades numéricas que precisa conocer:

La tabla zum es una forma divertida de aprenderse las tablas de multiplicar. Se elige un número entre el 1 y el 9, por ejemplo 3, y cada jugador tiene que decir por turnos la tabla diciendo 'zum' por cada múltiplo de los números elegidos, así: 1, 2, zum, 4, 5, zum, 7, 8, zum, etc. Prolónguese tanto como se pueda. Después se puede intentar con dos tablas a la vez, como por ejemplo la del 3 y la del 5, diciendo 'fsss' para una y 'zum' para la otra, así: "1, 2, fsss, 4, zum, fsss, 7, 8, fsss, zum, 11, fsss, 13, 14, ¡fssszum! 16, 17..." y así sucesivamente.

La suma de matrículas es un juego para cuando se va en el automóvil. Los niños pequeños tendrán que sumar los números de la matrícula de cualquier automóvil que se les ocurra –por ejemplo, 375 = 3+7+5=15. Los niños mayores pueden multiplicarlos –por ejemplo 375 = 3*7*5=105.

El que consiga mayor número de respuestas correctas gana.

Juegos de puntería. El juego de la caja de huevos es muy popular entre niños pequeños. Abra una caja de huevos, escriba del 1 al 6, o del 1 al 12 en su interior, un número en cada uno de los huecos donde se ponen los huevos. Luego, hay que lanzar una pelota de tenis de mesa o cualquier objeto pequeño a la caja abierta, y se van sumando los puntos del hueco en donde caiga el objeto. El ganador es el que consigue la mayor puntuación al final de un número determinado de lanzamientos. Para niños más mayores, el juego de los dardos es un estupendo juego de puntería para puntuar.

Adivinanzas. El jugador que haga la mejor adivinanza gana la competición, por ejemplo, al adivinar el peso de la tarta de cumpleaños, de una bolsa de patatas, de un par de zapatos; o el número de cerillas que hay en una caja, de tajadas de piña que hay en una lata, de dulces en una bolsa; o la altura del techo, del frigorífico o de la puerta. Se hace la adivinanza, después se mide, se pesa o se cuenta, y por último se ve quién se ha aproximado más.

Los *Juegos de cálculo* pueden ser muy divertidos. En el juego del *Veintiuno* el primer jugador dice un número del 1 al 9; a éste, el segundo jugador suma después un número del 1 al 9, y así sucesivamente, por turnos, los jugadores van sumando un número más entre el 1 y el 9, pero cada número sólo se puede usar una vez (una buena idea es escribir los números que se han dicho, para evitar peleas). El jugador que consiga sumar 21 gana, y todo jugador que sobrepase los 21 pierde. La *Carrera hasta el 100* precisa de dos dados cuyas puntuaciones hay que sumar o multiplicar para ver quién es el primero que consigue llegar exactamente a 100 (los dados se echan por turnos y la puntuación se lleva con una calculadora). Otra cosa que puede hacer es tomar el tiquet de compras del supermercado y pedirle a su hija que le ayude a comprobarlo, cosa que se puede convertir en gran medida en un juego.

Nota: La calculadora es un importante instrumento matemático del cual conviene que disponga su hija. Este aparato no le va a decir a ella las reglas o las razones de lo que hace, la niña tendrá que ejercitar su inteligencia matemática para ello, pero le permitirá usar números grandes y jugar con ellos.

Juegos de dados. Durante siglos se han utilizado objetos tan simples como los dados para hacer juegos numéricos. Con niños pequeños puede hacer juegos de dados en donde hacer una suma acumulada usando ladrillos de Lego, fichas o monedas, acumulando el número que se muestra al arrojar el dado, y diciendo (o escribiendo) el total. El primero que llegue a 20 gana. Después, haga el juego al revés, comenzando con 20 objetos y quitando el número de piezas que muestre el dado. El primero que llegue exactamente a 0 gana. Los niños mayores no necesitarán objetos para contar, pues pueden jugar sólo con los números. Para jugar al *Bingo Número*, dibuje once círculos numerados del 2 al 12, arroje los dos dados y sume los números. Tache los círculos cuyo número coincida con el obtenido en los dados. El primero que tache todos sus círculos gana. Después pruebe con tres dados y con números del 3 al 18. Más tarde puede incluir multiplicaciones y sumas de los números de los dados. El que viene a continuación es otro buen juego de dados para jugar con los números:

Lo hice a mi modo ¿Puedes hacerlo de otra forma?

Cerdo

El cerdo es un sencillo y excitante juego para cualquier número de participantes. Todo lo que se necesita es un dado, y lápiz y papel si quiere anotar las puntuaciones.

Los jugadores arrojan el dado por turnos, y se puede echar tantas veces como se desee en cada turno, acumulando las puntuaciones al total. Una jugadora puede finalizar su turno cuando quiera, añadiendo la puntuación de su turno a la puntuación que tuviera anteriormente, *pero* si le sale un 1 pierde todos los puntos que tuviera acumulados durante ese turno y pasa el dado al siguiente. Cuando sale un 1, el jugador puede gritar '¡CERDO!' –no afecta al juego, pero hace que uno se sienta mejor. Gana el jugador o la jugadora que llega primero a 100 o más puntos. Después de jugar con un dado se puede intentar hacer el juego con dos o más dados, estableciendo también nuevas reglas.

Juegos de cartas. Se puede jugar a *Haz Diez* utilizando una baraja de cartas pero sin reyes, reinas, jacks y dieces. Se distribuyen las cartas boca abajo sobre la mesa y, por turno, se levantan dos cartas. Si suman diez te las quedas, si no, se vuelven a poner boca abajo. Cuando todas las cartas se han retirado de la mesa se verá quién gana, que será el que tenga más parejas de cartas. En los *Sietes*, cada jugador recibe cinco cartas de la baraja (en la que no figuran reyes, reinas y jacks). El objetivo es hacer 7 con las cartas que se tienen en mano (sumando, restando, multiplicando o dividiendo). Las cartas usadas para la operación se dejan sobre la mesa, y se toma del mazo el mismo número de cartas. El jugador que haga más sietes gana. Haga juegos como éste y establezca sus propias reglas. Los niños más mayores pueden practicar con las mates sumando puntuaciones con juegos de cartas como el *cribbage*[1].

Juegos de dominó. Los dominós proporcionan buenas ocasiones a los niños para jugar con números; por ejemplo, ¿se puede hacer una larga línea de fichas en donde todos los extremos de juego sumen seis?

Idea clave: haga juegos de matemáticas con su hija

Sea cual sea el juego que practiquen, ¡para que su hija lo disfrute tiene que dejarle ganar más veces de las que gana usted!

Juegos como éstos, y otros que hay más abajo, no van a hacer de su hija una superdotada en matemáticas, pero le proporcionarán unos buenos fundamentos sobre los que desarrollar las habilidades matemáticas. Como Jamie, de seis años, decía: "No me gustan las sumas, pero no me importa sumar cuando eso forma parte de un juego".

Darle sentido a los números

Profesora: ¿Cuánto suman cuatro doses?
Niño: Ocho.
Profesora: Sí... ¡pero sólo ocho!

---

1 Es un juego de cartas en el que la puntuación se anota poniendo clavijas en un tablero. (Nota del Traductor)

Una madre estaba contando en compañía de su hija de tres años.
- Uno, dos... ¿Qué viene después del dos? –preguntó.
Hubo una pausa.
- Demasiados –dijo la niña.
Hasta que fue a la escuela, cualquier número por encima del dos era para la niña 'demasiados'.

Hasta niños de tres años pueden contar una serie impresionante de números, pero una cosa es comprender los números y otra muy distinta decir sus nombres. Jane era una de tales niñas. Podía contar hasta diez antes de cumplir los tres años, pero cuando se le enseñaban tres botones no sabía qué número representaban. Los niños pequeños precisan ayuda para convertir las etiquetas de 'uno-dos-tres-cuatro' en la comprensión de la 'dosidad' del dos, la 'tresidad' del tres y así sucesivamente. Necesitan ayuda para desarrollar una especie de 'sensación' de los números, de modo que puedan verlos y tocarlos tan bien como los pronuncian, y ejercitarse en su uso tan bien como los enumeran. La 'sensación' de los números se desarrolla enunciándolos y mostrándolos, diciendo por ejemplo: "Dime qué es esto" y "Dime lo que significa".

¿Sabía usted que...?

Los griegos creían que los números pares eran femeninos y los números impares masculinos.

En el mundo físico, los números se encuentran por todas partes. A diario, usted encontrará ocasiones para contar con niños pequeños –escaleras, cubiertos, juguetes, botones, dedos, rebanadas de pan, galletas, dinero. Hay números en las canciones y en los cuentos infantiles, en los objetos que le rodean, en el reloj, en los números de las páginas, en los portales de las casas, en las tallas de la ropa, en paquetes y botellas. Si usted habla de números es probable que su hijo hable también de números, y hay niños sobre los que los números ejercen una fascinación especial, disfrutan contando cosas, buscando patrones y descubriendo realidades numéricas. Hay otros que a los cinco años aún no saben contar, y es posible que no sepan cómo puede saber el cartero a qué casa llevar una carta, o cómo sabe su madre que autobús tomar.

Una de las características de la inteligencia matemática es la capacidad para ver patrones y relaciones entre las cosas. Para animar a un niño más mayor a establecer patrones con los números, pruebe a realizar los siguientes Patrones Numéricos:

Patrones numéricos

Elige diez o doce números al azar y anótalos.

Estúdialos y observa qué enlaces puedes encontrar entre ellos.

¿Qué patrones puedes establecer con ellos? (por ejemplo, poniéndolos en orden, haciendo sumas a partir de ellos, haciendo series, como pares/impares, primos, etc.).

¿Cuántos patrones diferentes puedes descubrir?

Contar

La más básica de las operaciones numéricas es contar. Las Cuatro Reglas Numéricas –adición, sustracción, multiplicación y división- son formas de contar. Comience enseñándole a su hijo cómo decir el número, después dele o hágale una escalera numérica. Una *Línea Numérica* es una larga tira de números escritos en orden. Se puede poner en vertical (como una escalera) o en horizontal (como un friso), en la pared del dormitorio de su hijo. Comience con la serie del 1 al 10, continúe con la del 1 al 20, después del 1 al 100, y así sucesivamente. Los padres de niños pequeños suelen concentrarse en la serie del 1 al 10, pero los números más grandes son tan importantes como éstos. También se puede ayudar a contar con los relojes, con las cuentas de una cuerda, con un ábaco, con una calculadora y, cómo no, con los dedos (¿cuántos dedos de manos y pies hay en tu familia?).

Se pueden establecer patrones numéricos jugando con una serie de objetos. Por ejemplo, ¿cuántos patrones diferentes puedes hacer disponiendo cinco objetos? (¿Puedes encontrar diez formas diferentes?) Los juegos de mesa y el bingo también pueden ayudar a desarrollar el reconocimiento numérico.

En el momento su hijo sepa contar podrá aprender a descifrar la hora en un reloj, a decir en qué página del libro está o a ver la temperatura del termómetro. A estas cifras se les llama *números cardinales*, pero aún más importantes son los *números ordinales*. Cuando el reloj da las campanadas, las da en orden: *primera* campanada, *segunda* campanada y así sucesivamente. Los números ordinales muestran el orden de las cosas. Esto puede resultar confuso para un niño pequeño. Jill acababa de contar cinco botones. Cuando su madre le pidió dos, Jill le ofreció el segundo botón. Lo que necesitaba Jill era más experiencia en emparejar, clasificar y ordenar números, antes de pasar al siguiente nivel, antes de seguir adelante.

James tenía cinco golosinas, se le dieron tres más y se le preguntó cuántas tenía. En lugar de decir que tenía 'seis, siete, ocho', James se puso a contar de nuevo todas las golosinas desde la primera. No había aprendido cómo seguir contando. En estas circunstancias, la Línea Numérica puede ser sumamente útil. Una vez el niño conoce los números ordinales y sabe contar, es cuando ha llegado a comprender los fundamentos de la adición. La sustracción se refiere a las diferencias entre los números, y se puede hacer 'quitando' un número a otro, o contando desde un número a otro (la forma en que muchos dependientes suelen devolver el cambio). Una vez más, la simple sustracción se aprende mejor viendo, diciendo y haciendo, utilizando en primer lugar objetos reales, para después usar los números de la Línea Numérica. Cuando se llega a las sumas se pueden utilizar diferentes métodos. Averigüe si el método que su hijo utiliza en la escuela es el que le enseñaron a usted en su infancia. Para evitar confusiones, ayúdele en el aprendizaje del método que le ofrecen a él en la escuela.

Sea cual sea la edad de su hijo, las matemáticas mentales son muy importantes. Lo que viene a continuación es un juego de matemáticas mentales que se puede practicar con niños de siete años en adelante. *Números Secretos* es un juego de 'lectura mental' que estimula la deducción lógica tanto como la comprensión numérica:

NÚMEROS SECRETOS

Una persona se ofrece voluntaria para pensar un número del 0 al 100.

El resto de los participantes dispone de diez preguntas para intentar descubrir el número secreto.

La persona del número secreto sólo puede dar respuestas de 'sí' o 'no'.

Nota: Con niños más pequeños convendría reducir el número límite, como por ejemplo de 0 a 20; con niños mayores se pueden practicar bien las mates con un número secreto entre el 0 y el 10.000. Estaría bien que la persona que elige el número lo anote en un papel para evitar posibles cambios durante el juego. Después de jugar unas cuantas veces, conversen acerca de las preguntas que más útiles son para reducir el margen de respuestas posibles.

Las Cuatro Reglas Numéricas son fáciles de demostrar en una Línea Numérica. La adición de tres y dos es sencilla 'a 3 se le cuentan 2 más'. El signo de la suma '+' es simplemente una forma breve de describir este proceso. La forma rápida de sumar números iguales se llama multiplicación.

Tablas de aprendizaje
La multiplicación resulta mucho más fácil cuando el niño conoce los fundamentos de la multiplicación –las 'tablas'.

Su hija puede aprenderse las tablas *viéndolas* (en tableros o tarjetas), grabándolas para escucharlas, *oyéndolas*, *diciéndolas* (cantándolas), *haciéndolas* y *revisándolas* (identifique la tabla que le resulta más difícil de aprender y hágale una rima o una canción que le ayude a recordar –por ejemplo, 7x7=49 ¡CÓMO LLUEVE! 8x8=64 ¡ME VOY AL TEATRO! 7x8=56 ¡QUÉ NO LO VEIS! Una vez se aprenda las tablas, anímela a que las haga a la inversa -¿Cuántos sietes hay en 35? Demuéstrele que la respuesta es la misma, que da lo mismo la posición de los números, 3x7 = 7x3. Así llegamos casi a la mitad de los fundamentos que su hija precisa aprender.

La división comienza al repartir cosas reales, como los caramelos, y se puede mostrar que es igual a la sustracción que se produce al contar hacia atrás un número de medidas iguales.

> **¿Sabía usted que...?**
> El padre de Winston Churchill, Lord Randolph Churchill, nunca llegó a comprender los decimales a pesar de haber sido Ministro de Hacienda. Posteriormente se quejaría: "¡Nunca he podido entender lo que esos malditos puntos significan!"

Si su hija está intentando hacer una suma de cabeza, anímela a que haga una estimación previa de la respuesta. La capacidad para 'estimadivinar' una respuesta con cierta precisión se consigue con un montón de experiencia. Es particularmente importante en cifras que impliquen valores posicionales. Un hombre recibió en cierta ocasión una factura de gas de 9999 euros –todo lo que estaba mal era la coma decimal que tenía que haber en algún lugar entre esos cuatro números. Para un niño no es del todo obvio que 27 sean 'dos dieces y un siete' –¿por qué no dos y siete, o siete dieces y un dos? Durante siglos se les ha ayudado a los niños a 'ver, decir y hacer' el valor posicional de los números con la ayuda de un *ábaco*. Recuerde, en el número 210, el 2 no es realmente un 2 sino un 200, el 1 es un 10 y el cero no es absolutamente ningún número (¡simplemente está ahí para que los otros números puedan ocupar su posición de valor!). No es de extrañar que los niños terminen confundidos con las bromas que los números pueden gastar.

Los decimales simplemente continúan los valores posicionales de las centenas, decenas y unidades, con las décimas, centésimas, milésimas, etc. Si tuviéramos ocho dedos, probablemente nuestro sistema numérico se habría basado en el 8 (lo que los matemáticos llaman 'base 8'). Pero dado que disponemos de diez dedos, nuestro sistema numérico 10 es el número clave en los decimales y en el sistema métrico. Pero su hija aún tendrá que aprender los números en otro sistema diferente al de base 10 –por ejemplo, ¿qué quiere decir esta suma?

$$\begin{array}{r} 16 \\ + 5 \\ \hline 24 \end{array}$$

Esta suma parece extraña, pero no lo es si se explica que, si a 1 semana y 6 días se le añaden 5 días, hacen 2 semanas y 4 días. Dado que en una semana hay 7 días, iniciamos una nueva columna de cifras cuando llegamos a 7. Esto quiere decir que la suma es en base 7. Con minutos y segundos trabajamos en base 60, las horas del día utilizan la base 24. Poniendo así los números en la posición correcta, se comienza con las decenas y las unidades, y es nada más una de las formas que su hija tendrá que aprender, y los decimales son sólo un tipo de fracción.

Pregunta: ¿En dónde 10 más 3 es igual a uno?
Respuesta: En un reloj. Si sumas tres horas a las 10 en punto, te dará la una.

Una vez se comprende la Línea Numérica, ésta se puede extender para que incluya fracciones entre cada número entero. Las fracciones se pueden mostrar en las reglas y en las cintas métricas, en los recipientes de medidas y en los gráficos de altura.

Los problemas de fracciones son problemas de la vida real, como puede ser el compartir golosinas, dividir una barra de chocolate o partir un pastel. Un inspector escolar interesado en los avances de los niños en el tema de fracciones le preguntó a uno de ellos cómo obtendría la mitad de cinco patatas, y el niño respondió: "¡Las trituraría!" Las fracciones se comprenden mejor con cosas mensurables, como el tiempo. Las fracciones se pueden hacer cada vez más pequeñas hasta que da la impresión de que no queda nada. ¿Se puede conseguir menos que nada?

Durante siglos, los matemáticos no tuvieron en cuenta los números menores que el cero. Para casi todos en el mundo occidental, los números comenzaban con el uno y continuaban en una dirección: hacia arriba. Los números se referían a cosas, y uno no podía conseguir algo inferior a uno. No fue hasta tiempos relativamente recientes cuando los matemáticos aceptaron los números negativos y los imaginarios. Sin embargo, a los cuatro años de edad, Paul Erdos le decía a su madre, "Si restas 250 de 100, tienes 150 por debajo de cero". Había descubierto los números negativos, y que uno puede seguir contando hacia abajo lo mismo que hacia arriba. Muchos niños sin el extraordinario talento matemático de Erdos pueden responder de forma creativa a estimulantes preguntas, como: "Ya sabes, 10, 9, 8, 7, 6, 5, 4, 3, 2, 1, 0... ¿Qué viene después?"

Lo que viene a continuación es lo que pasó después de que yo hiciera esta pregunta a un niño de ocho años llamado Jake:

Jake: ¿Uno?
RF: ¿Quieres decir que es así: uno, cero, uno, dos?
Jake: Sí.
RF: Entonces, ¿qué es lo que sigue al uno... cero o dos?
Jake: No es uno. No lo sé.
RF: Bueno, ¿qué pasa si a uno le quito dos?
Jake: (Escribiendo 1-2=1, luego 2-1=1) La respuesta es uno.
RF: ¿Cómo llegaste ahí?
Jake: Tomas uno de un número y se lo añades a otro.

(Después de varios intentos por escribir esto, Jake escribió de pronto 1- 2= -1)
Jake: Se quita uno.
RF: ¿Y qué pasa cuando a uno se le quitan tres?
Jake: Se quitan dos. Quitas uno, quitas dos, quitas tres y así.

Jake había ampliado por sí mismo su comprensión del sistema numérico respondiendo simplemente a las preguntas, dejándole tiempo para pensar, dándole pistas y ayudándole a comprobar sus ideas. Todo lo que hacía falta era estimular con preguntas su sentido natural del número.

A los niños les fascinan tanto los números grandes como los pequeños. Hágale a su hijo preguntas como: "¿Cuál es el mayor número que puedes pensar?" "¿Cuál es el mayor número del mundo?" (Y si da una respuesta: "¿Y qué número será uno más que ese?) *El Libro Guinness de los Récords* es un fantástico Libro de Números, que ofrece un festín de récords en grandes números, en números minúsculos, en decimales, fracciones, medidas y forma. Es un buen libro para que los niños lo consulten cuando se van a dormir.

¿Sabía usted que...?

Si usted viviera un millón de segundos sólo habría vivido 12 días (puede comprobarlo con una calculadora). Hay hasta medio millón de cabellos en la cabeza de un ser humano (¡para comprobar esto tendrá que contarlos!).

Uno de los problemas de los números es que los leemos de izquierda a derecha, lo cual nos da el mayor valor numérico en primer lugar (enuncie estos números para que vea lo que quiero decir: 9, 29, 69, 129). Pero cuando tenemos que hacer cálculos como éste:

$$\begin{array}{r} 155 \\ + 69 \\ \hline \end{array}$$

los hacemos de derecha a izquierda. Un niño con un don evidente para las matemáticas puede, de hecho, hacer el cálculo con la misma facilidad de izquierda a derecha, pero para algunos niños esto puede resultar confuso, en especial si no han escuchado con atención a su profesor y se han perdido en el punto básico. Lo que para nosotros, que tenemos años de experiencia en sumar de derecha a izquierda, puede parecer obvio, puede no ser tan obvio para un niño. Éste es el motivo por el cual la discusión de los pasos de los problemas matemáticos puede ser útil para aquellos niños que están confusos o que se bloquean cuando se enfrentan con las sumas. Si creen que saben cómo hacerlo, deje que se lo enseñen. A esto se le llama 'sobreaprendizaje', y, como sabe cualquier maestro, no hay mejor forma de aprender algo realmente bien que enseñarlo.

Lo malo de la mayoría de libros de ejercicios de matemáticas es que gran parte de los ejercicios no son interesantes ni creativos. A este respecto es donde se les puede ayudar desde casa, incluso con sumas. Determine la formulación del problema de su hijo. Por ejemplo: "Si la respuesta es 12, ¿cuál es la pregunta? ¿Cuántas otras preguntas se pueden formular teniendo 12 como respuesta?" O quizás le puede pedir a su hijo que anote algunas respuestas creativas a preguntas aritméticas tales como:

$$¿ + ¿ = 12$$
$$¿ - ¿ = 12$$
$$¿ \times ¿ = 12$$
$$¿ / ¿ = 12$$
$$¿ + ¿ - ¿ = 12$$
$$¿ \, ¿ \, ¿ \, ¿ \, ¿ = 12$$

Los rompecabezas numéricos pueden resultar divertidos para los niños, y se pueden encontrar en multitud de revistas y libros de pasatiempos. Un rompecabezas numérico muy popular es el de 'Piensa un número...' Le muestra a los niños parte del misterio y la magia de las matemáticas, y es una buena forma de introducirlos en la noción de la fórmula (o algoritmo) y en el álgebra.

Piensa un número

1. Piensa un número. Dóblalo. Súmale cinco. Súmale doce. Quítale tres. Pártelo por la mitad. Quítale el número que pensaste al principio. La respuesta es siete.

2. Piensa un número. Dóblalo. Súmale el número que pensaste al principio. Dóblalo otra vez. Súmale el número que pensaste al principio. Divídelo por siete. La respuesta es el número con el cual comenzaste.
3. Piensa un número. Dóblalo. Dóblalo otra vez. Súmale el número que pensaste al principio. Divídelo por cinco. La respuesta es el número con el que empezaste.

Claro está que utilizando una calculadora todo esto se hace mucho más fácil. Los niños también pueden elaborar sus propios rompecabezas de 'Piensa un número' cuando descubren los principios para hacer y deshacer la operación, por ejemplo: "Piensa un número, suma uno, quita uno; ¡y ya tienes el número que pensaste al principio!" O, cómo no, la última broma: "Piensa un número. ¡Ese es el primer número en el que pensaste!"

Idea clave: Las realidades y las reglas numéricas se aprenden mejor haciendo matemáticas mentales

Investigaciones: descubrir diferentes modos

Hay más de un modo de hacer cualquier suma. No existe un modo 'correcto' de hacer una suma. Métodos diferentes para personas diferentes. Su hija tendrá que aprender los métodos que le enseñen en la escuela, pero cuando tenga que calcular algo en su cabeza lo hará a su manera. A los niños, una vez toman confianza en su manera de hacer algo, les suele fascinar el ver cuántos métodos diferentes de hacer una suma pueden traer la misma respuesta. Para un niño que crea que la respuesta es fácil, puede ser casi un reto el pedirle que lo haga de un modo diferente.

Por ejemplo, considera el problema: 20 es a 30, como 10 es a....? Elige una solución de entre las siguientes: a) 5; b) 10; c) 15; d) 20; e) 25.

La respuesta que dio una chica de trece años fue "Diez", pero en vez de darle la respuesta correcta, su padre le preguntó por qué pensaba que la respuesta era esa. La muchacha explicó su respuesta del siguiente modo: "Veinte es a treinta como diez es a diez. Si añades diez a treinta, te da cuarenta; y veinte es la mitad de cuarenta. Si añades diez a diez, te da veinte; y diez es la mitad de veinte. ¿Tengo razón o no? ¿Eh?"

> Lo hice a mi modo

> ¿Puedes hacerlo de otra forma?

Corregir los errores de otros, sobre todo si son niños, es muy tentador. Sin embargo, muchos problemas tienen más de una respuesta posible. En el ejemplo anterior la solución podría ser 20, pues 30 es 10 unidades mayor que 20, y 20 es 10 mayor que 10. Pero ni 10 ni 20 constituyen la solución correcta según el libro de texto. ¿Cuál cree usted que es la solución correcta?

Aún cuando estuvieran en un error, siempre será bueno el dejar a los niños que desenmarañen por sí mismos su pensamiento. Aquí tiene otro problema para que lo solucione usted y luego lo resuelva con un *Niño:*

EL CUENTO DEL GALLO Y EL TORO

En un granero hay pollos y vacas. Entre todos suman 24 patas. ¿Cuántos pollos y cuántas vacas hay?

Nota: En este problema, hay que dar por sentadas varias cosas. En primer lugar, que hay más de una vaca y de una gallina. En segundo lugar, que todas las vacas tienen cuatro patas y todas las gallinas tienen dos patas –y no como arguyen algunos niños, que pudiera haber una vaca con tres patas o un pollo con una. Por último, que todas las patas del granero pertenecen a vacas y pollos -¡no hay ninguna otra criatura escondida por allí!

Véase la p. 118 para encontrar la solución a este problema.

La vida está llena de situaciones en las que es posible que existan varias respuestas correctas (por ejemplo: las cinco monedas que tengo en el monedero suman 75 céntimos. ¿Qué monedas pueden ser?), y aunque resultara que sólo hay una respuesta correcta, normalmente habrán diferentes modos de llegar a ella. La resolución de problemas matemáticos, al igual que los problemas de la vida, requiere que se dejen cosas por sentadas, que se hagan suposiciones. Se suelen cometer errores cuando hacemos suposiciones, razón por la cual puede ser tan útil el investigar los diferentes modos de abordar un problema.

Idea clave: discuta los diferentes modos de resolver algo

Mediciones

Las medidas no siempre pueden ser exactas: no pretendemos tener la receta perfecta para el próximo grano. Déjele a su hijo cierta libertad de movimientos en sus esfuerzos por medir algo. Estimule la habilidad de hacer estimaciones -¿cuántas nueces hay en un tarro, cuántos guisantes

---

¿Resolvió el problema? ¿Cree que sólo había una solución correcta? En realidad había varias posibilidades. Cualquiera de los siguientes pares de respuestas era posible:

Vacas	Gallinas
2	8
3	6
4	4
5	2

Cualquiera de estas combinaciones dará la solución correcta de 24 patas.

(Si este problema es demasiado fácil para niños más mayores, pídales que averigüen cuántas vacas y cuántos pollos hay en un granero en donde hay 30 cabezas y 68 patas.)

en una vaina, cuántas copas harán falta para llenar la botella? Enséñele la importancia del concepto de 'aproximadamente'. Pregunte: "¿Entre cuánto y cuánto está la respuesta?" Si está preguntando la hora y le dicen, "Son menos cinco o menos diez", la respuesta será perfectamente correcta.

Las primeras mediciones del ser humano se basaban en su propio cuerpo –pies, palmos, etc.-, y éste sería un buen modo de comenzar con los niños. Ayúdeles a conseguir la 'sensación' de la medida, a lograr la 'sensación' del peso de un paquete de azúcar, de un litro de agua, y la longitud de la habitación en zancadas. No mida nunca por su hijo lo que él puede medir por sí mismo. "Me gusta esto", decía Larry, de cuatro años, cada vez que llenaba una botella de litro, "porque puedo hacerlo".

El aprendizaje sobre la medida se puede dividir en tres etapas:

1. Con niños pequeños se inicia al *comparar longitudes y tamaños de las cosas*. Lo que es más largo o más corto, más grande o más pequeño, más o menos, mayor o menor, etc. Compare longitudes y tamaños de dos maneras: "¿Cuál es más largo?" o "¿Cuántas veces más largo es?"
2. Utilizando *unidades caseras*, por ejemplo medir la longitud usando partes del cuerpo, las manos, los pies; o usando cucharas, copas o jarras en caso de medidas de capacidad; para el peso, cualquier objeto pesado; para el tiempo, un reloj de arena. Muéstrele a su hija que algo más grande no siempre es más pesado. ¿Cambiando la forma de un montón de masa se altera su peso?
3. *El uso de medidas estandarizadas* con reglas, balanzas, relojes y cronómetros, etc. Tenga en casa buenos instrumentos de medida, y enséñele a su hija a usarlos. Compruebe el peso anotado en latas y paquetes. Estimen el peso de algo, y luego compruébenlo para ver quién se aproximó más. Anime a su hijo para que haga sus propias mediciones:

Investigándome
Pídale a su hijo que estime diversas medidas corporales, como por ejemplo:

- ¿Cuánto mides de alto?
- ¿Cuánto pesas?

- ¿Cuánto puedes extender los brazos a lo ancho? ¿Cuánto puedes extender la mano? ¿Cuánto alcanza tu zancada?
- ¿Cuánto mide tu pie, tu pierna, tu brazo?
- ¿Cuánto mide tu cintura, tu cuello, tu cabeza?
- ¿Cuánto tiempo puedes aguantar la respiración?
- ¿Cuántas veces late tu corazón en un minuto?
- ¿Cuántas veces más largo es tu cuerpo comparado con la cabeza?
- ¿Qué miden tus orejas, tu nariz?
- ¿Cuál es la amplitud de tu boca, tu ojo, tu cara?

¿Sabía usted que...?

El hombre prehistórico intentaba hacer mediciones precisas haciendo muescas en los huesos. Posteriormente, reemplazarían los huesos por palos largos. En fecha tan tardía como 1826 todavía se utilizaban palos largos en el Tribunal de Cuentas de Inglaterra para medir los impuestos que pagaba el pueblo. Había montañas de estos viejos palos almacenados bajo las Casas del Parlamento, hasta que en 1834 se decidieron a quemarlos. Fueron debidamente metidos en una estufa de la Cámara de los Lores y se les prendió fuego.

Desgraciadamente, no sólo se quemaron aquellos largos palos, puesto que se encendieron los paneles de las paredes y el artesonado, y el fuego se extendió. Las Casas del Parlamento fueron consumidas completamente por el fuego.

Primero, hagan una estimación. Después, midan con una cinta métrica o una regla. Mantengan un registro del crecimiento de su hijo y ayúdele a controlar su crecimiento.

Interésense en gráficos y estadísticas, en las consecuciones récord. Tomen nota de los récords de su hijo -¿cuánto ha saltado? ¿Con qué rapidez ha recorrido una distancia dada? ¿Cuán fuerte es (qué presión ha ejercido sobre la báscula del baño)? O una de las favoritas: ¿cuánto tiempo puede guardar silencio? Recuerde que debe incitar a su hijo a que haga una estimación primero. Como dijo en cierta ocasión Jenie, de ocho años, "No tienes que pensar en nada para medirlo, ¡pero sí que tienes que pensar cuando lo mides en tu cabeza!"

Idea clave: que haga estimaciones y medidas de muchas cosas

Iniciarse en la forma
La geometría te enseña cómo dividir en dos a los ángulos.

Niño de once años

Vivimos en un mundo tridimensional lleno de formas, pero tenemos que aprender a ver, y también tenemos que aprender a interpretar lo que vemos. Para esto, su hijo precisa de la experiencia de ver y del lenguaje descriptivo. A los niños pequeños les vendrá bien un surtido de formas interesantes con las que jugar, para animarles a hablar de lo que están haciendo y, con el tiempo, describir lo que están pensando en vez de lo que están haciendo.

¿Cuántos cuadrados, rectángulos y triángulos diferentes pueden ver en la habitación en la que se encuentran? ¿Cuántos cuadrados, rectángulos y triángulos pueden ver en la imagen del Tangram que se muestra aquí.

El tangram proviene de China, en donde se le conoce como ch'i ch'ae pan, o lo que es lo mismo, 'Las Siete Piezas del Ingenio'.

El tangram consiste en siete piezas, que se forman con la disección de un cuadrado:

Con estas siete piezas se puede construir un número casi infinito de formas sorprendentes.

Una niña de dos años, con la experiencia adecuada, puede identificar un tractor en un campo. Es ésta una tarea que requiere de una compleja discriminación visual. Para investigar lo que ve, la niña tiene que ser capaz de describir a los demás lo que está viendo para que ellos también puedan verlo. Necesita palabras como 'delante', 'detrás' y 'junto', y con el tiempo es posible que necesite de precisas descripciones matemáticas llamadas coordenadas, que son esenciales para comprender los gráficos, la lectura de mapas y la tecnología.

Sigue al oso es un útil ejercicio para niños pequeños –por ejemplo, cuéntenles la historia de un osito que asomó de dentro de un hoyo, subió sobre un tronco, bajo una rama, alrededor de una roca, etc. Pídales a los niños que representen los mismos movimientos por sí mismos utilizando las sillas y las mesas como si fueran los distintos objetos forestales. Así mismo existen cuentos como *Bears in the Night*, del Dr. Seuss, o *Rosie's Walk*, de Pat Hutchins, que dan ocasiones para el uso de preposiciones y el desarrollo de un vocabulario posicional.

Para niños mayores, el libro de Arthur Ransome, *Swallows and Amazons* describe una interesante técnica posicional para meter un bote en una canal estrecho por la noche. Muchos programas de ordenador llevan modos de búsqueda a través de posiciones imaginarias o sistemas para crear imágenes complejas. Pídale a su hija que le describa lo que ve y hace, pregúntele por ejemplo: "¿Cuál es la posición exacta?" "¿Cuál es la dirección?" "¿Dónde se localiza?"

Investiguen las formas. Jueguen a "Veo, veo un círculo / cuadrado / triángulo / rectángulo / óvalo, etc." Un niño dijo cuando se le pidió que describiera un óvalo: "Es un círculo sobre el que se ha sentado alguien". Y cuando se le preguntó cómo sabía aquello, respondió: "Me lo dijo mi mamá". Aquel niño con suerte tenía una madre que que le indicaba cosas ovales, como huevos, uvas, limones y globos ovales. El mundo está lleno de formas regulares, como círculos, cuadrados, triángulos y rectángulos (los cuadrados que fueron alargados); también está lleno de formas irregulares, como las manos, los pies, las hojas y las conchas. Los rompecabezas están llenos de formas irregulares. Dibujen y coloreen modelos de formas, hagan formas con ladrillos de juegos de construcción y modelen arcilla. Y a medida que su hija crezca llévela a reconocer más formas, como diamantes, cruces, anillos, estrellas, cubos (el dado, el azúcar), espirales (tornillos y caparazones de caracoles), pirámides, cilindros y conos (bolsas y envases).

La simetría es otro concepto importante para investigar. Demuéstrele que las dos mitades han de ser exactamente iguales en forma para conseguir el equilibrio (como las alas de un avión de papel). La simetría es esencial para el equilibrio en el baile, los deportes y el diseño, así como en la naturaleza. Investiguen juntos qué letras y qué números son simétricos (por ejemplo, la A, la N, el 8, el 66 o el 00). Hagan modelos simétricos o bien corten formas simétricas de papel. ¿Es simétrico tu cuerpo? ¡Mírate en el espejo!

El área se refiere también a las formas y a lo que hay dentro de ellas. Cuenten el número de baldosas necesarias para cubrir el suelo de la cocina (¿existe algún sistema rápido para hacer esto?). Enséñele cómo medir el suelo para comprar una alfombra nueva, o el material que se necesita para un vestido, o la semilla de hierba necesaria para el césped. Hablen del área de juegos, del área de penalti (en un campo de fútbol), del área local. ¿Cuán grande es tu área local? Imagina que estás volando por encima de la casa. ¿Qué formas y modelos ves?

Demuéstrele cómo encajan entre sí las formas –las baldosas, los ladrillos de la pared, el panal de las abejas. Hablen de estructuras y modelos. Anime a su hija para que dibuje sus propios diseños, a mano y con el ordenador. Si la niña es mayor, cómprele un juego de geometría que le permita hacer modelos estrellados, que le permita diseñar el transporte o el estilo del futuro, dibujar una isla desierta o planificar una casa de ensueño. Intente demostrar en sus investigaciones que las matemáticas, en palabras de Bertrand Russell, "son poseedoras no sólo de la verdad, sino también de una belleza suprema" –belleza en números y en formas. Para ahondar en el estudio de formas y modelos o estructuras, ver p. 185.

Idea clave: estudien las formas y los modelos

El trabajo para casa: cómo ayudar
Luego viene el Sr. Cooper... de quien intento aprender matemáticas... Después de estar una hora con él en Aritmética, haciendo mi primera tentativa por aprender la tabla de multiplicar, para después separarnos hasta mañana.

Samuel Pepys, 29 años, anotación del diario del 4 de Julio de 1662

Tablas de aprendizaje

En algún momento, durante la escuela primaria, a su hijo le van a pedir que se aprenda las tablas de multiplicar, junto con otros datos numéricos en matemáticas. Es posible que desde la escuela pidan ayuda en el hogar, y la mejor forma de apoyar a su hijo es, como con la ortografía, poco pero a menudo. Si al niño no le han dado una hoja en clase, escriba usted la tabla o los datos numéricos pertinentes y ponga en funcionamiento todas sus formas de aprendizaje con el sistema de *ver, decir, hacer* y *revisar* durante cinco o diez minutos:

Ver
Que su hijo contemple con atención el patrón numérico o la tabla que tiene que aprender (inteligencia visual).

Decir
Usted, su hijo o ambos, la leen en voz alta y después para sí mismos. Repítanlo tantas veces como sea necesario. Digan toda la tabla, es decir "cinco por uno es cinco, cinco por dos son diez..." y así sucesivamente. No sólo los resultados "5, 10, 15..." etc. (utilice la inteligencia verbal).

Hacer
Tape los números y pídale a su hijo que diga la tabla de memoria, ofreciéndole ayuda si se atasca; o también puede hacer que la escriba de memoria (inteligencia físico/cinestésica).

Revisar
Cuando su hijo se sienta confiado para decir la tabla desde el principio hasta el final, pídale que le diga partes diferentes de ella, como por ejemplo: "¿Cuánto es cinco por siete?" "¿Cuánto es cinco por tres?" "¿Cuánto es cinco por nueve?"

Recuerde que parte del objetivo que se busca al revisar es elogiar el logro, dado que éste es el mejor modo de motivar. Si esto no funcionara y su hijo se mostrara reacio, pruebe un sistema de recompensas, como el de darle un pequeño regalo por cada tabla aprendida. Haga que la práctica sea regular –un espacio corto de tiempo todos los días es lo mejor- y no continúe hasta que el chico se sienta confiado con lo que ha aprendido. No olvide revisar las tablas previas mientras está aprendiendo las nuevas, pues a despecho de lo bien que se memorice la información, si no se utiliza, se disipa. No se sorprenda o se irrite si su hijo olvida lo que había aprendido con anterioridad, pues todos nos olvidamos de aquello que no practicamos. Lo que es cierto para nosotros, los mayores, también lo es para nuestros hijos: ¡Úsalo o piérdelo!

> **¿Sabía usted que...?**
>
> En cualquier grupo de 30 personas o más elegidas al azar, o de niños en una clase, ¿qué probabilidades hay de que haya dos personas con el mismo día de nacimiento? Curiosamente, la cuestión es que esto sucede con más frecuencia de lo que sería de esperar. Los matemáticos que han estudiado la teoría de probabilidades (y las partidas de nacimiento) han demostrado que esto es así. Investigue por su cuenta. Pregúntele a la gente cuando es su cumpleaños y deténgase cuando encuentre a dos con la misma fecha.

A continuación planteamos algunas preguntas que pueden ser útiles para ampliar el pensamiento de su hijo acerca de las tareas de matemáticas para casa. No se trata de que le haga todas las preguntas, sino de que plantee diferentes tipos de preguntas en diferentes ocasiones, tanto para demostrar su propio interés como para apoyar el pensamiento matemático del niño. Es mejor disponer de una pregunta que provoque una respuesta interesante, que hacer muchas preguntas y obtener poca respuesta. Éstas son algunas de las preguntas sobre las tareas de casa que se pueden hacer:

Tareas de matemáticas para casa: algunas preguntas que se pueden hacer
- ¿Cómo vas a abordar esto?
- ¿Qué tienes que averiguar, o hacer?
- ¿Qué clase de matemáticas son?
- ¿Qué método vas a usar?
- ¿Cuál crees que será el resultado?
- ¿Puedes explicarme lo que tienes que hacer (o lo que has hecho)?
- ¿Qué hiciste la última vez? ¿Qué hay de diferente esta vez?
- ¿Por qué no intentas hacer una conjetura y compruebas si funciona?
- ¿Cómo obtuviste la respuesta?
- ¿Qué es lo próximo que vas a intentar?
- ¿Has comprobado tu resultado? ¿Por qué, o por qué no?
- ¿Qué has averiguado?

Tests y exámenes

A lo largo de toda su vida escolar, su hija se va a tener que enfrentar con tests y exámenes. Habrá padres que piensen que a sus hijos se les están haciendo pocos tests, y habrá otros que pensarán que se les están haciendo demasiados. Demuestre su preocupación e interés, pero no su ansiedad —es algo que se puede captar como una fiebre. Entonces, ¿cuál es la mejor forma de ayudar?

Lo mejor que se puede hacer es realizar prácticas de exámenes cortos en casa, cómodamente en la cocina o en la mesa del comedor. En la escuela le pueden proporcionar problemas de matemáticas del nivel adecuado para que practique en casa. La evaluación del progreso de los niños estriba en que sean capaces de hacer el trabajo por sí mismos. Observe en qué medida puede conseguirlo su hijo sin su ayuda. Pruebe a hacer un examen corto, y después déjele hacer algo descansado o relajante. Que no tenga una sesión de clases en el hogar después del test. Deje eso para otro momento.

Si mi hijo se queda atascado, ¿cómo puedo ayudarle?

Una de las cosas más interesantes de las matemáticas es que se pueden realizar de diferentes maneras, y esto será bueno recordarlo cuando su hijo se quede atascado o tenga un problema. En ocasiones, puede ser una valiosa ayuda para un niño el hacer un problema de diferentes modos, utilizando diferentes procesos mentales —el físico, el verbal, el visual y el simbólico. Preguntas que se le podrían hacer:

"¿Me puedes mostrar cómo se hace?" (físico)

"¿Me puedes decir cómo se hace?" (verbal)

"¿Me lo puedes dibujar o puedes ver el aspecto que tiene?" (visual)

Sabemos que la memoria se ve reforzada si utilizamos nuestros sentidos, es decir, si utilizamos un enfoque multisensorial. Si no se movilizan las diferentes formas de procesar el conocimiento, la experiencia de las matemáticas puede quedar como algo confuso y fragmentario en la mente de su hijo. La mayoría de los libros de texto hacen hincapié lo simbólico (el uso de números y signos). Los profesores rara vez disponen de tiempo suficiente para hablar de matemáticas con los alumnos de forma individual. Lo que los niños obtienen en la escuela, en el mejor de los casos, es una instrucción sistemática en el uso de métodos matemáticos (llamados algoritmos) con el fin de averiguar respuestas. Esto es lo que ellos necesitan practicar, y esta práctica debería de incluir el trabajo en casa. El peligro estriba en que estas lecciones no queden del todo comprendidas (¡aún en el caso de que su hijo esté haciendo las sumas bien!) y queden en su cabeza como algo sin sentido. Como en el caso de un niño que se quejaba de que, "Hago las sumas, pero no sé qué es lo que tienen que hacer ellas conmigo". Lo que tenemos que proporcionar en casa es tiempo para hablar de las matemáticas.

Hablar de matemáticas
Un niño al que se le preguntó qué era un círculo respondió: "Es una línea recta redonda con un agujero en el centro".

Cuando se le preguntó a Spike Milligan, "¿Cómo se te dan las matemáticas?", éste respondió: "Las hablo como si fuera nativo".

Uno de los modos para llegar a comprender las matemáticas es aprender su lenguaje. Es posible que usted no vea las matemáticas como una lengua, pero en muchos aspectos sí que lo es. La mayoría de los problemas matemáticos se hacen más fáciles si usted sabe traducirlos al español, o viceversa. El signo matemático = se traduce como 'es lo mismo que', + significa 'sumado a', y así sucesivamente. La mejor forma de aprender inglés es viviendo en Inglaterra, y la mejor forma de aprender matemáticas es viviendo con ellas y experimentándolas a su alrededor. Es mediante la experiencia, repetida y comentada, como su hija llegará a comprender los fundamentos de las matemáticas. Esto no significa sólo aprender, sino también 'sentir el lenguaje', mediante actividades como las de comparar tamaños, construir formas, contar y emparejar cosas. En casa podemos ayudar a nuestros hijos trabajando los niveles de aprendizaje visual, verbal y físico a través de la experiencia matemática de nuestras vidas diarias y, más tarde, en el nivel simbólico, colaborando con ellos en sus tareas para casa.

A los niños no les suele resultar fácil hablar de su pensamiento en las matemáticas. Como decía Charlotte, de ocho años, "Sé lo que significan, pero explicarlo me resulta difícil". Al principio, el lenguaje matemático tiene que ir enlazado con el trabajo práctico, como yendo de compras, cocinando o jugando, de modo que su hija pueda ver lo que significan las palabras en situaciones de la vida real. Posteriormente, usted puede intentar sólo los métodos orales, por ejemplo contando cuentos, al relatar en familia lo acaecido durante el día ("He comprado dos refrescos por 50 céntimos cada uno. ¿Sabes lo que son 50 céntimos *dos veces?*") o charlando acerca de planes futuros.

Las preguntas que usted plantea pueden ayudar a su hija a comprender las ideas matemáticas, al tiempo que sirven para que se ejercite en el uso correcto de los términos matemáticos. Lo que su hija necesita no es que le hagan el mismo tipo de preguntas todo el tiempo, sino diferentes tipos de preguntas, incluidas aquellas que requieran un elevado nivel de razonamiento. Si usted se habitúa a hacer preguntas de todo tipo, verá que su hija irá dando respuestas cada vez más complejas para explicar lo que está pensando.

A continuación se presentan diferentes tipos de preguntas matemáticas que le servirán para poner a prueba el razonamiento matemático de su hija:

- *Preguntas de memoria*
  ¿Cuánto es 6 más 3?
  ¿Cuántos días tiene la semana, el mes o el año?
  ¿Cuántos centímetros hay en un metro?
- *Preguntas problema o rompecabezas*
  ¿Cuánto mide de largo tu cama?
  ¿Cuántas formas diferentes puedes ver en esta foto?
  Tengo 27 céntimos en el bolsillo, ¿qué clases de monedas crees que puede haber?
- *Preguntas estimativas*
  Calcula cuántas golosinas puede haber en ese tarro.
  ¿Cuánto crees que pesas?
  ¿Cuál crees que va a ser el resultado, más o menos?
- *Preguntas acerca del proceso*
  ¿Cuál es el mejor modo de averiguar la respuesta?
  ¿Puedes explicarme como conseguiste la respuesta?
  ¿Hay algún otro modo de hacerlo?
- *Preguntas para ir más allá*
  ¿Qué otras formas ves (o números puedes encontrar)?
  ¿Qué nos dice eso sobre otros números que terminen en cero?
  ¿La suma de los ángulos es la misma en todos los triángulos? ¿Por qué?

Idea clave: haga preguntas matemáticas, y hable de matemáticas con su hija

"Yo entendería mejor las matemáticas si comprendiera lo que significan las palabras", se quejaba Beth, de ocho años. Las matemáticas se refieren a los números y a las formas, pero también tratan de palabras. Por desgracia, a menudo se espera que los niños escriban matemáticas y hagan sumas antes de que hayan tenido tiempo de imaginar o discutir lo que significan las palabras. Para el razonamiento matemático es esencial la comprensión del lenguaje matemático. Si una niña no dispone del vocabulario adecuado para hablar de la multiplicación, la división, el perímetro, el área o el número, no podrá comprender las ideas matemáticas. Lo malo del lenguaje cotidiano es que los niños no siempre conocen los significados matemáticos específicos de las palabras que están usando. En ocasiones, los profesores dan por sentado que los niños captarán sobre la marcha los significados matemáticos de las palabras, o dan por sentado que los conocen, y no los explican.

Desde el principio, los niños oyen a sus profesores usar y repetir palabras durante sus actividades prácticas con objetos reales. Normalmente, empezarán a captar las palabras y también a ponerlas en práctica, pero en ocasiones no lo harán, o quizás es que no hayan conseguido agarrar el significado matemático de la palabra. A un grupo de niños se les estaba dando una lección sobre el volumen, utilizando recipientes y cubos de madera para resolver problemas y rellenar de forma correcta las respuestas de sus hojas de trabajo. Cuando terminó la lección, le pregunté a uno de aquellos niños de qué iba la lección. Me dijo que no lo sabía. Le pregunté si sabía lo que significaba 'volumen'. Dijo que sí. Le pedí que me lo contara, y me dijo: "Es el botón que uno gira en la tele para hacer que suene más o menos fuerte".

Un diccionario de matemáticas sería un libro muy útil en el hogar, pues en él encontraría usted, y su hija si se queda atascada, lo que significan los diferentes términos matemáticos. Las matemáticas son una lengua, y si usted habla de matemáticas en casa sería conveniente que usara los términos matemáticos correctos siempre que pueda. ¿Por qué llamarle a algo bola cuando puede llamarle esfera?

En el Apéndice B hay una lista que presenta la mayoría, pero no todos, de los términos matemáticos importantes que una niña pequeña se puede encontrar en la escuela. A su hija se le enseñarán nuevas palabras matemáticas en el colegio, de modo que usted podría hacerle a su profesor preguntas como éstas: "¿Qué nuevos términos matemáticos se han enseñado o se han usado este año?" "¿Hay algún término matemático que mi hija no comprenda correctamente?" "¿Qué es lo mejor que puedo hacer para ayudar a mi hija con las matemáticas?"

¿Qué se puede conseguir hablando de matemáticas en casa? Lo que viene a continuación responde a esta pregunta:

- *Aplicar a situaciones prácticas lo que su hija está aprendiendo*, como calcular las vueltas en las compras, medir la cantidad correcta, dibujar la forma correcta y resolver problemas prácticos –por ejemplo, cuánto, a qué distancia, qué edad, etc.
- *Pensar matemáticamente* a través del uso y la comprensión de los términos matemáticos, hablar de matemáticas, usar palabras matemáticas para describir cosas, y como herramienta de descubrimiento –por ejemplo, ¿cuáles son los datos matemáticos de este paquete de copos de maíz?
- *Estimar cantidades*, por ejemplo, cuántos libros cabrán en aquellos estantes, cuánto azúcar en ese recipiente, cuántos kilómetros haremos durante el viaje, cuánto tiempo llevará, a qué velocidad podrá ir, etc.
- *Resolver problemas*, investigando situaciones y descubriendo soluciones –por ejemplo, cuál es la mejor ruta que se puede tomar, qué regalo podemos comprar del catálogo en función del dinero que tenemos, cómo compartir nuestro tiempo de televisión de forma equitativa, etc.
- *Jugar con las matemáticas*, mediante juegos que impliquen puntuación, o predicción de movimientos –por ejemplo, jugando a La Escalera, pídale a su hija que calcule a qué cuadro irá a parar después de arrojar el dado.
- *Desarrollar la aritmética mental*, cantando las tablas de multiplicar o realizando un rápido concurso mental –por ejemplo, en un viaje en coche, elegir un número y pedirle a su hijo que encuentre una matrícula de automóvil que, sumando todos sus dígitos, dé el número elegido.
- *Desarrollar el pensamiento meta-matemático*, que es pensar y hablar de lo que hemos aprendido con lo que hemos estado haciendo, ayudarle a la niña a ver dónde ha alcanzado el logro y cómo puede mejorar por sí misma en sus matemáticas.

Idea clave: utilice términos matemáticos, asegúrese de que su hija los comprende

Uno de los problemas con las matemáticas es que, para la inmensa mayoría de los niños, la comprensión matemática exige un desarrollo lento. Como adultos, tenemos una larga experiencia a la hora de hacer sumas cada vez que vamos de compras o medimos algo en casa, y a veces olvidamos lo que nos costó llegar a dominar hasta el más sencillo de esos cálculos –incluso hay adultos que se pueden quedar perplejos con algunos de los cálculos más básicos. Aprender a pensar matemáticamente requiere una práctica interminable en diferentes situaciones, así como mucha conversación, y el hogar es el mejor lugar para comenzar. Como anotó Nick, de ocho años, "En casa es donde tienes tiempo para pensar".

Siete pasos para desarrollar la inteligencia matemática

- Tome parte con su hijo en juegos matemáticos, tal como juegos de mesa, tan a menudo como pueda.
- Enséñele a su hijo datos y reglas numéricas, animándole a practicarlos mentalmente si ello es posible.
- Discuta los diferentes modos de averiguar una respuesta.
- Anime a su hija a que estime y mida muchas cosas.
- Estudien forma, modelos y diseños.
- Haga preguntas matemáticas y hable de matemáticas con su hijo.
- Utilice términos matemáticos y asegúrese de que su hija los comprende.

4

Descubrir

El desarrollo de la inteligencia científica

Lo más hermoso que se puede experimentar es lo misterioso. Ésta es la fuente de todo arte y ciencia verdaderos.

Albert Einstein

Me gusta descubrir, pero no siempre es fácil.

Jane, 6 años

David está observando atentamente a una araña que está trepando por el cristal de la ventana. Contempla los movimientos de la araña, y eso le lleva a hacerse preguntas al respecto. Mamá está a punto de salir para hacer la compra.

- Vamos, David –le dice–. ¡Deja de perder el tiempo!
- Hay una araña, mamá –dice David–. Ven y mira.

La madre piensa que David está perdiendo el tiempo. ¿Para qué mirar a una araña? Agarra a David del brazo y se lo lleva, hay que hacer la compra, y David pronto se olvida de la araña. El niño seguirá observando cosas con atención de cuando en cuando, pero en casa a nadie le interesa lo que contempla o lo que piensa. Al final, David llegará a pensar, como su madre, que no hay razón para estar sentado observando algo, a menos que sea el televisor.

Jane ha visto una mariposa a través de la ventana, aleteando bajo la luz del sol. La observa paralizada, maravillada de su tembloroso vuelo. Mamá está preparada para salir a hacer la compra.

- Vamos, Jane –le dice-. Es hora de irse.

- Hay una mariposa, mamá. Ven y mira, ¡rápido!

La madre deja la cesta de la compra en el suelo y va junto a Jane a observar por la ventana. La mariposa sigue su aleteo y, poco después, desaparece.

- Vamos a ver mariposas por el camino –dice la mujer.

Pero, aunque las buscan, no ven más mariposas aquella mañana.

"Me alegra que Jane viera esa mariposa", piensa la madre. Después, en la biblioteca, coge un libro de mariposas que, más tarde, mirarán juntas. El siguiente dibujo de Jane resultará ser una mariposa.

A pesar del poco estímulo recibido, David, cuando se haga mayor, puede llegar a saber un montón sobre la ciencia y sobre el mundo que le rodea, y Jane, aún siendo animada en cada ocasión, puede que no se aficione a la ciencia. Sin embargo, la niña ha tenido suerte al convivir con personas que se interesaban por lo que veía y pensaba, así como por su interés científico. Esto no quiere decir que Jane fuera alimentada con datos científicos, pero sí que se le estimuló para que observara, para que se hiciera preguntas y descubriera el mundo que se abría a su alrededor. Se le estaba enseñando a sacar el máximo partido de su inteligencia científica. Pero, ¿qué es la inteligencia científica?

¿Qué es la inteligencia científica?

La inteligencia científica es nuestra capacidad para investigar el mundo, y nos habilita de un modo sistemático para descubrir más cosas del cosmos que nos rodea. Se inicia con la simple curiosidad por el mundo natural que muestran todos los niños pequeños, pero que pueden perder fácilmente a medida que crecen. Una de las ventajas de tener un niño a nuestro cargo es que nos puede ayudar a recobrar esa curiosidad por lo cotidiano, como las caracolas, las hojas y las piedras (biología), por lo que son las cosas y cómo funcionan (física), y por lo que sucede cuando se mezclan algunas cosas (química), esa curiosidad que teníamos cuando éramos niños.

El aspecto positivo de una mente científica es que nos da la habilidad para descubrir de qué modo funciona el mundo; su aspecto negativo puede tomar la forma de buscar el conocimiento por sí mismo y olvidarse de la importancia de las relaciones y los valores humanos. El conocimiento puede ser algo peligroso, como descubrieron Adán y Eva, a menos que se utilice para servir a objetivos humanos. Descubrimos por el placer que proporciona el conocimiento, pero también porque puede llevarnos a mejorar nuestras vidas.

La inteligencia científica puede ayudarnos en la resolución de muchos problemas humanos, por ejemplo:

- Sam se tropezó con la puerta del armario, y enseguida se dio cuenta de que no iba a tardar en tener un horrible cardenal en su ojo izquierdo. Pero sabía lo que tenía que hacer y por qué. Un cubito de hielo, situado con rapidez sobre la zona magullada, mantendría a raya la contusión. Sabía que el hielo restringiría el flujo de sangre en los capilares, haciendo que el cardenal fuera menor.
- Jane quería cocer la pasta lo más rápido posible. Había llegado tarde y tenía invitados a cenar. En vez de poner la sal en el agua cuando aún estaba fría, esperó hasta que el agua estuviera hirviendo. Sabía que la sal puede elevar la temperatura de ebullición del agua (el agua salada hierve a mayor temperatura), de modo que, poniendo la sal más tarde, consiguió acelerar el tiempo de cocción.
- Un amigo invitó a Ben a probar una droga diciéndole que le haría sentirse 'realmente bien'. Sus padres le habían advertido contra las drogas, pero esto no le iba a disuadir. Se había enterado de los efectos perjudiciales de las drogas en el organismo, y de las probabilidades ciertas de quedarse enganchado. Fue el conocimiento de estos hechos lo que le hizo decir 'no'.

El desarrollo de la inteligencia científica de su hijo

Su hijo pequeño tiene mucho que aprender acerca de todo tipo de objetos extraños, como arena, piedras, caracolas, hojas, botones, semillas, globos, mandos a distancia, Velcros, pegamento y un sinnúmero de otros objetos con propiedades diferentes. A medida que descubre lo pegajoso, lo mullido, lo terso y demás, desarrolla muchas creencias (miniteorías científicas) sobre el mundo. Pero no todas sus creencias serán acertadas.

Cuando era niño, creía que la electricidad corría como el agua; después de todo, yo había oído hablar de la *corriente* eléctrica y de las corrientes de los ríos. Pero nunca pude comprender por qué, cuando uno saca una bombilla de su casquillo, la electricidad no fluye sobre él como el agua. Aquella creencia era tan fuerte que, incluso ahora, cuando cambio una bombilla, siento un temor irracional ante la idea de que el flujo eléctrico pueda derramarse sobre mí. Todavía no ha ocurrido, pero podría suceder.

Desarrollar la inteligencia científica significa hacer preguntas sobre el mundo, y obtener respuestas a partir de la observación, la experimentación y de aquellas teorías que nos ayuden a explicar lo que vemos. Buscando evidencias intentamos demostrar que las ideas que tenemos

Si su hijo	**Lo que usted puede hacer**	**Lo que su hijo puede aprender**
No muestra interés o curiosidad acerca del mundo o por descubrir cosas	Comparta su interés y su curiosidad por el mundo	Que el mundo es algo mucho más curioso y científicamente interesante de lo que había pensado en un principio
Tiene problemas a la hora de seguir interesado en materias científicas	Proporciónele y converse con él acerca de nuevos libros, visitas y experiencias que puedan estimular su interés	Puede darse cuenta de que descubrir algo puede ser interesante y divertido, y que puede ayudarle a aprender
Le gusta la ciencia y se le da bien el descubrir y explicar las cosas	Hable con él y hágale preguntas sobre lo que sabe, y anímele a que averigüe más cosas	Que la investigación científica no tiene fin, así como el placer que genera el descubrir algo

sobre el mundo son correctas. Entonces podemos hacer predicciones y podemos poner a prueba la verdad de nuestras teorías. Algunos niños muestran más interés en el mundo físico que otros, pero todos los niños pueden conseguir que su pensamiento sea más científico si se les anima a hacer preguntas en casa, y a observar, experimentar y comprobar sus ideas sobre las cosas que les interesan.

¿Cómo se desarrolla la inteligencia científica?

La inteligencia científica no se desarrolla por casualidad. Aglutinar el conocimiento que los científicos tienen hoy en día ha llevado miles de años, y su hija tiene mucho que aprender. Usted le será de mayor ayuda si le enseña a ser curiosa y a pensar científicamente, que si le proporciona un montón de datos. Su hija no sólo tiene que aprender lo que sabemos, sino también cómo descubrir nuevos conocimientos por sí misma.

El proceso de desarrollo del pensamiento científico supone el proporcionarle a su hija el tipo de experiencia que la estimule a averiguar más (input), así como ayudarle en el aprendizaje mediante una investigación activa del mundo que la rodea (output) y apoyar sus esfuerzos por comprender lo que ha visto o hecho (autocontrol). Este proceso se puede resumir así:

INPUT	Usted estimula a su hija haciendo que observe con atención las cosas, haciéndole preguntas, estimulando nuevas ideas y llevándola a pensar modos de poner a prueba las ideas.
OUTPUT	Su hija aprende a observar las cosas con atención, a hacer preguntas, a pensar en nuevas ideas, a buscar evidencias, a utilizar las pruebas adecuadas y a explicar o mostrar lo que ha descubierto.
AUTOCONTROL	Su hija tiene evidencias que apoyan sus ideas, comprende lo que ha visto, puede explicarlo, y se siente confiada y capaz de descubrir más cosas.

> **¿Sabía usted que...?**
>
> Todos los grandes científicos tienen una pregunta, o cierto número de preguntas, a las que les gustaría encontrar una respuesta. Una de las preguntas que le interesaban al astrónomo alemán Kepler fue la de qué forma tenía el sendero que seguían los planetas en su viaje por el espacio. Un día se le ocurrió la idea de que las órbitas por las que viajaban los planetas tenían forma elíptica, pero la desestimó como un 'carro cargado de estiércol'. Tuvieron que pasar años hasta que se dio cuenta, y demostró, que esta hipótesis era la correcta.
> ¿Tiene usted preguntas a las cuales le gustaría que la ciencia encontrara una respuesta?

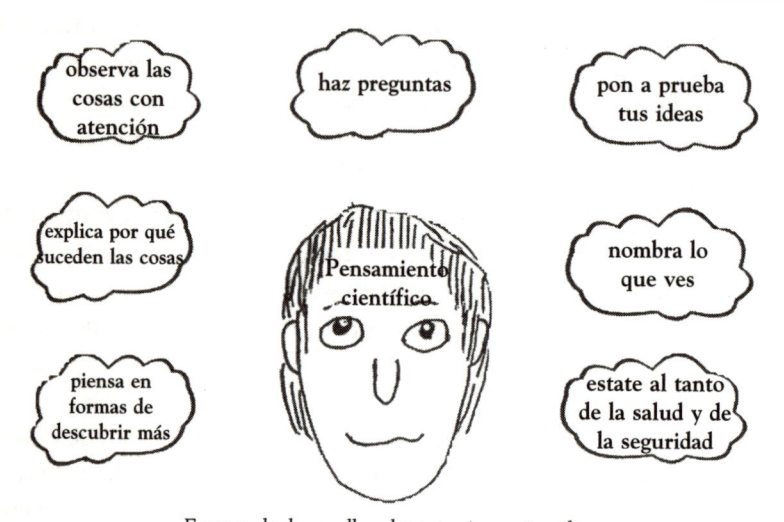

- observa las cosas con atención
- haz preguntas
- pon a prueba tus ideas
- explica por qué suceden las cosas
- Pensamiento científico
- nombra lo que ves
- piensa en formas de descubrir más
- estate al tanto de la salud y de la seguridad

Formas de desarrollar el pensamiento científico

¿Qué puede hacer para ayudar?

Preparar a su hijo para que se desenvuelva bien en un mundo científica y tecnológicamente complejo no requiere una infancia llena de experiencias de tecnología punta. Una mente inquisitiva y una serie de actividades cotidianas constituyen el mejor fundamento para desarrollar las habilidades analíticas y creativas necesarias para lidiar con los problemas que tendrá que enfrentarse. Ofrecerle a un niño lo último en tecnología informática y en artilugios científicos, y dejarle que se las apañe con ellos, puede ser útil pero no es suficiente. El último grito en ordenadores y en juguetes tecnológicos no tardará mucho en ser superado, pero lo que no va a cambiar es la necesidad que su hijo tiene de usar el cerebro, su capacidad para percibir un problema, analizarlo y aplicar estrategias creativas de resolución de problemas. El papel de usted consiste en ayudarle a desarrollar el pensamiento creativo, así como la confianza, mediante actividades significativas que ejerciten su inteligencia científica y le ayuden a comprender el modo en que los científicos descubren el mundo.

Los científicos trabajan como detectives. Recaban cuidadosamente toda la información que pueden de su área de estudio, la comparten y luego crean teorías científicas que se fundamentan en la interpretación y la explicación de los datos obtenidos. Amy, de cuatro años, dijo en cierta ocasión en que se enfrentó con algo que no comprendía: "¿Qué tienes que hacer para entenderlo?" Lo que los científicos hacen es seguir métodos científicos de investigación. ¿Cómo ayudar a una niña como Amy a utilizar la inteligencia, de un modo científico y con métodos científicos, para que pueda comprender el mundo?

Primero, míralo más de cerca
Hace unos 2.000 años, Plinio el Viejo se dio cuenta durante una tormenta de que veía el resplandor de los relámpagos antes de que se oyera el retumbar del trueno. En realidad, ambas cosas sucedían al mismo tiempo, de donde dedujo que la luz viajaba hacia él a mayor velocidad que el sonido. (Ahora sabemos que podemos hacer una estimación de la distancia a la que se encuentra una tormenta contando los segundos entre el momento en que se ve el resplandor y el que se escucha el estampido –3 segundos = 1 kilómetro).

El pensamiento científico comienza con la observación. Como comentaba una madre, "Tener un hijo te da la ocasión de detenerte y mirar las cosas. Nos perdemos tanto, hay tantas cosas hermosas e interesantes en el mundo; a menos que te tomes tiempo para mirarlo con ellos". Cuando ayuda a su hija a mirar con atención lo que ve, está usted poniendo las bases de una actitud científica. La mayor parte de nuestro conocimiento sobre el mundo nos llega a través del ojo. Decimos 'ya veo' cuando en realidad estamos diciendo 'comprendo'. Cuanto más hábil sea su hija en mirar con atención las cosas que le rodean, más capaz será de aprender y comprender. Como explicaba John, de cinco años, "Cuando miras de verdad, es cuando puedes ver".

Si usted duda de la importancia que tiene la visión, haga una prueba. Cierre los ojos e intente encontrar las monedas o billetes adecuados para pagarle al lechero, o pruebe a encontrar el paquete correcto en una cocina llena de estanterías -¡hasta cocer un huevo puede ser todo un desafío! Un buen sistema para demostrarles a los niños la importancia de la visión es tapándoles los ojos y jugando a 'La Gallina Ciega' o a 'Ponerle el Rabo al Burro'. En la página 143 se detallan más formas de desarrollar la visión, así como en el Capítulo 5 se contemplarán más sistemas para desarrollar el pensamiento visual. La intención aquí es, simplemente, mostrarle cómo puede ayudar a su hija a utilizar los ojos para descubrir más cosas del mundo, para formar el hábito de observar y para que atienda plenamente a lo que contempla.

El motivo por el que resulta tan importante para su hija el echar una mirada más de cerca de las cosas es porque se revelan más detalles cuando se presta plena atención. Normalmente, no lo miramos todo con detalle. No nos hace falta. El cerebro sólo procesa una pequeña fracción de la información que recibe del ojo. Lo impresionante de la retina es la inmensa cantidad de información que *puede* procesar. A cada segundo se ve impactada por billones de protones de luz, el equivalente de casi 100 megabytes de información. El nervio óptico no puede manejar tal cantidad de datos, puesto que envía menos de un 5 por ciento de éstos al cerebro en un instante dado. Simplemente, procesa los rasgos principales. Dice que el cielo es azul, y no registra cada variación de tono en el cielo. Esto significa que podemos pasar por la vida viendo las cosas sin la necesidad de observar con detalle o tamizar cada bit de información que nos llega de ellas.

Esto posibilita las ilusiones ópticas, y explica el por qué los relatos de los 'testigos oculares' de cualquier accidente difieren de forma tan dramática. Explica por qué su hija puede ver algo pero no recordar mucho de ello, no recordar formas, colores o detalles. "No puedo acordarme", decía Anna cuando le preguntaron lo que había visto aquella mañana, "no lo vi adecuadamente". Echar una mirada más de cerca es ayudar a su hija a ver las cosas, como dice Anna, 'adecuadamente'.

El lugar en donde la visión tiene lugar realmente es en el córtex visual, en la parte posterior de la cabeza, en donde las células procesan los diferentes aspectos de la escena que nuestra retina ha registrado unos milisegundos antes. Algunas de estas células manejan rasgos básicos como la forma, el color y el movimiento, mientras que otras se ocupan de variaciones más sutiles. Estas células necesitan tiempo para ser activadas, y también para que el nervio óptico transmita información acerca de lo que se está viendo. Éste es el motivo por el cual ver 'adecuadamente' lleva tiempo.

> **¿Sabía usted que...?**
>
> Cuando a las personas se les muestran objetos que nunca han visto o de los que nunca han oído hablar antes, el cerebro tiene verdaderas dificultades para darle sentido a lo que ve, si no existen pistas de fondo. Christian Huygens fue el primer ser humano en ver los anillos de Saturno a través de un telescopio, pero en aquel momento no pudo 'ver' o interpretar lo que veía como un anillo.

Cuanto más tiempo y esfuerzo ponga su hija en observar, más verá. Usted tiene que ayudarle a hacerlo, a enfocarse en la totalidad del objeto con el fin de que ella asimile lo que es, la forma, la textura, el color, para después mirar con más atención a los detalles. Ponga a prueba este experimento:

- Dígale a su hija que dibuje una hoja. ¿Dibuja algo que se parece vagamente a una hoja y es verde? Ahora observen hojas de verdad, tantas como puedan encontrar. ¿Cuántos tipos y formas de hojas hay? ¿Cuántos tonos de color pueden tener las hojas? ¿Existen dos hojas que sean exactamente iguales?
- Dígale a su hija que dibuje un árbol. ¿Ha dibujado algo parecido a un pirulí, con un tronco recto como un lápiz y un bulto verde arriba? Ahora, observen árboles reales. ¿Crecen rectos? ¿Cuántas clases de formas y colores pueden tener? ¿Cuántas clases diferentes de árboles pueden encontrar?
- Pídale a su hija que dibuje una flor. ¿Le ha dibujado un tallo recto, con un bulto de pétalos de colores arriba? Ahora, observen las flores reales. ¿Cuántos tipos de flores pueden encontrar, con diferentes formas, colores y detalles? Cojan dos flores de la misma clase. ¿En qué se parecen? ¿En qué se diferencian?

Las estaciones son las mismas cada año, pero cada año un niño pequeño las verá con ojos nuevos. Ayude a su hijo a sensibilizarse con el medio ambiente que le rodea. Por ejemplo: ¿en qué estación del año se encuentran? ¿Cómo se lo puede explicar? ¿Cómo puede explicarlo su hijo? Si se encuentran en esa época del año anime a su hijo para que descubra las primeras señales de la primavera —los brotes de las hojas que se forman en los árboles, los primeros brotes que surgen de la tierra, los días se alargan, así como la actividad de los pájaros. Cada estación tiene sus cambios en los sonidos, aromas y señales, incluso en el centro de la ciudad. No sólo se están transformando los aspectos cambiantes de la naturaleza, sino también el entorno humano y físico de su hijo. Ayúdele a darse cuenta de ello y a sensibilizarse a los cambios que tienen lugar a su alrededor. La observación científica comienza contemplando cómo cambian las cosas, preguntándose por qué e intentando averiguarlo.

Llévese a su hijo pequeño a un parque de las cercanías para que observe las flores y los árboles. Contemplen desde la ventana los patrones estelares y la forma de la luna. Hagan una visita a un santuario animal, a un zoológico o a una tienda de animales para estudiar a los cachorros. Hagan crecer plantas a partir de semillas y de esquejes en el alféizar de la ventana. Observen las nubes en el cielo. ¿Qué formas pueden adivinar, qué movimientos, qué cambios?

Cómprele una lupa a su hijo. Puede que no retenga su atención por mucho tiempo, pero pruebe a que enfoque la atención en los detalles de los objetos cuando se ven aumentados. Llévese una a las excursiones. Observen a esa hormiga por las grietas del pavimento, a aquella abeja en la rosa, el rastro de un caracol, la textura de la madera, o esos objetos que se va encontrando uno por el suelo. "Ver el mundo en un grano de arena..." decía Blake. Todo lo que vemos es un mundo en sí mismo, y sin embargo todas las partes están conectadas entre sí de alguna forma. Su hijo comienza viendo cosas separadas, y después puede que descubra las conexiones.

Hagan colecciones que demuestren la infinita variedad de los objetos —piedrecillas de la playa, hojas de diferentes árboles, flores prensadas, conchas marinas, castañas, bellotas, plumas, hongos y demás. Haga de sus excursiones verdaderos viajes científicos, elija algo que puedan investigar, observar, coleccionar, registrar (con cámara fotográfica, magnetófono o vídeo). Ésta es una de las formas de trabajar de los científicos. Darwin descubrió su teoría de la evolución mientras viajaba por el mundo, observando con atención diferentes cosas, como los picos de las aves y las formas de las plumas, registrándolas, tomando nota de similitudes y diferencias, y preguntándose por qué todo había cambiado y había evolucionado del modo en que lo había hecho.

Lo que viene a continuación son algunas de las formas mediante las cuales se puede mejorar la capacidad visual de su hijo:

- Juegue a cosas como 'Veo, veo'.
- Noten semejanzas y diferencias en el color, en los tonos y las formas.
- Miren las cosas de cerca con una lupa.
- Miren a lo lejos con unos prismáticos o un telescopio.
- Dibujen cosas con tanta precisión como sea posible.
- Que mire brevemente un objeto o una imagen, escóndala y que pruebe a describirla.
- En las descripciones, que utilice términos precisos –por ejemplo, minúsculo, diminuto, enorme, gigantesco.
- Que observe desde diferentes puntos de vista –por ejemplo, desde arriba, desde debajo, de lado.
- Jueguen con puzzles visuales como los rompecabezas.

No hay dos días que sean exactamente iguales. Siempre hay algo que contar o experimentar acerca del tiempo. Compre un termómetro, enséñele a su hijo cómo funciona y comprueben la temperatura del aire o del agua puesta a calentar. Pídale a su hijo mayor que adivine la temperatura (hacer una estimación), después, que la mida, para ver hasta qué punto se aproximó su estimación (poner a prueba la hipótesis). Observen un barómetro. ¿Qué dice? ¿Ha acertado? ¿Cómo pueden comprobar si ha acertado? Hagan un calibrador para medir la lluvia (cuando se esperen lluvias intensas). Después de observar algo, el siguiente paso será preguntar al respecto. ¿Por qué llueve? ¿De dónde viene toda esa lluvia? ¿Adónde va?

La ciencia comienza con la experiencia diaria, al observar y al pensar con detenimiento sobre las cosas que nos rodean, al hacer preguntas e intentar averiguar más. Por ejemplo, si usted llena un vaso de agua hasta el borde y observa con atención, verá que el nivel del agua *sobresale* por encima del borde del vaso. ¿Por qué? A partir de la observación y la experiencia surgen las preguntas, y de la experimentación llega el descubrimiento y un nuevo conocimiento. Éste es el modo en que funciona la inteligencia científica, y se puede desarrollar antes de que su hijo entre en la escuela. A partir de esta base, él continuará desarrollando y enriqueciendo su vida con un fondo de conocimientos que nunca dejará de crecer. Nunca somos demasiado jóvenes ni demasiado viejos para descubrir algo nuevo.

Idea clave: estimule a su hijo para que observe las cosas con atención

El clásico del cine *2001: Una Odisea Espacial*, de Stanley Kubrick, comienza con una secuencia que es una buena muestra de la inteligencia científica en funcionamiento. Las primeras escenas de la película muestran a unos primitivos cavernícolas esforzándose por sobrevivir en un lugar rocoso y estéril. Uno de ellos ve un hueso en el suelo, lo coge y lo mira con atención, como lo haría un niño, tomando nota de su forma y de la sensación que le transmite. El entrecejo del hombre se contrae. Quizás está pensando. ¿Qué se podría hacer con este suave hueso? ¿Para qué se podría usar? El cavernícola se decide a hacer un experimento. Arroja el hueso y, mientras se mueve por el aire, se transforma cinemáticamente en una nave espacial del futuro, surcando el espacio en su viaje.

Más preguntas, por favor...
Los niños habían estado de paseo por el parque y tenían algunas preguntas. Paula quería saber por qué la hierba es siempre verde. James preguntó por qué las rosas tenían espinas. Kim quería saber por qué unos árboles pierden las hojas y otros no. Todos los niños tenían preguntas que hacer, pero algunas de aquellas preguntas no obtendrían respuesta, como en el caso de una madre que, con muchas prisas, se le oyó por casualidad decirle a su hijo: "¡No me hagas preguntas!. ¡Tenemos que irnos rápido!"

La vida cotidiana obsequia a los niños con preguntas desconcertantes que exigen respuesta, como éstas de niños de seis años: ¿Por qué las hojas tienes formas diferentes? ¿Para qué sirve la sangre? ¿Cómo puede matar a uno la electricidad? ¿Por qué está salada el agua del mar? ¿Por qué las estrellas sólo salen por la noche?

Las preguntas de su hijo requieren respuesta. Puede que usted esté dándole de comer a su hermanito o friendo el tocino, y quizás tenga que posponer la respuesta. Pero intente acordarse más tarde y reabra el tema. Es posible que su hijo haya perdido el interés por la pregunta, por lo que una respuesta inmediata es lo mejor y lo más importante. Tiene suerte el niño cuyo progenitor está ahí, aprovechando sus ocasionales destellos de curiosidad. Sin embargo, es posible que usted no pueda estar ahí cuando su hijo tenga una pregunta que hacer. Cuando Isidor Rabi[1], siendo niño, llegaba a casa desde la escuela, su madre no le preguntaba "¿Qué has aprendido en la escuela hoy?", sino "¿Hiciste alguna buena pregunta hoy?" Posteriormente, Isidor ganaría el Premio Nobel de Física, y comentaría que fue su interrogativa madre la que provocó su precoz interés por el descubrimiento.

Enséñele a su hijo que siempre está bien hacer preguntas, aunque en ocasiones tenga que esperar a mejor momento para recibir la respuesta. Habrá veces en que su hijo estará dispuesto a recibir una respuesta larga y habrá veces en que preferirá una respuesta rápida. Yo les hacía la siguiente pregunta a mis hijos: "¿Quieres la respuesta larga o la corta?" (Ahora, son ellos los que, en respuesta a mis preguntas, dicen: "¿Quieres la respuesta larga o la corta?") Siempre hay una respuesta simple o una más complicada para cualquier pregunta, pero no tema dar respuestas complejas a los niños que están dispuestos a escuchar. En cierta ocasión me encontré con un niño de cuatro

---

1 Isidor Isaac Rabi (1898-1988). Físico austríaco, nacionalizado estadounidense, que recibió el Premio Nobel de Física en 1944. Conocido por su desarrollo del método de la resonancia magnética para el estudio de la estructura hiperfina del espectro atómico. (N. del T.)

años que era capaz de explicar con todo detalle cómo funcionaba un motor de combustión interna, y por casualidad se le escuchó diciéndole a un amigo: "¡Papá está teniendo problemas con las bujías otra vez!"

La primera pregunta que un niño hace es, normalmente, "¿Qué es eso?". Esto es lo que viene a continuación del importante descubrimiento de que las cosas tienen nombres, y esta necesidad de nombrar cosas y de averiguar los nombres de las cosas perdurará para siempre. Después vienen las preguntas que empiezan por "¿Por qué?". Usted podrá responder a algunas de ellas, otras le resultarán desconocidas pero podrán encontrar la respuesta juntos, y otras más como "¿Qué es un número?", han desconcertado a los filósofos durante siglos. Muy a menudo, cuando un niño pequeño hace una pregunta de '¿Por qué?' es, simplemente, una forma de decir 'Háblame de esto'. Es posible que algunas de las preguntas que haga su hijo no tengan sentido, preguntas como las que vienen a continuación:

Niño: ¿Qué color es el miércoles?
Padre: ¡Vaya pregunta más divertida!
Niño: Bueno, todo tiene un color, y sólo me preguntaba qué color era el miércoles.
Padre: El miércoles no tiene color. Sólo las cosas tienen colores, y un día no es una cosa.
Niño: Si no es una cosa, ¿qué es?

Como muchos exasperados padres saben, lo malo de las respuestas es que siempre pueden llevar a más preguntas. Los niños no suelen comprender qué clase de preguntas están haciendo, necesitan que se les ayude a la hora de formular una pregunta de un modo que pueda ser respondida, y una buena manera de ayudarles en este sentido es que usted haga buenas preguntas también, no interrogándoles, sino 'hablando en voz alta' —es decir, haciéndose las preguntas a usted mismo (y a cualquiera que esté al alcance) en voz alta y con respecto a lo que está viendo o pensando. Simplemente, diciendo "Me pregunto por qué..." mientras lee un cuento, ve una imagen u observa lo que está cocinando, animara también a su hijo para que intervenga cuando no entiende algo y adquiera el hábito de hacer preguntas sobre lo que le resulta desconcertante de este mundo. No se puede averiguar algo si no se hacen preguntas.

Entre las preguntas que pueden desarrollar la inteligencia científica están:

¿Qué es lo que ves? (Mira más de cerca).
¿En qué cambia? (Observa las diferencias).
¿Por qué ha cambiado? (Piensa en las razones).

Si no conoce la respuesta de una pregunta concreta, intenten encontrarla juntos. Consulten los libros que tienen en casa, en la biblioteca de su población o en Internet. Busque en una buena enciclopedia, sea en forma de libro o informatizada (enséñele a su hijo cómo buscar algo en los libros o en el ordenador).

Los museos son buenos sitios en donde averiguar determinadas respuestas, incluso para niños de preescolar, si no hace la visita demasiado larga y busca algo en concreto (¡a diferencia de cuando se va de compras!). Si va, asegúrese de que hay algo relevante que visitar. Antes de ir, piense en lo que quiere ver y averiguar. Permítale a su hijo que dé vueltas por el museo a su antojo, pero haga que se detenga al menos una vez para ver con atención aquello para lo que han ido, para hacerle preguntas al respecto y para hablar de lo que han descubierto. Puede ser una enorme ballena en un museo de historia natural, una joya gigante en un museo de geología o un aparato interactivo en un museo de ciencias. Charlen más tarde de lo que han visto en la visita. ¿Qué fue lo más interesante para usted? ¿Qué fue lo más interesante para su hijo? ¿Qué vieron? ¿Qué querían averiguar? ¿Qué *averiguaron*?

Una de las habilidades más importantes del pensamiento científico es la de clasificar lo que se sabe, el poner las cosas en categorías o clases. Pregúntele a su hijo pequeño si hay más animales o gatos en el mundo. Es posible que diga que hay más gatos, y esto se debe a que ha visto más gatos que otros tipos de animales, y a que no considera a los gatos como parte de una categoría más grande, la de los animales. Normalmente, un niño de siete años podrá clasificar una serie de imágenes de animales en diferentes grupos, pero es posible que tenga que pensárselo si usted le pregunta: "¿Quedaría algún mamífero si todos los animales del mundo desaparecieran?" Claro está que podemos explicarles a los niños lo que se corresponde con cada categoría de cosas que aparecen en sus vidas, sea en la cubertería, en la colada o en los seres vivos, pero ellos tienen que establecer estas conexiones en su mente. Recuerde, se pueden enseñar las reglas pero no la comprensión, pues ésta tiene que nacer del niño, y a menudo sólo podemos saber si ha comprendido o puede trabajar con algo haciendo una pregunta.

Lo que viene a continuación son algunas de las formas de hacer preguntas que harán pensar a su hijo:

- Haga preguntas antes de explicar lo que es correcto. Por ejemplo, si su hijo ha vertido agua en el suelo, pregunté: ¿Qué es lo mejor que se puede utilizar para limpiarlo?
- Cuando su hijo haga una pregunta, en lugar de darle siempre la respuesta, respóndale con otra pregunta para que se interrogue (pero no tan difícil que le frustre). Por ejemplo, después de decir que determinado insecto es una abeja, pregunte: ¿A qué se parecen las abejas?
- Haga una pregunta que le ofrezca una clave para encontrar una respuesta o resolver un problema, como: ¿Se te ha ocurrido mirar dentro?
- Si usted no conoce la respuesta, admítalo. Pruebe a preguntarle: ¿Cómo podemos averiguarlo?
- Recuerde que su hijo olvida con facilidad, de modo que conviene que haga preguntas para ver lo que recuerda de esta mañana, de la semana anterior o del mes pasado. Elógielo si es capaz de acordarse.
- Deje que se esfuerce por encontrar la solución, no salte usted siempre con la respuesta correcta.
- Sea tolerante con las respuestas equivocadas. Ofrézcale siempre la ocasión de recapacitar y de dar otra respuesta si se equivocó la primera vez –"¿Se te ocurre otra respuesta/sugerencia?"

> ### ¿Sabía usted que...?
> Estar en casa es increíblemente peligroso. Mueren casi tantas personas por accidentes domésticos como por accidentes de tráfico. Una de las razones por las cuales tienen lugar los accidentes, según los psicólogos, es porque la atención humana deambula con facilidad. Si hace que su hijo piense en los posibles peligros del hogar puede salvarle de un accidente. Pregunta: *¿Qué peligros puede ver su hijo a su alrededor en la habitación?*

Recuerde que no pretendemos ver lo *rápida* que la inteligencia puede llegar a ser, sino *hasta dónde* puede llegar, y esto lleva tiempo.

Utilice la televisión en ocasiones como un medio para el descubrimiento. Al menos una vez a la semana, ponga un programa de naturaleza o de ciencia que pueda resultarle interesante a su hijo y que puedan ver juntos. Conversen sobre lo que están viendo y, más tarde, profundice usted en el tema preguntándole al niño lo que recuerda del programa. Aproveche el cumpleaños o cualquier otra oportunidad en la que se hagan regalos para comprarle algún juguete que le estimule a descubrir, como los que se ofrecen con elementos de química, física o cualquier otro contenido científico.

Idea clave: hágale preguntas que desafíen su pensamiento científico

En la escuela, los niños 'oyen hablar de ciencia' en gran medida en sus lecciones. Lo que puede hacer en casa es 'hablar de ciencia'. Esto significa animar a su hija para que hable de lo que ve, huele, prueba y siente; hacerle preguntas sobre el mundo e intentar explicar por qué las cosas suceden así. De esta manera, su hija no sólo descubrirá cosas del mundo, sino que también aprenderá la forma de descubrir. Para ser científica, la niña necesita tener algo de qué hablar, y usted puede darle algo de qué hablar siendo científico o científica y haciendo su propio experimento.

Hacer un experimento
En ocasiones, su hija hará una pregunta del tipo "¿Qué pasará si...?", preguntas como:

- "¿Se puede guardar una bola de nieve en el frigorífico?"
- "¿Flotan los huevos?"
- "¿Se puede congelar la leche?"

Responda, siempre que pueda, con "Vamos a hacer un experimento". En vez de contarle lo que va a suceder, vea si ella puede predecir lo que cree que sucederá, y cuando vayan a hacer el experimento deje que lo haga ella, en vez de observar cómo lo hace usted. No olvide instruir a su hija para que observe con atención lo que sucede y para que haga preguntas al respecto. Después, hablen de lo que haya ocurrido y por qué sucedió de ese modo. Pregunte, "¿Crees que ocurriría lo mismo si lo volviéramos a intentar?" Si su hija duda, vuélvanlo a hacer. No se preocupe si el experimento falla. Hay mucho que aprender de las cosas que no funcionan.

En las librerías y las bibliotecas encontrará muchos libros de experimentos sencillos que se pueden hacer con objetos cotidianos, experimentos ideales para un día lluvioso. Los que vienen a continuación son algunos de estos experimentos simples que se pueden hacer con niños de menos de ocho años.

1. ¿Se pudre?
Hágase con una botella de plástico, una pieza de fruta y una hoja de papel de periódico. Entiérrelas en su jardín o en un tiesto. Déjalas durante dos semanas y luego sáquelas para ver lo que ha sucedido. ¿Qué objetos han cambiado y cuáles no han cambiado? ¿Por qué?

2. Derretir hielo
Coja tres cubitos de hielo. Ponga uno en una taza de agua caliente, otro en una taza de agua tibia y el último en una taza de agua fría. Averigüen cuál se derrite primero.

3. Remover azúcar
Consiga tres tipos de azúcar, como pueden ser el blanco granulado, un terrón de azúcar y azúcar glasé. Llene tres tazas con agua tibia. Ponga una cucharada de azúcar granulado en una de ellas, un terrón de azúcar en otra y una cucharada de azúcar glasé en la tercera. Remueva las tres tazas. ¿Qué tipo de azúcar se disuelve antes? ¿Por qué?

4. Lo que flota y lo que se hunde
Ponga agua en la bañera o en un barreño. Reúna una serie de objetos diferentes, como pueden ser una esponja, una manzana, un clip, un tenedor, un corcho, un gajo de naranja, un bote de yogur y un lápiz. Cójalos de uno en uno, y pídale a su hija que prediga si ese objeto flotará o se hundirá. Ponga el objeto en el agua y vean lo que sucede. Comprueben si sus predicciones eran acertadas.

No todas las preguntas que hace un niño están abiertas a la experimentación. Algunos experimentos son impracticables, como en el caso del niño que preguntó: "¿Qué sucedería si la abuela no se recortara nunca las uñas de los pies?" Otras, como "¿Qué sucedería si el cielo se cayera?", son demasiado teóricas, o muestran cierta confusión de ideas en el niño. Cualquier niño es propenso a esta confusión de ideas o conceptos que para nosotros parecen sencillos pero que para un niño son difíciles de comprender. Así pues, es importante no dar por sentado que su hija sabe lo que son cosas tales como la electricidad, el gas o el efecto invernadero. Es mejor darle tiempo para que aclare y explique sus ideas. Los niños intentan darle sentido al mundo y, cuando no saben por qué sucede algo, se inventan sus propias explicaciones. A un niño se le escuchó en una guardería intentando explicarle a un amiguito de dónde había venido su nueva hermanita:

- Sé de dónde vienen los niños. Vienen del hospital. Tú vas allí y te dan una niña o un niño. No puedes elegir. Sólo te dan uno.

Una idea clave que todos los niños precisan de ayuda para comprender es: "¿Qué es la ciencia?" Lo que viene a continuación son unas cuantas ideas y preguntas clave implícitas en la ciencia:

¿Dónde?	Ver la ciencia por todas partes, en casa, en la tele, en la ciudad, en el campo o en la playa.
¿Qué?	Preguntar de qué están hechas las cosas, lo que hacen, lo que las hace funcionar.
¿Cómo?	Probar cómo funcionan las cosas, hacer experimentos para poner a prueba las ideas, causas y efectos.
¿Por qué?	Explicar por qué suceden las cosas, justificar las ideas con razones y evidencias.

Idea clave: anime a su hija para que ponga a prueba las ideas y para que experimente con el fin de ver lo que sucede

Todo científico necesita de un lugar de trabajo, y, afortunadamente, su casa dispone de un laboratorio a su medida, un laboratorio donde se puede llevar a cabo un experimento a diario:

El laboratorio: ¡Su hogar!
¿En qué se parece su casa a un laboratorio? En primer lugar, dispone de un amplio equipamiento, ideal para fines científicos –cuchillos para diseccionar, fuentes de calor y frío, instrumentos para pesar y medir, agua corriente, reci-

pientes diversos y paquetes de interesantes sustancias químicas y naturales. La cocina es un lugar ideal para iniciarse en la observación científica de ingredientes y procesos. Es el lugar donde se suelen dar los experimentos gastronómicos. No hace falta que sea usted un científico o una científica para que pueda ayudarle a su hija con la ciencia, pero será conveniente que sepa algo de cocina, pues la cocina lleva implícita importantes principios científicos. Cocinar conlleva importantes ideas acerca de la cantidad, la medida, la secuencia de pasos para resolver un problema, el seguimiento preciso de directrices y la comprobación de hipótesis. Cada pastel que haga con su hija es un experimento en el que se utiliza un amplio rango de sustancias y procesos, una hipótesis que puede o no funcionar -¡y se pueden comer los resultados! Como un antiguo profesor de física me dijo en cierta ocasión: "Me convertí en científico cuando, siendo niño, aprendí a cocinar".

1 Comida para el pensamiento

He aquí algunas actividades científicas que puede realizar con su hija en la cocina:

- Vean y comenten lo que sucede cuando se calienta la comida, lo que se derrite, lo que ocurre mientras hierve -¿y cuándo se vuelve a enfriar?
- Averigüen lo que se disuelve en agua, qué soluciones pueden hacer (por ejemplo, bebidas en polvo). Inicie a su hija en los términos adecuados, como *disolver* y *solución*, con lo que le resultará más fácil el hablar de procesos, en lugar de tener que describir cada vez lo que sucede.
- Investiguen la cocción y los efectos de la levadura, de la harina normal y de la harina que sube por sí misma, y cuezan panecillos. Haga masa con su hijo pequeño, con diferentes cantidades de harina, agua y sal.
- Hagan su propia mantequilla agitando nata en un tarro adecuado para ello.
- Hagan experimentos sobre los cambios bacteriológicos haciendo yogur o dejando que se pudran alimentos, y eviten el cambio bacteriológico mediante la refrigeración o el secado de fruta (¿puedes convertir uvas en pasas?), hierbas o flores.
- Estudien los hongos vivos, como el crecimiento de los champiñones o el del moho en el pan duro.
- Muéstrele cómo funcionan los artefactos e instrumentos de la cocina (haciendo hincapié los peligros y la necesidad de tomar medidas de seguridad).

- Ponga a prueba el sentido del sabor de su hija haciendo pruebas ciegas de sustancias misteriosas.
- Experimenten el olor de los ingredientes de uso común en la cocina, y describan los aromas.
- Hágale pruebas de tacto y pídale que identifique diversas sustancias, como tierra, arena, agua, jabón líquido, cola, cristales de sal, detergente en polvo, harina, caracolas de pasta, etc. tocándolas con los ojos cerrados. Haga que compare y contraste.
- Planten semillas y plantas en el alféizar de la ventana, vegetales, flores, hierbas y árboles. Recuerde que, si su hija planta semillas o esquejes observando el proceso con detenimiento y atención, no sólo estará haciendo crecer plantas sino también su conocimiento biológico.

2 La ciencia en la casa

En todas las habitaciones hay algo de interés científico, por ejemplo:

Las descargas eléctricas

Coméntele cómo funciona la electricidad, enséñele el panel automático (desde donde se corta el circuito) y dígale cómo se puede cortar la electricidad en un circuito o en la totalidad del sistema. Enséñele el contador, ¡y de qué manera los números significan dinero! Muéstrele cómo enchufar un aparato y lo que significa un cable cargado de electricidad. Señálele los peligros y la necesidad de tener precaución, la función de los materiales aislantes y de qué modo controla el fusible la potencia del enchufe. Muéstrele la electricidad estática frotando vigorosamente un peine a través del cabello, o frotando un globo sobre el pecho para luego 'pegarlo' a la ropa, y muéstrele también los pararrayos de los edificios. Háblele de la conservación de la electricidad, y de por qué apagar las luces puede ser bueno para los menguantes recursos de la tierra y de los que la poblamos.

Las tuberías de las profundidades

¿Sabe su hija de dónde viene el agua del baño y adónde va? Sigan las tuberías, recórranlas desde los grifos hasta la tubería principal. Demuéstrele qué ocurre si se cierra la llave de paso principal. Observen cómo funciona el retrete, lo que es la cisterna y la función de la válvula del desagüe.

La calefacción está en marcha

¿De qué modo se caldea su casa? Investiguen juntos la calefacción de la casa, inspeccionen el aislamiento, comprueben la temperatura. Muéstrele la caldera, el tanque del agua caliente, los sistemas de ventilación, las válvulas de los radiadores. Sostenga un trozo de papel o una pluma sobre la rejilla de ventilación o sobre el radiador -¿en qué dirección va el aire caliente?

La vida en su hogar

¿Qué seres vivos hay en la casa? Hay algunos que se pueden ver y estudiar, pero hay otros que no se pueden ver. Algunos son residentes temporales, otros serán accidentes permanentes en la vida de su hija. Estudien el mundo vivo de su jardín, anime a su hija para que plante semillas y cuide de las plantas, para que estudie la vida de los insectos, la composición del suelo, los efectos de los productos químicos (los fertilizantes o los herbicidas), la nomenclatura y la clasificación de las plantas.

Idea clave: observe si su hija es capaz de explicar lo que hace que algo suceda

3 La ciencia en un safari

Un paseo por el parque o por el bosque se puede convertir en una aventura biológica, un safari salvaje para un niño pequeño. Durante tales paseos, enséñele las habilidades de la observación con su propio ejemplo. Es posible que su hija sea muy observadora (en ocasiones, de una agudeza inusitada) respecto a lo que preocupa directamente, como puede ser el modo en que se disponga su habitación, el pastel de la fiesta o su apariencia física, pero puede ser muy poco observadora respecto al mundo que le rodea. Así pues, amplíe su mundo indicándole cosas que le puedan resultar de interés. Por ejemplo:

Mira el pájaro

Hasta un niño de tres años puede aprender a reconocer una amplia variedad de pájaros (un amigo al que le gusta observar a los pájaros tiene un hijo de tres años de edad que puede identificar y nombrar a más de veinte especies de aves). En el momento en que su hijo reconozca un pájaro, agudice sus facultades de reconocimiento preguntándole, por ejemplo,

"¿De qué color tiene el pico?" "¿Es macho o hembra?" Si muestra interés, cómprele un buen libro sobre aves y unos prismáticos, salgan en busca de pájaros concretos y haga que lleve un diario de aves. La ornitología se puede convertir en una distracción para toda la vida.

El poder de las flores
Como decía Blake, "El árbol que mueve a unos a llorar de gozo es, a los ojos de otros, sólo algo verde que se eleva en el camino". La belleza de las flores y los árboles puede pasar desapercibida a los niños a menos que alguien se la señale. Hay niños pequeños que no son conscientes de que un árbol es diferente de otro. Muéstrele los diferentes tipos de árboles. Prensen hojas, planten semillas, corten esquejes. Muchos padres se sorprenden de lo rápido que un niño pequeño puede aprender a identificar árboles y flores habituales, y la ciencia, en parte, consiste en nombrar y clasificar cosas. Una vez conozca el nombre de la flor, investiguen sus diferentes partes y la familia a la que pertenece.

Esos horribles bichos
A muchos niños les fascina la vida animal, incluidos los insectos. Anímelos a observar la vida social de las hormigas, la danza de las abejas, los brillos plateados del rastro de un caracol, la intrincada belleza de la tela de una araña.

Coleccionar cosas
Aprovéchese del instinto recolector de su hijo. Lo malo de coleccionar cosas, como hojas, conchas o piedras, es que los niños suelen perder el interés en el momento en que tienen la colección en casa. Anímeles a que sean sistemáticos y científicos con sus colecciones, clasifíquenlas, expónganlas en estanterías, tableros o álbumes, y (si es posible) etiquétenlas.

El cielo, de día y de noche
El clima es algo que siempre está ahí. Tanto si nos gusta como si no, 'hay mucho de eso'. Anímele a que no pierda el hilo de los cambios climáticos haciendo o comprando un sencillo gráfico climático, escuchando las predicciones meteorológicas y comparándolas con el tiempo real. (Hay una forma muy simple de predecir el tiempo: para cualquier día dado, ¡existe más de un 50 por ciento de posibilidades de que haga el mismo tiempo que el día ante-

rior!) Compre un termómetro, miren la temperatura (hagan una estimación antes y miren quién se aproximó más a la realidad). Contemplen el cielo nocturno, asómbrense ante las estrellas, tomen nota de cualquier movimiento en el cielo. Observen los cráteres de la luna con un telescopio. ¿Se puede ver algún planeta esta noche? (Venus, el planeta más brillante, se puede ver cerca del horizonte.) ¿Pueden identificar alguna constelación de estrellas? Cuéntele a su hijo alguna leyenda griega relacionada con las estrellas, pues esto le ayudará a recordar el momento y a fijar las estrellas en su memoria.

El método científico implica observar, reunir información y utilizarla para hacer predicciones sobre el futuro. Cuando observen o reúnan información sobre algo, estimule a su hijo para que utilice términos científicos a la hora de nombrar y describir lo que ve. ¿Cómo se le llama? ¿Cuál es la forma científica de describirlo? ¿Cuántos hay? Por ejemplo: ¿Qué animal es el que ve? ¿Qué tipo de animal? ¿De qué materiales están hechos esas telas? ¿A qué se parece cada tipo de material? ¿Cuáles son los ingredientes que aparecen en la etiqueta del envase alimentario? ¿A qué tipo de alimentos pertenece cada ingrediente? Si su hijo no lo sabe, o no lo sabe usted, pregúntele a su hijo cómo pueden averiguarlo. ¿Dónde podríamos buscarlo? ¿A quién le podríamos preguntar? ¿Cómo podríamos averiguarlo?

Idea clave: Ayude a su hijo para que nombre e identifique lo que ve

La ciencia es divertida

La ciencia no es simplemente algo que los niños tienen que hacer, en especial las lecciones de la escuela. Ni tampoco es algo que requiera de un caro 'set de ciencia' para montar. Puede ser muy productivo regalarle a su hija un libro de ciencia o un equipo científico de juguete, pero esto podría ser un añadido al ejercicio de su inteligencia científica mediante las experiencias y descubrimientos cotidianos. La ciencia conlleva el ejercicio de la mente en una forma especial de pensamiento –prestando atención, haciendo preguntas, estableciendo hipótesis y comprobando ideas. Esto lleva su esfuerzo, pero puede ser divertido.

Casi todas las actividades diarias de su hija tienen algo de interés científico. Tome una actividad sencilla, como puede ser el hacer aviones de papel. Se puede aprender mucho acerca del vuelo, la aerodinámica o el flujo del aire. Hacer velas lleva también a aprender cosas acerca de la cera y el calor, y el modelado le enseñará acerca de diferentes tipos de materiales.

Los niños suelen mostrar curiosidad en lo referente a cómo están hechos y cómo funcionan sus juguetes. Hable con ella acerca de cómo se han montado y qué es lo que les hace 'ir'. Anímela a que aprenda algunos trucos de magia, e indíquele, si lo sabe, los principios científicos implicados en ellos. Por ejemplo, ¿puedes poner una patata sobre el borde un vaso de manera que guarde el equilibrio y no se caiga? El truco consiste en clavarle a la patata dos tenedores idénticos, uno a cada lado, con los mangos hacia abajo, y así se consigue que la patata mantenga el equilibrio (los tenedores actúan como contrapesos).

También hay ciencia en distracciones como la música, el arte o el deporte. Muchos juegos sencillos suelen llevar implícitos interesantes principios físicos –cómo mantener el movimiento en un columpio, cómo funciona un balancín, por qué nunca se debe saltar de un columpio giratorio en movimiento. Cada actividad física lleva consigo el uso de funciones anatómicas y físicas como la respiración, el pulso, la tasa cardiaca, la tensión muscular, etc. (¿Cuánto aire puedes aguantar en los pulmones? Hagan una predicción, que sople en un globo desinflado y averigüen.)

Estamos rodeados de inventos en los que se han utilizado los principios científicos para hacer cosas que resuelvan problemas. Anime a su hija para que invente ideas que resuelvan problemas. Pídale que dibuje sus ideas, por ejemplo una máquina para ayudar en el hogar o una máquina divertida.

¿Sabía usted que...?

Inventar cosas le puede hacer rico. Sylvan Goldman quería encontrar un modo mejor de llevar sus compras, de manera que puso una silla sobre unas ruedas y le enganchó dos cestas arriba. Aquello se convirtió en el primer carrito de compra de la historia, y le hizo ganar una fortuna. Margaret Knight encontró otra solución al mismo problema. Después de muchos experimentos inventó la primera bolsa de compras de fondo plano. Su bolsa tenía el doble de capacidad, y Margaret se hizo rica.
¿Qué puede inventar usted o su hija?

El futuro pertenece a nuestros hijos. ¿Cómo creen ellos que serán los automóviles, las casas y las modas del futuro? El hacer predicciones sobre el futuro es un aspecto importante de la inteligencia científica.

La mayoría de las sociedades primitivas poseían una visión mágica del mundo. Daban por sentado que el mundo que les rodeaba no estaba gobernado por leyes racionales, sino sujeto a los caprichos de los dioses y de potencias mágicas. No debería de sorprendernos si nuestros hijos creen también en un mundo de naturaleza mágica y creen que las máquinas piensan por sí mismas. Como comentaba Jamie, de tres años, acerca de la lavadora cuando ésta se rompió, "Sé por qué se ha roto, simplemente decidió pararse".

A los seres humanos les llevó miles de años la elaboración de formas a través de las cuales se pudiera comprender el mundo mediante la fuerza del razonamiento. La gran ventaja del pensamiento científico es que puede ayudarnos a predecir el futuro. Sabemos que existe una *razón* por la cual la lavadora va mal. Sabemos que, si se puede encontrar el fallo y se puede reparar, funcionará. Utilizamos la inteligencia científica cuando aplicamos el razonamiento al mundo físico.

Anime a su hija a que haga predicciones –por ejemplo: ¿Qué cosas atraerá un imán? ¿Qué flotará y qué no? ¿Qué semilla crecerá más rápido? ¿Qué sucederá si pones colorante alimentario en el agua de un vaso de flores blancas? ¿Qué tiempo hará mañana? Si dispone de buenas razones o evidencias para apoyar sus predicciones, su hija estará actuando de un modo científico; si sólo adivina o da respuestas mágicas, no lo estará haciendo. Ser científico no significa necesariamente estar en posesión de la verdad. Significa tener razones y evidencias. Cuando se le preguntó a una niña pequeña por qué pensaba que llovería mañana, contestó: "Me lo dijo mi osito de peluche". La niña no estaba siendo científica, pero tenía razón –llovió. La ciencia no es la única forma de obtener una respuesta correcta, pero es la más fiable.

Idea clave: anime a su hija a predecir lo que sucederá después y que explique por qué

El mundo es un sitio peligroso. La curiosidad, en un niño pequeño, puede ser una amenaza para su salud y su seguridad. Ser científico es, en parte, ser consciente de los peligros del mundo físico. Cuando yo tenía tres años estaba fascinado con los enchufes. Quería saber qué sucedía cuando se introducía la clavija en el enchufe, de modo que metí los dedos para ver... y me llevé una descarga. Por suerte, sobreviví. Una mente inquisitiva puede llevar al peligro, de manera que tenemos que orientar a nuestros hijos para que sean conscientes de los innumerables peligros que les rodean. Una regla válida para un niño pequeño es decirle que tiene que *preguntar primero* antes de hacer o intentar hacer algo nuevo.

Los niños pequeños no son conscientes de lo peligrosos que pueden ser ellos o sus amigos. En cierta ocasión tuvieron que parar a un niño de cuatro años de edad cuando estaba golpeando una y otra vez la cabeza de su hermano pequeño con un juguete. "Sólo quería ver si salían estrellas de su cabeza", explicó. El niño había visto en los dibujos que a los personajes les 'salían estrellas' cuando se llevaban un golpe en la cabeza, y quería verlas al natural.

Claro está que no sólo tenemos que decir *qué* es peligroso, sino también *por qué*. No podemos erradicar todos los peligros, pero podemos hacer que nuestros hijos reconozcan los azares y los riesgos que les rodean en casa y en el mundo exterior. "Nunca juegues con cosas de casa sin permiso", sería una norma útil. ¿Qué peligros puede identificar su hijo en casa? ¿Qué accidentes podrían ocurrir? ¿Qué se puede hacer cuando tiene lugar un accidente?

Un niño de diez años llevó un champiñón a clase para enseñárselo a su profesora. Él y su amigo lo habían encontrado en el bosque. El chico quería probarlo, pero a su amigo le habían dicho que no comiera nada desconocido sin asegurarse antes de que no era dañino. La profesora identificó el 'champiñón' como una seta particularmente venenosa. Cada año, muchos niños mueren a causa de la curiosidad de saber a qué sabe algo que se han encontrado en el bosque o en el campo. Otra norma válida podría ser: Nunca experimentes sin preguntar antes.

Idea clave: enseñe a su hijo a tomar consciencia de la salud y la seguridad

En cuestión de salud y seguridad, no sólo tenemos una responsabilidad con nosotros mismos y con los demás, sino posiblemente con todos los seres vivos. Todos formamos parte del mismo mundo, o como dijo un niño de ocho años: "Si cuido de todos, también estoy cuidando de mí mismo".

Pero los accidentes seguirán sucediendo, y existe algo de interés científico hasta en las situaciones más poco prometedoras. Una mujer encontró en cierta ocasión a su hijo en la cocina, cubierto de harina hasta las cejas. "Sólo estaba experimentando", dijo el niño. "¡Muy bien," dijo la madre, "ahora deja que el experimento se aclare!"

Siete pasos para la inteligencia científica

- Haga que su hija observe las cosas con atención.
- Hágale preguntas acerca de lo que ve, toca, escucha, siente y huele.
- Ayude a su hijo a comprobar las ideas y a experimentar con el fin de ver lo que sucede.
- Vea si su hijo puede explicar por qué sucede algo.
- Ayude a su hija a dar nombre, a identificar y describir las cosas con precisión.
- Anime a su hija a hacer predicciones de lo que sucederá después y que diga por qué.
- Enséñele a su hijo a ser consciente de la salud y de la seguridad.

5

Ver Más

El desarrollo de la inteligencia visual y espacial

Mirar con atención es pensar.

Salvador Dalí

Puedo recordar lo que veo, pero no lo que dicen las personas. No sé por qué.

Jamie, 9 años

A Jamie le gusta garabatear en las libretas. Aprende a través de la vista. Háblale de cualquier cosa e inmediatamente lo olvidará; muéstrale una imagen de esa cosa y es mucho más probable que lo recuerde. No le gusta demasiado hablar o escribir. Le gustan los dibujos y los colores. Sea lo que sea lo que esté aprendiendo, lo que le chifla es dibujarlo. En cierta ocasión, en que se le pidió que contara cuáles eran sus sueños despierto, dijo: "Veo dibujos en mi mente".

Cuando le cuentan una historia, a Jamie le encanta cerrar los ojos y visualizarla. Disfruta dibujando en su tiempo libre -suele dibujar laberintos, monstruos y batallas-, y se ayuda del ordenador para trazar e imprimir sus dibujos. Se le da bien la lectura de mapas y sabe encontrar su ruta por ellos, pero no es bueno siguiendo direcciones. No le cuesta ver dónde tiene que ir, pero le cuesta mucho recordar dónde le han dicho que tiene que ir. Dado que le encanta lo visual, se 'engancha' fácilmente con la tele y, si tiene ocasión, se pasa horas y horas mirando cualquier cosa que pongan. Para él, el mundo visual y espacial son una fuente de aprendizaje y de deleite, pero también pueden ser una droga. Lo que Jamie necesita es experiencia visual, que es algo más que experiencia tele-visual.

Jamie tiene una buena inteligencia visual pero, ¿qué es eso y cómo se puede desarrollar?

¿Qué es la inteligencia visual y espacial?

La inteligencia visual se relaciona con la visión, posiblemente nuestro más importante medio para recabar información, y es una capacidad clave en cualquier niño. Decir 'ya veo' suele ser una forma de decir 'ya comprendo'. La visión tiene que ver con el conocer, no sólo con el mirar. Los ojos de un niño pueden funcionar a la perfección, pero su cerebro puede ignorar o no reconocer las señales visuales. De ahí que convenga ayudarle a 'ver' y a darle significado a lo que ve. Un televisor puede funcionar bien, pero no resultará muy útil si no dispone de una buena recepción, es decir, si no dispone de la capacidad de decodificar la señal visual de manera que resulte comprensible al ojo humano. Muchos problemas de aprendizaje provienen de una percepción pobre. Un niño puede ver bien, pero la recepción de lo que ve puede que no sea buena. Este capítulo trata del ver más, es decir, de mejorar la percepción visual de su hijo, su recepción de lo que ve. Como comentó un niño mientras intentaba resolver un pasatiempo de 'Busca las Diferencias': "¡Espera, que creo que tengo que ajustar mi control de imagen!"

Pero no sólo es importante lo que su hijo ve, sino también lo que recuerda. Gran parte del pensamiento de un niño tiene lugar en el mundo de las imágenes recordadas. Su hijo tiene un almacén de imágenes en la mente, un almacén que constituye su memoria visual. Una buena memoria visual es muy importante en todo aprendizaje, pero es especialmente importante en el aprendizaje de la lectura y la escritura. La palabra escrita o impresa es una especie de imagen que su hijo tiene que ver y recordar, y las matemáticas también exigen una buena memoria visual en términos de números, formas y estructuras.

Hasta un simple dibujo puede ofrecer problemas que necesitan soluciones. Mark, de cinco años, estaba haciendo un dibujo de un jardín. Con sumo cuidado, pintó una franja azul cruzando la parte superior del papel y una franja verde cruzando la parte inferior. Sabía que el cielo estaba allí arriba y la hierba allá abajo, de manera que los pintó así. Pero, entonces, su madre le preguntó, "¿Pero qué hay en medio, Mark?", y aquello le hizo fruncir el entrecejo. "No lo sé", respondió. Para hacer visible un paisaje o un objeto, lo primero que tiene que hacer uno es captar los elementos esenciales. Cualquiera que se haya puesto a dibujar, a seguir un diagrama complicado o una ruta sabe lo difícil que puede llegar a ser trabajar con el pensamiento visual y espacial.

La inteligencia visual es la capacidad de ver las cosas con precisión, ser capaz de recrear lo que uno ve y de aprender de lo que uno ve. La inteligencia espacial es la que se utiliza para situarse y orientarse en el espacio, así como para reconocer la localización de los objetos en ese espacio, como puede ser el encontrar la pieza de rompecabezas que encaja en determinado lugar o un camino a través de un laberinto. Sabemos que es el hemisferio izquierdo del cerebro el que se utiliza para el lenguaje, mientras que el pensamiento visual y espacial radican en el hemisferio derecho. Las lesiones en las zonas específicas del hemisferio derecho que se encargan del proceso de datos visuales y espaciales puede llevar a la persona a que no reconozca rostros, a que no sepa encontrar el camino a determinado lugar y a que le pasen desapercibidos muchos detalles. La mayor parte de las materias escolares requieren del pensamiento del hemisferio izquierdo, mientras que el pensamiento visual se corresponde con el derecho. Lo malo de las materias escolares es que no dejan tiempo para las artes visuales, de ahí la importancia de proporcionarle a su hijo suficientes experiencias visuales y espaciales en el hogar.

Todos los niños nacen con inteligencia visual, pero algunos niños, como Jamie, aprenden mejor a partir de la información que les llega a través de la vista. Estos niños necesitan ver las cosas para recordarlas. Tanto si pertenece a este grupo como si no, su hijo vive en un mundo visual, y gran parte de su aprendizaje lo va a tener que realizar a través de la vista. Tiene que desarrollar un 'ojo inteligente'. A cualquier niño se le puede enseñar para que vea más, y cuanto más desarrolle su inteligencia visual más aprenderá y más creativo visual se hará. Esto implica la capacidad visual de ver contorno, color, forma y textura con el 'ojo de la mente', como Jamie, y la capacidad creativa para representarlo de un modo artístico.

Algunas carreras, como el diseño, la ingeniería, la arquitectura, el arte, la botánica y la navegación, dependen de un pensamiento visual y espacial bien desarrollado. La inteligencia visual espacial es necesaria para toda forma de resolución de problemas que requieran la visualización de objetos y estructuras –por ejemplo, cada vez que consultamos un mapa, reconocemos una estructura, formamos una imagen mental o hacemos un dibujo.

El desarrollo de la inteligencia visual de su hija

La inteligencia visual utiliza las imágenes para aprender, y usted la puede desarrollar en su hija enseñándole a mirar las cosas con detenimiento, a visualizarlas con su 'ojo mental' y a hacer sus propias imágenes. Anime a su hija a dibujar, a pintar y a hacer modelos; estimúlela para que mire las cosas desde distintos puntos de vista, para que aprenda a interpretar mapas y a usar gráficos.

Desarrollando la inteligencia visual y espacial su hija va a mejorar en la comprensión del espacio y va a ver más detalles en todo lo que observe. Hay niños que, de forma natural, están mejor sintonizados que otros con respecto a lo visual. Piensan en imágenes, crean ricos cuadros mentales, les gusta el arte y no tienen dificultad en la lectura de mapas, gráficos y diagramas. Ven más cosas en el mundo que nos rodea que otros niños. Pero, tanto si su hija es una aprendiz visual como si no lo es, puede desarrollar su inteligencia visual, sea cual sea su edad.

He aquí algunas reacciones posibles de su hija ante el pensamiento visual y algunas formas en que se le puede ayudar:

¿Cómo se desarrollla la inteligencia visual?

La inteligencia visual se desarrolla a través de la experiencia, y esta experiencia se puede enriquecer con lo que sucede en el hogar. Se inicia con la observación y la asimilación que realiza la niña en sus diferentes percepciones del mundo que le rodea. El cerebro analiza la información que le viene de los ojos para distinguir los diferentes colores, contornos, formas y texturas, así como profundidades, dimensiones y relaciones espaciales. Así pues, haremos bien en ofrecerle un rico entorno visual. Jane es una madre que intenta hacer las cosas así. Le da a su hija de pocos meses juguetes de colores vivos y variados, y le cuelga sobre la cuna un móvil de formas diversas, mientras que su compañero, Joe, ha pintado un mural multicolor en la pared del dormitorio, un mural con animales, un castillo, globos flotantes y una vaca saltando sobre la luna. Ambos intentan darle a su hija algo nuevo para observar cada día.

Saben que la inteligencia visual precisa del uso de las manos tanto como del de los ojos, tanto para hacer dibujos como para mirarlos. La niña

Si su hija/o	**Lo que puede hacer usted**	**Lo que su hija/o puede aprender**
Cree que no es buena con el dibujo y los trabajos artísticos	Cómprele lápices y cuadernos de dibujo interesantes, juegue con ella a juegos artísticos y rompecabezas	Se puede dar cuenta de que el dibujo y los trabajos artísticos pueden ser una divertida forma de comunicarse, al tiempo que, poco a poco, puede comenzar a sentirse orgullosa de su trabajo
No muestra interés en las imágenes visuales o en el uso de su 'ojo mental' para crear imágenes mentales	Invítelo a que 'visualice con el ojo de la mente' cuando le cuente una historia o le describa una escena	Que el uso de imágenes mentales ayuda a recordar y a representar la información visual
Es buena en arte y diseño, y tiene una vívida imaginación visual y espacial	Ofrézcale materiales y métodos de arte nuevos para que haga sus dibujos, visiten galerías de arte y active su imaginación	Puede comprender que se aprende más mediante una observación cuidadosa, y darse cuenta de que el arte es placentero y ofrece un gratificante sentido del logro.

tendrá que desarrollar los músculos de la mano y el brazo para controlar los lápices y los pinceles, y con el tiempo será capaz de dibujar y pintar, desarrollando aún más su inteligencia visual. Jugarán con juegos 'artísticos', mirarán juntos las imágenes de enigmas, laberintos y mapas de las historias; imaginarán el aspecto de personas, lugares y cosas, y harán dibujos detallados e imaginativos. Intentarán desplegar la inteligencia visual de su hija mostrándole diseños, patrones y dibujos poco habituales, divertidos y llenos de colores, y estimularán su interés por el arte. Es posible que la niña nunca llegue a ser una gran artista o diseñadora, pero ellos habrán hecho todo lo posible para desarrollar su capacidad para ver y representar las cosas visualmente, y para aprender de lo contemplado.

El proceso de desarrollo de la inteligencia visual de su hija implica: un input (usted proporciona ciertos estímulos), un output (su hija hace cosas) que llevan al autocontrol (su hija aprende por sí misma):

INPUT — Usted estimula a su hija proporcionándole un entorno sensorial rico, con cosas interesantes para ver y tocar.

OUTPUT — Conversando acerca de diferentes colores, contornos, formas, texturas y de información visual. Animando a la niña a tomar notas visuales, a dibujar, pintar y modelar.

AUTOCONTROL — Motivando a su hija para que busque realizar sus propias actividades creativas. Dando oportunidades para complejas experiencias visuales, como el ajedrez, los juegos de ordenador, o visitando galerías de arte.

Parte de las evidencias más antiguas de actividad humana nos han llegado en forma de imágenes pintadas en las paredes de las cavernas. Con estas pinturas, las gentes de la antigüedad pudieron compartir sus historias, y nos dieron imágenes mentales de hace mucho tiempo. Estos dibujos no eran meros garabatos, sino el resultado de una atenta observación de personas y animales, así como un signo de crecimiento de la inteligencia humana y la cultura.

En todas las sociedades, los niños disponen de una cultura enriquecida con los modelos, los diseños y los colores de sus gentes. La cerámica, la pintura, la ropa, el diseño y la arquitectura reflejan los colores y las formas naturales de la región y de la historia de ese pueblo, y en nuestra sociedad, a los niños se les da información no sólo de una cultura en particular o de una serie de modelos visuales, sino que tienen acceso también a las experiencias visuales del mundo y de una gran variedad de culturas. La riqueza visual del mundo es mayor ahora de lo que nunca haya sido, y podemos ayudar a nuestros hijos si compartimos con ellos las artes visuales de otros tiempos y culturas.

Todo dibujo, a menos que sea un garabato, es una actividad de resolución de problemas. ¿Cómo vas a representar lo que quieres representar? ¿Dónde vas a establecer los marcos? ¿Pueden ver los demás lo que se expresa? El dibujo conlleva muchas habilidades del pensamiento, al igual que la evaluación crítica de las obras de arte y del diseño. Otras formas de resolución de problemas espaciales engloban la visualización de objetos 'en el ojo de la mente' (¿puedes verlo desde diferentes ángulos?), y los juegos de estrategia visual como las damas, el ajedrez y el Otelo. Todos aprendemos a través de la vista, pero todos los aspectos de nuestro aprendizaje se pueden beneficiar con la práctica del pensamiento visual.

A continuación se dan algunos ejemplos del uso del 'ojo de la mente' para resolver problemas:

- Mary está leyendo un libro con su madre. Su madre juega al 'Veo, veo' con ella, que tiene que encontrar algo muy pequeño en un dibujo del libro. (La serie de libros de ¿*Dónde está Wally?* es buena para esto.)
- John está a punto de intentar algo que nunca ha logrado hasta ese momento. Está tomando parte en una competición de salto de altura, y el listón se ha puesto a un nivel al cual nunca antes había conseguido llegar. John cierra los ojos y evoca una visión. En el 'ojo de la mente' se ve dando largas y fáciles zancadas, y después se ve saltando y arqueando el cuerpo sobre el listón. El verse a sí mismo logrando su objetivo le da más confianza. Abre los ojos y se dispone a iniciar su salto...
- Jane tiene un problema mientras está repasando para su examen. La información que hay que recordar es excesiva, y está toda dispersa en diferentes páginas, en diferentes libros. Abre su libreta y escribe en mitad de la página una palabra que sabe que saldrá en el examen. Alrededor de esta palabra escribe otras que recuerda. Las circunda y

enlaza los círculos con líneas, y escribe otras palabras a lo largo de las líneas para mostrar cómo se relacionan. Esto es un mapa mental que podrá recordar si se queda atascada en el examen. Al hacer un dibujo con las palabras, podrá evocarlo ante el ojo de la mente si lo necesita.

> **¿Sabía usted que...?**
>
> Picasso siguió desarrollando y ampliando su inteligencia visual a lo largo de toda su vida. Cuando murió, a los 92 años de edad, había llenado 170 libretas de notas con esbozos, dibujos e ideas experimentales. Siempre vio todo esto como el material bruto a partir del cual realizaba el trabajo final.

¿Qué puede hacer usted para ayudar?

Hay niños a los que les resulta difícil comunicarse con palabras, pero les es mucho más fácil describir algo con imágenes. Otros prefieren hablar, leer o escuchar, pero no les gusta dibujar. Todos los niños necesitan que se les den oportunidades para desarrollar su inteligencia visual, tanto si es su forma preferida de aprendizaje como si no. Todos son capaces de desarrollar sus habilidades visuales si se les presta ayuda y se les anima.

Lo que viene a continuación son algunas ideas clave para ayudar a desarrollar el pensamiento visual.

Los niños desarrollan la inteligencia visual cuando...
- aprenden a mirar
- dibujan con atención
- pintan
- diseñan y modelan
- estudian y discuten acerca de los dibujos
- visualizan imágenes en el 'ojo de la mente'
- hacen mapas mentales

Aprender a mirar

Para darle sentido a lo que se ve la mente debe de estar activa. Una prueba de que la mente está activa al dar sentido a lo que se ve es la presencia de ilusiones ópticas. Observe el siguiente dibujo. La misma imagen puede representar diferentes formas, pero sólo si su cerebro puede darles sentido. Su cerebro está diciendo que lo que ve sólo puede ser lo que parece. Sin embargo, si se le dice que puede ver el mismo dibujo de una forma diferente, y sus ojos y su cerebro trabajan en ello, de pronto verá que puede verse cualquier otra cosa. A los niños les suelen fascinar las ilusiones ópticas, porque son rompecabezas que le toman el pelo al cerebro y estimulan el pensamiento visual.

Usted se engaña con la perspectiva cada vez que mira la foto de un paisaje. La foto es plana, y sin embargo parece tener profundidad. No es más que una ilusión óptica, la ilusión de que las líneas convergentes se desvanecen en la distancia. Los increíbles dibujos de Escher explotan ésta y otras ilusiones visuales. El problema del cerebro es cómo darle sentido a un mundo tridimensional utilizando información procesada a través de la retina bidimensional de los ojos.

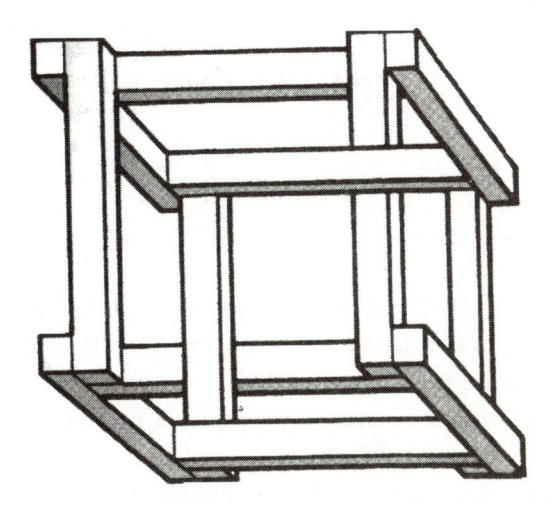

En el centro visual del cerebro hay diferentes células que se ocupan de diferentes tipos de información visual. Unas células se ocupan del color, otras de diferentes características visuales como las líneas, los bordes y los ángulos. Cada célula cerebral asimila pequeñas cantidades de información; lo que tienen que hacer luego es conectar esta información con la información de otras zonas del cerebro (como la de la inteligencia verbal, que etiquetará lo que se ve) y la memoria (por ver si se puede relacionar con elementos que recordamos). La forma de una naranja, por ejemplo, se reconoce gracias a una serie de neuronas; su color, por otra serie; su posición en el espacio, por otra. Lo que vemos lo crea la mente al combinar estos fragmentos de información. Ésta es la razón por la cual la mente puede recrear sensaciones visuales (como en los sueños) cuando no estamos usando los ojos, y a través de la visualización (utilizando lo que llamamos el 'ojo de la mente').

El inconveniente de la información visual es que nos podemos perder mucho material por culpa del hábito cerebral de excluir información que considera irrelevante. El cerebro elimina lo que cree que no necesita, y va a lo que considera que es la interpretación obvia. Por ejemplo, en este cuadro

> YO
>
> AMO
>
> LONDRES EN LA
>
> LA PRIMAVERA

Mucha gente no se da cuenta de que se repite 'la' en el texto.

Hay que enseñar a mirar a los niños, a ver más allá, a ver más y aprender más de lo que están mirando. Tenemos que enseñarles a observar con detenimiento la forma, el tamaño, el color, la hechura, los detalles, las señales, etc. Pero, ¿por dónde empezar?

Una forma de desencadenar el pensamiento visual es ofreciéndole a su hijo un rico entorno visual de patrones, formas y diseños. Muéstrele imágenes, modelos y objetos inusuales y llenos de color. Recuerde que su hijo sólo puede asimilar determinada cantidad de estímulos de una sola vez, de modo que no lo bombardee con demasiados elementos visuales, pues esto sería como tapar su mente con un muro en blanco. Uno de los inconvenientes de la vida moderna es que se nos somete a una fuerte sobrecarga visual, y nuestra mente se desconecta ante tantas imágenes como se nos disparan desde pantallas, vallas publicitarias y señales. Así, filtramos lo que no queremos ver, y a veces nos perdemos cosas importantes, como la flor a la orilla del camino o la calle que pretendíamos tomar. No tenemos control sobre el mundo visual de nuestra vida pública, pero sí que podemos controlar ese mundo en nuestras casas.

Comience con el dormitorio de su hijo. Si es lo suficientemente mayor, permítale que discuta con usted cómo decorarlo. Analicen posibles esquemas de color, y pongan un tablón de anuncios, de manera que carteles, dibujos y otros objetos visuales se puedan exponer o cambiar con facilidad. Propóngale objetos interesantes, como caracolas, fósiles y plantas. Anímele para que exponga sus propios dibujos y pinturas, y ofrézcale fórmulas baratas para que los enmarque. Busquen un buen lugar para almacenar, coleccionar y amontonar fotografías. Estudien diferentes patrones y diseños para objetos decorativos del cuarto, como las cortinas o las colchas. Coleccione fotos y tarjetas postales que algún día puedan interesar a su hijo, y si tiene previsto empapelar la habitación, analice con él los diseños y los catálogos de papel pintado. Implíquelo en conversaciones acerca de cómo diseñar y decorar otras habitaciones de la casa.

En cierta ocasión, uno de nuestros hijos nos dijo que quería decorar toda su habitación en azul –las paredes, el techo, la ventana y los muebles. Había estado observando y pensando acerca de su entorno, y quería volver a decorarlo. ¿Debíamos de permitirlo? Después de discutir los esquemas de color y los tonos de azul, y después de acordar que él se encargaría de la mitad de la decoración, le dejamos que tuviera su dormitorio azul. Y así, un azul pálido sustituyó a los multicolores murales que yo había pintado cuando era un bebé, y el techo se hizo azul oscuro, un fondo particularmente efectivo para las estrellas fosforescentes que dispuso en él. El rico entorno visual del dormitorio se hizo suyo. Tras nuestro input y su esfuerzo, ahora tenía su entorno azul.

Si quiere que su hijo se pare a pensar, tiene que darle algo interesante que mirar. Lo que los niños necesitan es un entorno que resulte visualmente estimulante, no las desnudas paredes color pastel que algunos padres proporcionan. Los sentidos de los niños se estimulan a través del contraste. Su hijo va a estar mucho tiempo en su dormitorio o en la guardería, así que dele algo de interés visual. Estimule los sentidos de su bebé con atrevidos dibujos y patrones llenos de contrastes, en blanco y negro, con un móvil, un espejo y un cuadro a los que mirar. Cuelgue campanillas de las que se mueven con el aire, serpentinas de colores o cometas en el techo. Coloque objetos interesantes en el alféizar de la ventana, y una reproducción de un cuadro famoso en la pared. Cuando crezca, anímelo a que exponga sus propios dibujos en las paredes, y no olvide darle novedades al entorno de su hijo, para satisfacer así esa pregunta no formulada de todos los niños brillantes: "¿Qué hay de nuevo?"

Si van de viaje, anímelo para que se traiga a casa algo de interés visual, algo para sentir, estudiar y mostrar. Picasso dijo en cierta ocasión, "Yo no busco, encuentro". Anime a su hijo para que sea un 'encontrador' de naderías impensables, como hojas, piedras u otros objetos naturales, y comente con él lo que resulta especial de sus descubrimientos –los colores, las formas, las texturas. Encuentre usted también tesoros que compartir con su hijo. Una anciana mujer tenía una artimaña infalible para interesar a sus sobrinos cuando iban a visitarla. La mujer decía, "¿Os gustaría ver lo que tengo en mi Caja de los Tesoros?", y siempre tenía algo nuevo que mostrar, como una joya, una tarjeta postal antigua, una caracola, un recuerdo o un animalito de madera. De aquel modo demostraba que las pequeñas cosas de la vida son a veces las más importantes.

Una buena forma de conservar elementos de interés visual es fotografiarlos. Puede ir añadiendo las fotos que haga, o las que recorte de las revistas, a su tablón de anuncios o a su álbum de recortes. Fotografíe las obras de arte de su hijo, en especial las que no sean perdurables, como los disfraces, las figuras de nieve y los castillos de arena. Los niños de hasta cinco años pueden aprender a hacer buenas fotos, y puede valer la pena regalarles su propia cámara (preferiblemente con autoenfoque y flash). Así, los niños se enfrentarán con sus propios enigmas visuales. Como dijo en cierta ocasión Claudine, de seis años: "¿Por qué las fotos nunca salen como las ves tú a través de la cámara?"

Idea clave: enséñele a su hijo a pararse a mirar

Dibujar para aprender
"Deberíamos de hablar menos y dibujar más", dijo en cierta ocasión Goethe. Dibujar, copiar, calcar y pintar son actividades que pueden ayu-

dar a una niña a que el mundo que le rodea tome sentido. El dibujo también le permite a la niña hacer visible lo imaginario. El dibujo y las actividades artísticas también pueden ser una ayuda en la celebración de cumpleaños o fiestas, y pueden permitirle a la niña expresar sus preocupaciones y ansiedades, como los fantasmas y los monstruos de su imaginación. El dibujo estimula la inteligencia visual, y puede convertirse en un medio a través del cual desarrollar los sentimientos de la belleza, la armonía y el orden. "Cuando dibujo," decía Fiona, de cinco años, "siento que me hago cargo del mundo".

El dibujo es, para muchos niños, la forma más sencilla de expresar su creatividad, y algunos de ellos son capaces de mostrar una completa libertad en el uso de la forma y el color para expresar sus ideas. En este sentido, su trabajo es como el de los artistas consagrados. Picasso dijo en cierta ocasión, "Cuando era niño podía dibujar como Ticiano, pero me ha llevado toda una vida aprender a dibujar como un niño". Recuerde que el *acto* de dibujar, si se realiza con cuidado, es más importante que *aquello* que su hija dibuja. Esos dibujos le darán pistas de lo que es interesante o importante para ella en cada momento. Déjala que dibuje para estimular su imaginación y jugar con las ideas. Pueden darse algunos resultados sorprendentes. Un profesor le preguntó a un niño qué es lo que iba a dibujar.

- A Dios –respondió el chico.
- ¡Pero, si nadie sabe qué aspecto tiene Dios! –exclamó el profesor.

El niño empezó a dibujar, y dijo:

- Pronto se sabrá.

¿Sabía usted que...?

El pintor Paul Klee dijo que el dibujo era la experiencia más importante de su vida, e intentaba que no pasara ni un día sin hacer algún dibujo. Comentó que todo su arte se podía resumir en "tomar una línea para dar un paseo".

Para dibujar, usted tiene que proporcionarle a su hija todo un juego de bolígrafos, lápices, colores y pinturas. Pruebe a darle materiales diferentes en días diferentes, por ejemplo, diferentes juegos de lápices de mina, pinturas de cera, lápices de colores, rotuladores, tizas, carboncillos y una gama de bolígrafos. Dele un cuaderno de dibujo o una libreta de notas. Proporciónele cantidad suficiente de papel en blanco, y un lugar en el cual dibujar. Guarde todos los dibujos interesantes que haga su hija siendo pequeña; posteriormente, cuando se haga mayor, le encantará ver sus primeros garabatos, dibujos y trabajos artísticos.

Provea las experiencias que la estimulen a dibujar, indicándole modelos, personas, animales, automóviles, casas, árboles o personajes de los dibujos animados. Enséñele a su hija a *mirar* de verdad.

Interésese por lo que dibuja o pinta, pero no la interrogue. Es mejor invitarla a que comente lo que hace diciéndole, "Háblame de tu dibujo", que invitarla a dar una respuesta de una sola palabra ante una pregunta como, "¿Qué pretende ser eso?" Darren dejó de mostrar sus dibujos tras cierto día en que su padre, señalando uno de ellos, le dijo: "Eso no me parece un caballo". Darren dejó de dibujar caballos, y muchas cosas de las que pasaban por su cabeza se quedaron para siempre sin ser dibujadas. Cuando su profesor le pedía que dibujara algo en la escuela, Darren respondía, "No puedo dibujar".

Valore la originalidad, recordando que es el dibujo de su hija, no el suyo. No espere que su hija dibuje como usted o que dibuje lo que usted quiere. Respete su creatividad, aún cuando no siempre sea digna de elogio. Recuerde que los signos de desarrollo en el dibujo reflejan el desarrollo de su pensamiento visual.

Entre las pistas que le van a indicar el desarrollo de su hija en el dibujo se encuentra, por ejemplo, si toma una visión general de la *imagen como un todo* o si está dibujando simplemente elementos separados que sitúa juntos (como el niño que pintaba la hierba en la base del papel y el cielo azul en la parte superior). Ayúdele a ver que esos detalles de patrón y forma, así como la totalidad del objeto, se encuentran incluidos en la imagen. Vea cuán inventiva es su hija, por ejemplo, ¿cuántas cosas puede dibujar partiendo de una forma simple como un círculo (una bola, un hocico, una cabeza, un agujero, una manzana, etc.)? Propóngale desafíos creativos con dibujos, como puede ser el de hacer un garabato y ver hasta dónde es capaz de llegar incorporándolo en un dibujo más elaborado.

Entre los cinco y los diez años, los dibujos de los niños se convierten normalmente en una fórmula ensayada, con personas y casas estereotipadas. Usted puede ayudar a su hija a ir más allá indicándole diferentes tipos de casas, o pidiéndole que no sólo dibuje gente de pie, sino también haciendo cosas. Dos de las formas que existen para estimular el desarrollo en el dibujo son:

1 Las ideas creativas
Ser creativo significa dibujar algo que alguien nunca haya visto. Pídale a su hija que:
- dibuje algo que no sea visible, como un sonido o un estado de ánimo;
- dibuje el interior de un cuerpo o de un aparato;
- dibuje un mapa como el de la isla del tesoro, o un laberinto;
- dibuje un invento que resolverá un problema, como de qué forma levantarse por la mañana;
- dibuje algo con los ojos cerrados;
- haga un dibujo al azar por el sistema de "tomar una línea para dar un paseo". ¿Qué puede ver en ella? ¿Puede finalizarla?
- diseñe su propia ropa, su equipo deportivo o una casa del futuro;
- vea cuántas cosas puede dibujar a partir de un círculo. Pruebe luego con otras formas.

2. La observación detallada
Pídale a su hijo que observe cuidadosamente una flor y que la dibuje con tanta precisión como sea capaz. Cómprele un cuaderno de dibujo y anímelo a dibujar cuando vayan de excursión. El dibujo a partir de la observación es algo dificultoso. Lo que cuenta es el 'hacerlo', no el dibujo terminado. Espere que su hijo cometa errores (tenga una goma de borrar a mano, pero no le anime a usarla demasiado a menudo). Que dibuje algo desde distintos puntos de vista. Cambien de lugar en la habitación para conseguir nuevas perspectivas.

He aquí algunas ideas que pueden ayudar a dibujar y a pintar a su hijo:

Que pinte un libro:	Pídale que haga su propio cuadro de su libro o historia favoritos.
Que dibuje el alfabeto:	Que haga un libro alfabeto con una letra en cada página, acompañada por un dibujo de algo que empiece por esa letra.
Una pintura postal:	Pídale que haga una pintura para enviarla junto con una carta, de usted o de él, a un amigo o familiar.

Que pinte una mascota: Dígale que dibuje o pinte a su mascota.
Que pinte sus diseños: Anímelo a diseñar su propia bandera, su escudo, sus sellos, sus monstruos, su castillo mágico, sus ropas, distintivos, zapatos, bolsa, camiseta, automóvil, etc.

Idea clave: anime a su hijo a que dibuje con cuidado y atención al detalle

La práctica de la pintura

El dibujo se ocupa de la línea y de la forma, pero la pintura introduce el elemento del color. Al igual que con el dibujo, la habilidad para pintar de un niño se desarrolla por etapas, la primera de las cuales es la del juego. El niño pequeño juega con la pintura más que pintar, mientras que el niño mayor está más interesado en pintar que en jugar con la pintura. Pero esas primeras experiencias de juego son muy importantes, pues es con la práctica y la experiencia que el niño aprende a manejar el pincel y a controlar el flujo y la mezcla de pintura. Estos primeros experimentos son cruciales para el desarrollo posterior.

El entrenamiento físico en las habilidades de manipulación también es muy importante (para ver más sobre esto, ver Capítulo 7). Las manos de su hijo son, después de su mente, sus principales herramientas para resolver problemas –esenciales para trabajos que requieren habilidades manipulativas, como la cirugía y la mecánica. Esta primera fase de práctica y experimentación puede llevar muchos años, incluso hasta los ocho o nueve años de su hijo.

Picasso decía que todas sus pinturas eran experimentos, y en su ancianidad seguía manteniendo su enfoque lúdico de la pintura. Para él, ésta era una investigación muy seria, y para su hijo también puede ser una actividad muy seria el jugar con los colores, aún cuando su pintura se convierta en una maraña de papel empapado y saturado de pinceladas que querrá que usted valore. Porque, el que sea un juego, no significa que carezca de importancia. El niño puede estar aprendiendo mucho acerca de pinturas, colores, consistencia y textura -¡sea lo que sea que le parezca a usted el resultado!

Sobre los siete años, los niños se hacen más conscientes y más críticos consigo mismos. Póngase en guardia ante este crecimiento de consciencia propia. En esta etapa, los niños suelen mostrarse insatisfechos con sus dibujos y sus pinturas, y ese es el momento de prestarles ayuda. Recuerde, su hijo va a necesitar más ayuda cuanto más mayor sea, no menos.

Cuando tenga que ayudarle, haga todo lo posible para que sea él el que resuelva los problemas por sí mismo, en vez de resolvérselos usted. En ocasiones, la solución estribará en persuadirle para que insista un poco más; en otras ocasiones quizás necesite un poco de interés y ánimos, mientras que en otras es posible que tenga que dejarlo y volver a intentarlo en otro momento. Por otro lado, no se entrometa si ve que su hijo está trabajando feliz y espontáneamente en su tarea creativa, y cuando haya finalizado no le sorprenda su rápida pérdida de interés en lo que ha hecho. El placer lo encontraba su hijo en la acción, y es a usted a quien le corresponde evaluar el producto final.

> ### ¿Sabía usted que...?
> El pintor Matisse se encontraba en cierta ocasión exponiendo sus pinturas en una galería cuando un visitante le señaló una de ellas y le dijo: "No se le parece demasiado a una mujer". Y Matisse respondió: "No es una mujer, es una pintura".

La pintura, como el dibujo, es una de las formas en que su hijo puede ejercitar su inteligencia visual. Usted no está ahí para enseñarle 'arte' o pintura, sino para ampliar sus experiencias y animarle en su esfuerzo. Es posible que los objetos que pinta su hijo no siempre le resulten reconocibles a usted, pero si dice que el borrón verde es un perro dando un paseo, no hay duda, eso es lo que es. Habrá veces en que los niños pintarán sólo con un color por todo el papel. Peter, de seis años, se metió en una de estas fases en 'azul'. Hacía todas sus pinturas en azul. Más de una docena de pinturas, todo azul. Su profesora estaba preocupada, de manera que le preguntó a un experto en arte infantil qué significaba aquello. "¡Que le gusta el azul!", fue la respuesta. La excitación que puede provocar determinado color puede ser tan intensa que el niño puede estar repitiéndose una y otra vez.

También puede ocurrir que su hijo quiera pintar un objeto una y otra vez, para después aburrirse con él y necesitar más ideas. Es posible que pregunte: "¿Y qué pinto ahora?" Esperemos que no sea como Michelle, una niña de siete años que no podía pintar nada a menos que alguien le dijera qué tenía que pintar. Su creatividad y su confianza en sí misma estaban minadas por un progenitor sobreprotector. Cada pocas pinceladas decía, "¿Lo estoy haciendo bien?" Había crecido con la creencia de que la pintura, como casi todo, tenía que estar 'bien' hecha, y que no era una actividad que ella pudiera disfrutar por sí misma y que sus padres vieran como algo útil para ejercitar la inteligencia visual, fuese cual fuese el manchurrón que surgiese del invento.

Si su hija se queda bloqueada y sin saber qué pintar, hable con ella de las cosas que haya experimentado o disfrutado recientemente, de excursiones, cuentos, de la televisión o de un tebeo. Que pruebe a dibujar o pintar con un propósito –por ejemplo, haciendo tarjetas de cumpleaños, de invitación o tarjetas de Navidad.

Tu pintura es un caos

¡Sí, pero es un caos creativo!

Lo que su hija va a necesitar es un lugar donde trabajar y un buen surtido de materiales. Los niños suelen contentarse con cualquier tipo de materiales que les proporcionen sus padres, por lo que será una buena idea el no darle demasiados materiales o todos los materiales de una vez. Una mujer se quejaba en cierta ocasión, "Le he comprado todas las pinturas y pinceles que quería. ¡Hasta Picasso se habría sentido afortunado! ¡Pero no quiere pintar!" Guárdese algunas ideas y materiales para un 'día lluvioso' en que su hija esté aburrida. Dele unos cuantos colores en vez de todas las pinturas, y unas cuantas hojas de papel en vez de todo un cuaderno de dibujo. Que pinte con diferentes formas de papel, o que use cajas, papel sobrante, cartón, etc.

> **¿Sabía usted que...?**
>
> El pintor más joven que ha exhibido su obra en la Royal Academy Summer Art Exhibition de Londres fue Lewis Lyons, que, en 1967, cuando tenía cinco años de edad, exhibió un cuadro titulado 'Árboles y Monos'.

Hay muchos libros que le pueden aportar ideas sobre pintura con su hija. He aquí algunas ideas:

Vayan a hacer esbozos
Hagan un viaje con un cuaderno de dibujo (o una cámara) a un lugar interesante. Que dibuje lo que vea, y que le ponga color a su esbozo favorito después.

Copiar un cuadro
Que copie una impresión de su imagen, pintura, postal, foto o recorte de revista favorito.

Pintar un objeto
Busque un guijarro o un objeto interesante para pintarlo, como puede ser un bote viejo o una bandeja, y luego barnícelo, para darle un acabado brillante y protector.

Hacer un montaje
Recorten imágenes de las revistas, dispónganlas y péguenlas sobre papel, y por último que lo pinte a su gusto.

Diseño abstracto
Que se lleve una línea 'a pasear' por el papel, en cualquier dirección, de manera que forme un patrón con espacios. Luego, que ponga color a los espacios para hacer un diseño abstracto.

Busque un lugar para exponer las obras de arte de su hija, llévela a exhibiciones artísticas y coleccione imágenes y postales que pueda compartir con su hija o que pueda ella consultar en busca de ideas.

Idea clave: anime a su hija a pintar

Trabajos manuales

Los niños tienen que aprender a ver líneas, formas y colores, así como formas físicas en el espacio. Necesitan experiencia en el manejo de objetos grandes (por ejemplo, el tacto de una escultura) y pequeños (como el encaje de objetos diminutos en una caja de cerillas). Una buena forma de estimular la comprensión de las formas físicas de objetos tridimensionales es que creen algo por sí mismos, a través de un trabajo creativo.

Todos los trabajos creativos pueden contribuir a la comprensión visual si utilizan de forma hábil y creativa las manos y los ojos. Anime a su hija a que haga patrones propios en lugar de patrones programados previamente –por ejemplo, sus propios títeres, espantapájaros o esculturas de arena–, y, cuando se haga mayor, pase a trabajos manuales más exigentes, como la marquetería, el punto y el bordado, elevando así los niveles de habilidad y de atención al detalle.

Un antiguo arte que se puede realizar en casa es el modelado. Existen muchos tipos de materiales para modelado que se pueden utilizar, algunos de ellos naturales, como la masa o la arcilla, y otros artificiales, como la plastilina. ¿Podría su hija modelar su propio monstruo mascota? Otra actividad para niños pequeños es hacer una escultura de trastos pegando materiales de deshecho, como cajas, tapaderas, tubos, cartones, latas, trozos de madera, etc, pintándolos o decorándolos después. ¿Podría diseñar y construir un robot? La madera de deriva puede proporcionar también un interesante desafío visual –"¿A qué te recuerda?" "¿Qué podrías hacer ahí?" "¿Cómo lo llamarías?"

Los collages son imágenes tridimensionales que se hacen pegando materiales diversos, como papeles, semillas, hojas, trozos de tela y otros deshechos de texturas interesantes para componer un cuadro. Todos estos materiales estimularán a su hija para que mire, toque, investigue y haga preguntas. Los materiales del collage se pueden pegar de forma que adopten cualquier tipo de patrón o imagen, real o abstracta. Por ejemplo, pídale a su hija pequeña que dibuje el contorno de cualquier animal, real o imaginario, y que llene el interior de la silueta con trozos diferentes de papel y tela de colores. Los collages se pueden montar sobre papel de color o se les puede añadir un fondo a la pintura.

Los móviles son montajes que cuelgan libremente, hechos normalmente con alambres (como puede ser el alambre de viejas perchas). Para hacer un móvil pueden cortar y colgar de los alambres varias figuras de cartulina con la forma de pájaros, peces o mariposas, con hilos de diferentes longitudes. Como dijo un niño al ver su primer móvil, "¡Es arte de columpio!"

Invite a su hija pequeña a hacer su propia ciudad de barro en el patio trasero de la casa. Que haga avenidas y calles con una pala, y los edificios con palos, cajas, barro o arcilla, y que utilice ramitas para hacer los árboles. Los juegos de simulación para ordenador, como el Sim City, le darán también a su hija la posibilidad de diseñar su propia ciudad estado. Para niños más mayores, el origami, el arte japonés de la papiroflexia, puede ser todo un reto. Visiten alguna tienda de artesanía japonesa para ver los modelos que se pueden hacer y los libros en donde se muestran los diseños.

Tanto si se trata de un juego imaginativo con una caja llena de trozos de madera, como si se trata de un trabajo más intrincado, como hacer el mobiliario de una casa de muñecas, comente con su hija los elementos visuales de lo que está haciendo –las formas, la proporción, el tamaño relativo, la profundidad espacial–, animándola a verlo todo desde diferentes ángulos y a usar su imaginación para ver qué aspecto tendría. Recuerde que forcejear con materiales resistentes no suele ser fácil, como comentó, sombría, una niña acerca de su fallido modelo, "¿Por qué nunca sale como lo ves en tu mente?"

Existen muchos y excelentes libros de trabajos manuales que puede encontrar usted en bibliotecas y librerías, y que le ofrecerán innumerables oportunidades para ejercitar la creatividad por medio de desafíos visuales y físicos, tanto para su hija como para usted.

Idea clave: anime a su hija a ser creativa en sus trabajos manuales

Llévelo a una galería
Nunca es demasiado pronto para iniciar a su hijo en el mundo de las obras de arte o para visitar galerías de arte. Vivimos en un entorno visualmente rico, rodeados de imágenes que intentan llamar nuestra atención. Las parpadeantes imágenes de la pantalla del televisor y el interminable espectáculo de los anuncios, los letreros y los símbolos generan una sobrecarga

visual que estimula la visión pero que no instruye a la mente. Si la próxima imagen va a aparecer dentro de tres o cuatro segundos, no vale la pena que pongamos demasiada atención, y esto hace que muchos niños crezcan sin prestar demasiada atención a nada. No necesitan hacerlo. Se les alimenta a la fuerza a través del mundo televisivo que les rodea. Los niños necesitan ayuda para atender a lo que de verdad importa en su entorno visual. Hay que enseñarles cómo mirar, cómo mantener la atención, cómo asimilar información, cómo ver los detalles, cómo aprender de lo que se ve. Tienen que pararse a mirar.

Una de las mejores formas de ayudar a su hijo a que atienda y aprenda de lo que ve es observar y comentar juntos las imágenes. Esto lo pueden hacer viendo juntos libros ilustrados o viendo el mundo que les rodea. Su hijo no va a ver las mismas cosas de las que se da cuenta usted, y usted va a ver más cosas de las que él ve, pero él también puede ver cosas que a usted le pasan desapercibidas. Éste es uno de los motivos por los cuales puede resultar fascinante el ver imágenes con los niños. Todo aquello que usted no indique es posible que su hijo no lo vea, y viceversa. Así pues, disfruten juntos viendo todo tipo de imágenes, y anime a su hijo para que comparta lo que ve.

Si lleva a su hijo a una galería o muestra de arte, intente que la visita no se alargue mucho y dispóngase a ir al paso de su hijo (aunque puede intentar que vaya un poco más despacio y se detenga a mirar y comentar algún cuadro 'especial'). Es mejor ver y comentar unos cuantos cuadros que arrastrar por toda la sala a un niño aburrido. Apoye la visita con tarjetas postales, reproducciones de cuadros o viendo juntos un ocasional libro de arte.

Anímele a que haga su propio álbum de postales con sus obras de arte favoritas de las galerías, y vea si es capaz de agrupar los cuadros de un mismo pintor. Vea también si puede pintar o dibujar su propia obra maestra copiando el estilo de un pintor o uno de sus cuadros preferidos. La copia puede ser un estupendo medio para aprender arte. Todos los pintores han copiado, han tomado prestadas ideas de otros pintores y, en ocasiones, han intentado mejorarlas. Picasso dijo una vez: "Los buenos pintores copian, los grandes pintores se apropian de las ideas". Así pues, si su hijo intenta copiar alguna de las obras de los grandes pintores del pasado, no está haciendo más que seguir una tradición secular. Como dijo David, de diez años, "Cuando copias un cuadro tienes que mirar con mucha atención, y aún así no lo ves todo".

A continuación van algunas preguntas que le puede hacer usted a su hijo acerca de cualquier cuadro, para estimular su visión y su mente:

Preguntas que le puede hacer a su hijo acerca de cualquier pintura
- ¿Qué ves? ¿Cuántas cosas eres capaz de ver?
- ¿Qué colores ves? ¿Cuántos colores o tonos ves?
- ¿Qué formas ves? ¿Cuántas formas diferentes ves?
- ¿Puedes ver algún patrón? ¿Qué tipos de patrón puedes ver?
- ¿Ves alguna persona? ¿Qué hacen?
- ¿Qué te hace sentir el cuadro? ¿Es un cuadro alegre o triste? ¿Por qué?

- ¿Cómo crees que se llama el cuadro? ¿Qué título le pondrías tú?
- ¿Habías visto antes algún cuadro como éste? ¿Qué es lo que te recuerda?
- ¿Qué te hace pensar este cuadro? ¿Hay algo extraño en él?
- ¿Te gusta este cuadro o no? ¿Por qué?

Para estudiar un cuadro no necesitamos más que la visión, pero para comprenderlo tenemos que ejercitar la mente. Una buena obra de arte proporciona placer y ejercita la mente. Éste es el motivo por el cual un paisaje campestre impreso en la tapa de una caja de chocolate es una pobre obra de arte y un paisaje de un pintor como Constable puede ser una gran obra de arte[1]. La imagen de la caja de chocolate se puede absorber en unos segundos, nos cuenta cosas que ya sabemos y no le damos mayor interés.

Sin embargo, cuanto más se observa un paisaje de Constable más tenemos que contemplar, que sentir y en qué pensar. Hay distancia, podemos caminar por él, explorarlo. Cuando lo miramos de cerca vemos que hay sombras, detalles, realces de color y una consumada habilidad en el manejo del pincel. Cuando nos distanciamos del cuadro emerge un patrón que lo engloba todo, y cierto equilibrio y armonía en la composición, y recordamos paisajes que nos resultan familiares. Tenemos ahora un nuevo paisaje en nuestra mente, uno al que podemos volver, como un viejo amigo, y que estará allí para enriquecer nuestra vivencia futura.

---

1   John Constable (1776-1837), pintor inglés, maestro del paisaje de estilo romántico. (N. del T.)

Idea clave: enséñele y comenten distintos tipos de cuadros, visiten galerías de arte

La utilización del ojo de la mente

El hecho de que el cerebro no asimile más que unos cuantos detalles de una vez para almacenar como recuerdos se puede demostrar con el siguiente test de memoria visual. Hágalo usted mismo o con un niño mayor.

Test de memoria visual: ¿Es capaz de dibujar una moneda de memoria?

Elija una moneda para dibujarla de memoria, y no la mire hasta que haya terminado. Dibújela intentando incluir tantos detalles como pueda. Cuando haya terminado, compare su dibujo con la moneda. ¿Qué es lo que su cerebro recordó? ¿De qué se olvidó? Compare su dibujo con el de cualquier otro. ¿De qué detalles se acordaron y de qué detalles se olvidaron?

Oriente a su hijo con apuntes que le estimulen a usar el ojo de la mente, diciéndole por ejemplo, "Cierra los ojos mientras te leo una historia" o "Cierra los ojos e intenta imaginar lo que voy a contar". O diríjale en un viaje visualizado a un lugar que ambos conozcan. Piense en algún sitio que ambos conozcan bien, como un parque, una playa o su propia casa. Cierre los ojos y describa un paseo por este lugar. Tanto uno como otro intentarán visualizarlo con el ojo de la mente mientras lo describe.

A continuación se exponen algunos juegos para ejercitar el ojo mental y desarrollar la memoria visual:

El juego de Kim

Disponga una serie de objetos de diferentes tamaños, formas y colores en una estantería. Dé un minuto a los jugadores para que visualicen lo que hay allí. Tape la estantería con una tela y vea si su hijo es capaz de visualizar lo que hay debajo de la tela y cuántos de los objetos puede recordar.

Descubre la diferencia

Dígale a su hija que abandone la habitación, y que intente recordar con exactitud el aspecto que ofrece. Mientras esté fuera, reordene algunos elementos en la habitación y, cuando vuelva, vea si es capaz de descubrir los cambios. Este juego también se puede jugar con cartas (por ejemplo, cambiando el orden mientras los jugadores cierran los ojos).

Busca tu patata

Dígale a su hija que elija una patata de una bolsa de patatas parecidas y que la estudie detenidamente durante un minuto. Luego, vuélvala a poner en la bolsa. ¿Sería capaz de encontrar su patata entre todas las demás? Comenten por qué. Hagan también este juego con piedras, botones, hojas y otros objetos que sean casi idénticos entre sí.

Concurso de imágenes

Elija una imagen, preferiblemente una que resulte nueva para su hijo. Désela para que la mire durante un minuto. Retíresela y vea cuántas cosas de la imagen es capaz de recordar. Averigüe cuántas cosas puede recordar y prémiele con un punto por cada elemento o rasgo.

Memoria de imágenes

Reúna diez imágenes –tarjetas postales o recortes de revistas. Numérelas de la 1 a la 10. Enséñeselas a su hijo (o a otros jugadores). Esconda las imágenes. Diga un número (del 1 al 10). ¿Hay alguien capaz de recordar qué imagen llevaba ese número? ¿Cuántas de esas diez puede recordar?

Pelmanismo[2]

Ponga un mazo de cartas o de tarjetas con imágenes boca arriba para que todos puedan verlas. Después, vuélvalas boca abajo. Los jugadores, por turno, eligen una carta, dicen lo que hay en ella y la vuelven boca arriba para ver si han acertado. El que acierta se guarda la carta.

Recordar el hecho

Después de ver un vídeo o una película, pídale a su hija que recuerde escenas o hechos para que los visualice en su ojo mental o para que los comente –"¿Qué recuerdas acerca de...?"

El objeto misterioso

A una jugadora se le da un objeto o una imagen misteriosa para que la observe, mientras los demás no pueden verla. Después tiene que describir

---

2 Método para cultivar la memoria (N. del T.)

el objeto o imagen sin decir lo que es, y los demás tienen que visualizarla y adivinar de qué se trata a partir de la descripción.

La forma misteriosa
Dibuje una forma misteriosa y pídale a su hija que la observe y que haga una lista de cosas que considere que podrían representarse con esa forma.

Dibujar de memoria
Invite a su hijo a dibujar de memoria (con el ojo de la mente) algo que conozca bien. Elija una imagen que le pueda interesar a su hijo (como una imagen de una revista, una foto o una reproducción artística). Pídale que la observe con detenimiento utilizando los ojos y la mente, para intentar visualizarla con su 'ojo mental'. Después, esconda la imagen y pídale que la dibuje de memoria, intentando recordarla con tanta precisión como le sea posible. Comparen juntos su dibujo con el original. ¿Cómo se podría mejorar?

Idea clave: ayude a su hija a visualizar imágenes con el "ojo de la mente"

Mapeo mental
Gran cantidad de información se nos transmite a través de dibujos e imágenes —marcas comerciales, señales de carretera, mapas, diagramas— y hay que enseñar a los niños cómo deben leerlos. Su hija también puede aprender mucho con la composición de mapas visuales, diseños e imágenes que representen su propio pensamiento. A este tipo de actividad se le llama mapeo mental, y es una habilidad muy importante que su hija puede aprender.

La idea de un mapa mental es mostrar conexiones entre palabras e ideas en una imagen o mapa. Se empieza con una palabra o idea en mitad de una página, se dibuja un círculo alrededor de ella y, después, se muestra de qué modo se conectan con ella otras palabras o ideas. Los mejores mapas mentales se hacen con grandes hojas de papel liso, con mucho espacio para desarrollar ideas y pensamientos adicionales.

Los mapas mentales constituyen un estupendo método para mostrar lo que uno sabe, recordar información y desarrollar respuestas a los problemas. Los utilizan para estudiar los alumnos de bachillerato y de universidad, los ejecutivos en sus negocios y toda clase de personas creativas, que emplean así un sistema probado para mejorar su pensamiento.

Lo que viene a continuación son algunas actividades de mapeo mental que puede utilizar con su hija:

Mapa local. Invite a su hija a que haga un mapa de los alrededores, poniendo su casa con un círculo en el centro, y mostrando los lugares que ella conozca. Luego, que conecte esos lugares con líneas.

Mapa de la casa. ¿Es capaz su hija de hacer un mapa de la casa?

Mapa de clase. ¿Puede dibujar su hija un mapa de su clase o de su escuela?

Mapa de una historia. Ayúdela a hacer un mapa de una historia con palabras y dibujos. Muestren al héroe o al personaje principal en el centro, y enlácenlo con otros personajes y hechos de la historia.

Mapa de ideas. Que comience con una palabra o idea central en un círculo, por ejemplo 'azul', y vean cuántas ideas pueden enlazar con esta idea central. Dibujen líneas para enlazarlas, y escriban a lo largo de éstas qué es lo que las une.

Mapa de conocimientos. Elijan un tema del que su hija quiera saber más. Utilizando un libro de consulta, averigüen algunos hechos relativos al tema elegido y escríbanlos en diferentes tarjetas (un hecho en cada tarjeta) utilizando tan pocas palabras como sea posible (utilicen diferentes colores para palabras, imágenes, números, etc.). Cuando hayan hecho diez o más tarjetas, pídale a su hija que las disponga en cualquier forma que desee –un círculo, una línea, una escalera o un árbol-, y jueguen al Pelmanismo (ver arriba) con las tarjetas.

Mapa de resolución de problemas. Escriba su problema en el círculo central –por ejemplo "¿Dónde ir de vacaciones?" Anote todos los factores que se relacionan con su problema, como por ejemplo factores que contribuyen para unas buenas vacaciones. Utilice el mapa para poner a prueba las ideas.

Idea clave: inicie a su hijo en el mapeo mental, haciendo su pensamiento visual

Entre otras formas de hacer visible el pensamiento están la elaboración de diagramas, esquemas y gráficos. Con ellos se puede fortalecer la memoria, al utilizar el aspecto visual del cerebro. Es sumamente útil para algunos niños, como en el caso de un niño de ocho años que, en cierta ocasión, me dijo: "Puedo recordarlo si es una imagen, pero no puedo recordarlo si es con palabras". La verdad es que esto no era del todo cierto, pues su memoria también respondía al modo de conocimiento que consideraremos en el próximo capítulo –el sonido de la música.

Siete pasos para la inteligencia visual

- Enséñele a su hijo a pararse a mirar, ante un entorno visual rico y variado.
- Anímelo a dibujar con cuidado, y atento a la línea, la forma y el detalle.
- Que practique con la pintura, y que desarrolle la consciencia del color.
- Que diseñe y que modele, y que juegue con la construcción creativa de juguetes y trabajos manuales.
- Observen con detalle y comenten diferentes cuadros, visiten muestras y galerías de arte.
- Visualicen imágenes con el 'ojo de la mente' para fortalecer la imaginación y la memoria visual.
- Inicie a su hijo en el mapeo mental, ayúdele a construir su pensamiento visual.

6

La Música en la Mente

El desarrollo de la inteligencia musical

Del mismo modo que el humus hace posible el crecimiento en la naturaleza, la música elemental le proporciona al niño poderes que, de otro modo, no llegarían a hacerse realidad.

Carl Orff, profesor de música y compositor.

La música te ayuda a ser tú misma.

Jane, 10 años

Jane es una niña musical. Desde temprana edad respondía a los sonidos y a los ritmos que oía a su alrededor canturreando melodías, haciendo sus propias canciones y siguiendo los ritmos. El suyo es un mundo de ritmo y melodía. Comenzó el aprendizaje de la flauta, pero no le gustó demasiado. Después empezó a aprender piano, y no tardó en pedir un piano para ella. No siempre es fácil vivir con una niña musical. Sus padres no sabían si dar el paso y pagar la fuerte suma de dinero necesaria para comprarle un piano -¿se imagina que lo deje de lado, al igual que hizo con la flauta? Su profesora de música dice que es buena, pero no sabe hasta dónde llegará el entusiasmo de Jane. Hace poco, sus padres se lanzaron y le compraron un piano (de segunda mano) para su cumpleaños. Tienen la esperanza de que su hija no lo deje a un lado.

Robert también tiene una mente musical, aunque había muy poca música en su casa. Intentó aprender a tocar la flauta cuando era pequeño, pero con poco éxito, y sus padres se sintieron encantados cuando dejaron de escuchar aquel estridente chirrido. Después, lo intentó con el violín, de nuevo con sonidos agonizantes e igual falta de éxito. Ya adolescente, intentó aprender por su cuenta a tocar la guitarra y el piano, pero no tardó en dejarlo. Cuando era niño, siempre le animaron a escuchar la música que le gustaba y, con los años, sus gustos musicales se ampliaron para ir desde la música pop hasta la étnica y la clásica. Ahora ya es adulto, pero su gusto y su inteligencia musical siguen desarrollándose.

¿Qué es la inteligencia musical?

Todos los niños tienen un centro musical en el cerebro, pero no todos tienen la ocasión de descubrirlo o desarrollarlo.

Desde el momento en que nacen, o quizás antes, los niños se ven expuestos a los sonidos y a la música. En casas, automóviles, calles y tiendas hay sonidos, algunos de ellos musicales. Si no tienen un problema de audición, se pasarán la vida escuchando sonidos de todos los tipos. A un niño no se le puede ayudar a absorber sonidos de su entorno pero, ¿qué tiene esto que ver con la inteligencia musical?

La inteligencia musical es la capacidad que tenemos todos para responder y dar sentido a los patrones sonoros. Los ritmos de la vida comienzan antes del nacimiento, pues, en el útero, la vida del niño se inicia al son del latido cardiaco de la madre. Los estudios demuestran que un niño recién nacido puede escuchar lo suficientemente bien como para detectar las diferencias entre un Do y un Do sostenido, y entre las sílabas 'Pa' y 'Ba'. Esto significa que, hasta en el útero, las capacidades musicales se están desarrollando. Hay bebés que nacen con una música suave de fondo. Después, escucharán sonidos rítmicos y musicales a su alrededor, e incluso, el que tenga suerte, escuchará a su madre cantándole canciones de cuna.

Normalmente, los padres se dan por satisfechos con que su hijo tenga todos los sentidos, que pueda oír, ver, oler, saborear y tocar, pero esto para el niño no es suficiente. El niño intentará aprovechar cada oportunidad que se le presente para expandir sus experiencias, e incluso en su cochecito de bebé estará sumamente ocupado mirando y oyendo, absorbiendo el sonido de la lluvia, el correr del agua, el canto de los pájaros, el zumbido de los motores, las conversaciones de la gente, las puertas que se cierran, los timbres y las voces distantes. Antes de los seis meses, los bebés responden a la música con una escucha activa y con movimientos corporales, y, posteriormente, hasta se permiten cierto 'balbuceo musical', sus primeros experimentos en la ejecución de sonidos melódicos. Sobre los doce meses de edad muestran gustos y desagrados definidos, prefiriendo normalmente los sonidos musicales a los no musicales. Entre el año y los dos años de edad comienzan a golpetear o a dar palmas al ritmo de la música, así como a cantar de forma espontánea. La música es una fuerza vital en los niños, una fuerza que se desarrolla, al igual que el lenguaje, a través de la escucha.

En la misma medida en que el niño se desarrolla, también lo hace la inteligencia musical, es decir, la capacidad para comprender el tono, el ritmo, la melodía y otros aspectos de la música. El aprendizaje se inicia a través de la escucha, cuando el niño intenta dar sentido a los sonidos que oye a su alrededor. Y, como todas las capacidades humanas, la inteligencia musical de su hijo se puede desarrollar o descuidar. Si en casa existe poco interés por la música, o en la escuela se da poca o ninguna enseñanza musical, puede que no tenga demasiadas opciones para expresar sus inclinaciones musicales. Puede que su casa o su clase sean de las que no tienen música, en donde no se cantan canciones, no se tararean melodías y no hay cadencias rítmicas que escuchar.

En los últimos años ha habido un pronunciado declive de la enseñanza musical en las escuelas. Donde potencian el énfasis en las enseñanzas 'básicas' de la lectura, la escritura y el número, parece que no se dan cuenta de que la música es también una de las básicas. El problema estriba en que se suele ver a la música como algo que forma parte del tiempo libre y del entretenimiento, un 'extra' al que se le puede hacer un hueco, más que como lo que es, una capacidad humana sumamente importante en el aprendizaje. Si de lo que trata la educación es de desplegar el potencial de su hijo, la música debería de ser parte importante de su experiencia educativa. Si no en la escuela, por lo menos en casa, y con gran diversidad de formas, su hijo debería de ser iniciado en el mundo del sonido y de la música. Puede descubrir sus capacidades musicales, el ritmo y el sonido, puede aprender a usar su voz y a hacer música, y puede disfrutar (y hacer disfrutar a los que viven con él) escuchando y apreciando la buena música.

No todas las inteligencias musicales son del mismo tipo, así como ésta es una forma de inteligencia diferente de cualquier otra. Hay músicos que son buenos matemáticos y otros que no. Algunos estudios sugieren que la enseñanza musical mejora el aprendizaje de las matemáticas y de la lectura. Si su hijo se concentra en la música, esto puede ser de ayuda con otros tipos de concentración; tocar un instrumento puede potenciar la coordinación de las manos con los ojos, y ejecutar música con otros puede desarrollar las habilidades sociales. De este modo, el desarrollo de la inteligencia musical puede apoyar el desarrollo de otros tipos de inteligencia. Pero el principal motivo para llevar la música a la vida de su hijo debería de ser el de desarrollar su particular don musical, su capacidad para hacer música y apreciar la música. Aún cuando no llegue a hacer una carrera musical, es seguro que el amor a la música enriquecerá su vida y su aprendizaje.

A continuación se dan algunos ejemplos de utilización de la música para la resolución de problemas humanos:

- A Paul le resulta difícil aprenderse la tablas de multiplicar. Su familia le ayuda cantando las tablas con él, y de este modo le es más fácil recordar.
- Donna odia los viajes largos. Los demás miembros de la familia no sienten demasiado aprecio por sus gustos musicales, de manera que, con unos pequeños auriculares, escucha la música que le gusta. Dice que así se entretiene en un viaje tan largo.
- A Sandy le gusta hacer sus tareas para casa en silencio, pero cuando tiene que hacer trabajos manuales, como son la marquetería o la pintura, le gusta escuchar música. Dice que le ayuda a relajarse y a concentrarse.

El desarrollo de la inteligencia musical de su hija

La música comienza con la escucha. Si su hija se ve expuesta a una amplia variedad de músicas desde temprana edad, con música popular, clásica y canciones de diversas culturas, tendrá un buen fundamento para desarrollar la inteligencia musical. Escuchar es parte importante del aprendizaje, y tanto la habilidad de la escucha como la habilidad musical mejorarán el desarrollo cerebral. Posteriormente, su hija podrá pasar a la ejecución musical y al aprendizaje de la notación, del solfeo. Todos los niños pueden desarrollar su inteligencia musical hasta cierto grado; no todos se convertirán en músicos pero, sea cual sea el potencial de su hija, usted puede ayudarle de diversas formas:

¿Cómo se desarrolla la inteligencia musical?

La inteligencia musical se activa por la resonancia de la música y el ritmo en el cerebro. Esta respuesta se da como consecuencia de la acción de estímulos sonoros como la voz humana, los sonidos de la naturaleza, instrumentos musicales, sonidos rítmicos y otros sonidos de procedencia humana, e inicia su desarrollo en el mismo momento en que el bebé escucha los primeros ritmos y sonidos, probablemente en el útero materno, al escuchar el latido cardiaco de la madre. El latido del corazón resuena en el tamborileo rítmico de muchas músicas populares. Esta inteligencia rítmico-musical se fortalece escuchando una amplia variedad de músicas y de otros sonidos. Los tonos y los ritmos se reconocen y se reproducen, y, poco a poco, la niña comienza a darse cuenta de que los sentimientos se pueden expresar por medio de tonos,

Si su hija	**Lo que puede hacer usted**	**Lo que su hija puede aprender**
Cree que no puede cantar	Invítela a que cante con usted	Se puede dar cuenta de que todo el mundo puede cantar y disfrutar con ello
Toma consciencia de los sonidos a su alrededor	Ponga música de diversos tipos y pregúntele lo que le gusta	A nombrar y reconocer los sonidos que hay a su alrededor, incluida la música
Escucha a otros tocando y demuestra interés en la música	Busque un instrumento musical que pueda agradarle para aprender a tocarlo	A tocar música sola o con otros, y aprender los que significan los símbolos musicales

ritmos y vibraciones sonoras, que las canciones y los versos comunican pensamientos, y que la música y el ritmo pueden alterar el estado de ánimo. La niña comienza a crear de forma espontánea sus propias melodías y ritmos. En cierta ocasión, le pregunté qué estaba haciendo a un niño pequeño que estaba con la mirada fija y moviendo la cabeza. "Estoy tarareando una melodía", dijo, "y si paro se me olvidará".

Después, la niña se da cuenta de que la música es un sistema de sonidos que se pueden 'leer' y reproducir, y asocia los sonidos con diversas fuentes, como instrumentos musicales individuales y como grupos de instrumentos. Canta melodías y canciones cada vez más complejas, y aprende a reproducir ritmos de gran complejidad, siendo capaz de reconocer y de disfrutar una amplia variedad de música.

La inteligencia musical se desarrolla mucho más si la niña aprende a tocar un instrumento y capta el significado de los símbolos musicales. Con una comprensión básica del lenguaje musical, la niña puede hacer sus pinitos como intérprete y compositora, y si la comprensión musical se desarrolla aún más se puede convertir en profesora y escribir música para que la interpreten otros.

Lo que es esencial para la inteligencia musical es el reconocimiento de patrones. Ya hemos visto el importantísimo papel que juega la audición de un niño en el desarrollo de las habilidades para el lenguaje y la lectura. Así

INPUT	lo que hace usted	Usted estimula a su hija animándola a escuchar, tocar, poner y hablar de música.
OUTPUT	lo que hace su hijo	Su hija escucha muchos tipos de música, y se anima a cantar y a hacer música.
AUTOCONTROL	lo que aprende el niño	Su hija aprende a escuchar y a responder a la música, y desarrolla un interés por ésta que le durará toda la vida.

pues, no sorprenderá que las experiencias musicales puedan favorecer en gran medida el desarrollo del lenguaje. También sabemos que hay una relación directa entre las habilidades musicales y las habilidades matemáticas. Esto se debe a que ambas llevan implícita la interpretación de patrones. Si se le enseña a una niña a leer música, es decir, si se le enseña a 'leer' los patrones abstractos de la notación musical de hasta una simple melodía, le puede resultar más fácil la decodificación del lenguaje en la lectura, así como comprender los patrones lógicos de los números.

Como dijo Debussy[1] en cierta ocasión: "La música es la aritmética de los sonidos".

> **¿Sabía usted que...?**
> Los reptiles y los anfibios no oyen demasiado bien, pero sus células auditivas se renuevan constantemente. Los seres humanos tienen una buena audición, pero las células auditivas nunca se reemplazan. Deberíamos sacar el máximo partido de lo que tenemos.

Qúe puede hacer usted para ayudar

Como hemos visto, todos los niños tienen un sentido musical que espera ser desarrollado. ¿Qué puede hacer usted para que su hija saque el máximo partido de este sentido musical?

> **¿Sabía usted que...?**
> En un proyecto que se realizó en las escuelas suizas y que implicó a más de 1.200 niños se descubrió que aquellos que recibían clases de música extra se desenvolvían mejor tanto en la lectura como en los idiomas. También resultaban ser más sociables, y estaban más motivados y más relajados que los que no recibían música extra. Los investigadores de la Universidad de California han llegado a la conclusión de que la música modifica los circuitos del cerebro y lleva a un perfeccionamiento de las habilidades del pensamiento.

---

1 Claude Debussy (1862-1918), compositor francés, fundador de la escuela impresionista de la música. (N. del T.)

Aprender a escuchar
Un hogar musical es aquel en el que se dan las siguientes actividades:
- se escuchan sonidos y música;
- se hace música –se cantan canciones o se tocan instrumentos musicales;
- se valora la música y se habla de ella.

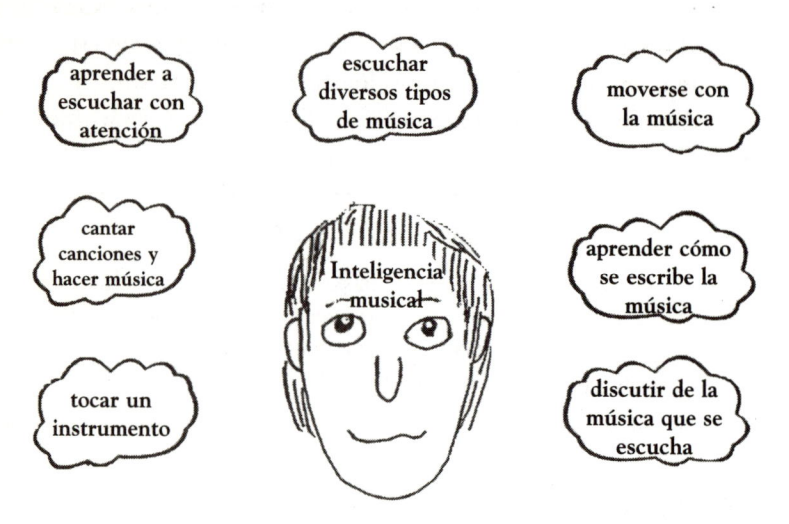

Algunas formas de desarrollar la inteligencia musical

La inteligencia musical se desarrolla a través de la audición, aprendiendo a controlar el sonido y compartiendo las experiencias musicales con los demás. La música comienza cuando se oyen sonidos. Posiblemente, usted no creerá que los sonidos que le envuelven sean demasiado musicales, pero son ellos los que hacen que el niño atienda a los ritmos, los tonos y, en ocasiones, como en el caso de los cantos de los pájaros, a la melodía. El aprendizaje de lo musical comienza cuando se aprende a escuchar los sonidos que hay en nuestro entorno.

Aprender a escuchar mejorará la capacidad de su hijo para distinguir entre sonidos similares, tan importante para muchos tipos de aprendizaje, particularmente para el de la lectura o el de los idiomas. La intensidad de un sonido se mide en decibelios. Un susurro alcanza unos 30 decibelios, una conversación normal llega a los 60, y un grito sobre los 90 decibelios. Anime a su hijo para que escuche con atención los sonidos tenues. ¿Cuáles son los sonidos más tenues que su hijo puede oír? ¿Puede oír el goteo de un grifo con los ojos cerrados? Aprender a escuchar precisa de práctica. Es demasiado fácil oír sin prestar atención a lo que se oye.

Una forma de estimularle para que escuche con atención es hacer un concurso de sonidos. Pídale a su hijo que cierre los ojos (¡sin mirar a hurtadillas!) y que escuche. Usted hace algo y observa si su hijo es capaz de identificar lo que está haciendo. Entre las cosas que puede hacer en este concurso estaría:

- pasar páginas de un libro
- beberse un vaso de agua
- contar monedas
- peinarse
- encender una lámpara
- arrancar una página de una revista
- mover una silla o cualquier otro mueble

Estoy escuchando, no sólo oigo

Que su hijo le cuente lo que ha escuchado con tanto detalle como sea capaz, y después intercambien los papeles. Dígale que se invente varios sonidos para que usted los identifique con los ojos cerrados. Pruebe a poner algo en una bolsa o en una caja, agítelo y vea si su hijo puede adivinar lo que es por el sonido que hace.

Otra versión de un concurso de sonidos es la de jugar a grabar efectos sonoros y ver si su hijo puede identificar de dónde provienen. Pueden ser sonidos domésticos, de la casa, que haya grabado, o sonidos pregrabados de la naturaleza. Haga que su hijo escuche con atención todos los sonidos que pueda. ¿Puede oír el rumor del viento en los árboles? ¿Puede percibir el canto de un pájaro? Salgan de 'paseo sonoro' para coleccionar sonidos, y después comenten e intenten recordar todos los sonidos que han oído. Como dijo Rosie, de cuatro años, después de un 'paseo sonoro', "Ahora sé por qué tenemos dos oídos. Porque hay mucho que escuchar".

Idea clave: enséñele a su hijo a escuchar con atención los diferentes sonidos de su entorno

Que su hijo escuche una amplia variedad de música. Comience la estimulación poco después de nacer con relajantes músicas de fondo. Ponga lo que le guste a usted, e incluya tanto música clásica como popular y étnica.

Lo esencial de la audición musical es la capacidad para distinguir unos sonidos de otros y oír los patrones que crean. Incluso las canciones y los sonsonetes más sencillos tienen un patrón y una llamada rítmica inmediata. Hasta a los niños más pequeños se les puede ayudar a reconocer e identificar melodías, a moverse al compás de la música y a seleccionar sus temas favoritos, por ejemplo, como fondo para cualquier actividad creativa.

> **¿Sabía usted que...?**
>
> Los investigadores de la Universidad de California han descubierto que la música de Mozart parece incrementar las puntuaciones de los estudiantes en los test de CI (cociente intelectual). Quizás se deba a que la música tiene un efecto calmante y relajante, llevando con ello a una mejor ejecución, o quizás porque la complejidad de la música de Mozart estimula la actividad de los procesos cerebrales.

Aprendemos a reconocer una música por la repetición de sus cadencias. Aprendemos a reconocer las cosas que están relacionadas con determinados tipos de música –la música asociada al peligro, a los dibujos animados, a la muerte y a los ejércitos marchando hacia la batalla. Estas cadencias se convierten en 'marcos musicales' para la audición. La música de las películas pretende que relacionemos ciertas escenas con determinados tipos de patrones rítmicos y musicales, y los niños más mayores responden fácilmente a preguntas como qué les hace recordar o qué les lleva a pensar determinado tema musical.

Aún cuando usted no se considere a sí mismo una persona musical, le puede enseñar a su hija a oír música. A continuación se le dan algunas actividades musicales que puede probar:

Adivina esta melodía
Canturree o tararee la melodía de una canción o de una tonadilla infantil que conozca su hija y vea si es capaz de recordar cuál es. Luego, intercambien los papeles.

Repetir el ritmo
Siga un ritmo con la voz, las manos o los dedos. Comience con un golpe rítmico, luego añada otro a la secuencia, y más tarde continúe con otros patrones sonoros. Vea si su hija es capaz de seguir el ritmo con usted. Después, intercambien los papeles y que sea ella la que marque un ritmo para que usted lo siga.

Escuchar el silencio
Existe un famoso tema 'musical' de nuestro tiempo del compositor John Cage que dura cuatro minutos y treinta y tres segundos, y que está hecho totalmente de silencio. Sea música o no, lo cierto es que incita al oyente a escuchar. Lo mismo puede hacer con su hija. De vez en cuando, deténganse y escuchen. ¿Pueden oír los sonidos distantes... o pueden oír el sonido del silencio?

Sonidos relajantes
Ponga música suave y lenta para que su hija se tranquilice y se relaje. Ésta puede ser una idea especialmente indicada después de una actividad enérgica y estresante.

Sonidos aeróbicos
La música puede, en ocasiones, remover un espíritu alicaído y proporcionar energía. Ponga la 'Obertura Solemne 1812' de Tchaikovsky, o canten mientras escuchan una de sus canciones pop preferidas. También puede poner un tema de ritmo fuerte y añadirle ejercicios aeróbicos.

Música en vivo

Lleve a su hija a oír algo de música en vivo, para que conozca a los verdaderos músicos y vea sus instrumentos. Recuerde que ningún instrumento es demasiado humilde ni demasiado complejo para inspirar el interés de su hija, desde los tambores, el piano y el órgano hasta las guitarras, las bandas de metales y los silbatos. Escuchar a músicos de verdad enriquecerá las percepciones de su hija acerca de las personas que hacen música.

Sería conveniente que su hija escuchara música todos los días, para que, desde temprana edad, le resultara una experiencia agradable. Después, podría 'dirigir' la música con una cuchara de madera, marchar a su compás o cantar a modo de imitación. Aquí el progenitor sólo tiene que alentar a la niña y, poco a poco, ésta absorberá lo que oiga (si no oye nada, está claro que no absorberá nada). La niña aprende el lenguaje de la música en gran medida del mismo modo en que aprende el lenguaje hablado, escuchándolo en casa con un adulto atento. Como dijo Shelley[2], "La música, cuando las suaves voces mueren / vibra en la memoria..." o en palabras de Kelly, de siete años, "Hay canciones que no te las puedes sacar de la cabeza".

Idea clave: ofrézcale a su hija diversos tipos de música para escuchar

La inteligencia musical se desarrolla escuchando, haciendo música y respondiendo a la música, y la forma más natural de responder a la música es con el cuerpo.

El primer instrumento musical de su hija es su cuerpo, de modo que, cuando cante u oiga música con su bebé o hija pequeña, llévele el ritmo con su brazo, su pierna o en su trasero. Muévale los brazos al ritmo de la música e iníciela en la diversión de dirigir la orquesta. Haga que dé palmas, siga usted el ritmo con los dedos en la palma de su mano, taconee, dele palmadas en los muslos y golpetee con los dedos sobre las mejillas hinchadas. Enséñele a chasquear los dedos, a llevar el ritmo sobre la mesa, a chasquear la lengua, a chocar los dientes, a soplar y a silbar.

---

2 Percy B. Shelley (1792-1822), poeta inglés, uno de los más importantes del romanticismo.

Moverse con la música es una actividad natural para cualquier niño. A través de los tiempos, los seres humanos se han movido al son de los tambores, de los cantos, a la llamada de las trompetas y de la flauta de caña. La música y la danza se han desarrollado juntas. Los seres humanos han celebrado su alegría y han lamentado sus pérdidas con ellas, y han danzado para pedir la lluvia y para protegerse de los malos espíritus. Aunque en la actualidad estos rituales casi hayan desaparecido, la gente aún marcha y danza, o llevan el ritmo con los pies al compás de la música. Su hija también responderá a la música con la totalidad de su cuerpo a través de la danza, pero haga que escuche la música primero, antes de lanzarse a bailar. Enséñele cómo dar palmas, cómo llevar el ritmo con los pies y cómo cantar con la música de fondo. Con cualquier música que oiga le puede preguntar, "¿Crees que se puede bailar?" Intenten bailar diversos tipos de música, por ejemplo:

- música clásica
- jazz y música pop
- marchas militares y música de tambores
- música de ballet, valses y tangos

Idea clave: aliente a su hija para que se mueva y baile con la música

Hacer música

Hacer música es importante, no sólo para desarrollar la inteligencia musical, sino también para desarrollar las habilidades manipulativas y la coordinación visomotora (mano-ojo), tan importante en la escritura y en otras actividades de tipo creativo. Cuando su hijo aprende a tocar un instrumento, no sólo está aprendiendo música; está ejercitando también su memoria, su capacidad de concentración, sus habilidades físicas y, por encima de todo, cuando la enseñanza musical tiene éxito, la confianza en sí mismo.

Su hijo puede comenzar a hacer música simplemente repitiendo canciones que haya oído, dando palmas o llevando el compás de una canción, antes de ir más adelante para hacer música con un instrumento. Aún cuando usted no sepa tocar un instrumento, puede alentar a su hijo para que aprenda a modular el instrumento con el cual nació: su voz.

Cante con su hijo. Comience con tonadas infantiles y continúe luego con canciones populares o canciones pop, y en ocasiones especiales con himnos o el 'Cumpleaños Feliz'. Anímelo a cantar a coro con usted o con algún cantante en un disco o en televisión.

Prueben a crear sus propias canciones juntos. Pueden elegir un poema que les guste y convertirlo en una canción entonándolo o leyéndolo con una melodía. Para aprenderse el alfabeto, la tabla de multiplicar o a deletrear una palabra se puede utilizar una melodía con la cual cantarlas. Hagan sus propias canciones de trabajo, como los esclavos de antaño. Canten o tarareen cuando se sumerjan en un trabajo repetitivo, y si se siente usted con la audacia suficiente, coméntele algo a su hijo cantando. Compongan su propia ópera o musical casero: "Sam, ¿puedes oírme? ¡Voy p'allá!" (con una voz musical). Es ésta una forma de apoyar el interés de su hijo en los fragmentos de canciones, y de alentarle para que cante también. A continuación se ofrecen algunas formas de desarrollar las habilidades musicales y el canto en su hijo pequeño:

El sonido de las aguas

Llene una fila de vasos con diferentes cantidades de agua. La cantidad de agua de cada vaso determinará su tono (más agudo o más grave). Golpee cada vaso con un lápiz para comprobar el sonido, e intente conseguir la suficiente diversidad de tonos, desde los agudos hasta los graves. Luego, haga un poco de música acuática golpeando los distintos vasos. Entone los sonidos y componga melodías.

Haga instrumentos

Cualquier objeto que le llegue a las manos, tanto si es una cuchara como si es un cuenco o un tarro, se puede convertir en un instrumento musical si se toca con cuidado. Hágase instrumentos caseros con materiales de deshecho. Busque sonidos interesantes y utilícelos para acompañar sus canciones.

Compre instrumentos

Con el transcurso del tiempo puede comprar diversos instrumentos para que su hijo los pruebe —silbatos, panderetas, flautas, xilófonos o cualquier juguete musical que suene bien. Y dele tiempo para que los explore y experimente con ellos.

Haga efectos sonoros musicales

Cada palabra tiene su propio ritmo. Cante el nombre de su hijo o marque su ritmo con un instrumento. Cuando conozca el ritmo de su nombre, que pruebe a tocarlo con diferentes notas en un xilófono, una flauta o un teclado. Pruebe a hacer efectos sonoros musicales como acompañamiento de historias o películas.

Idea clave: cante canciones con su hijo y enséñele canciones que usted conozca y le gusten

La escritura musical

Una vez su hijo sea capaz de hacer un patrón de sonidos, el siguiente paso es escribirlo. Para empezar, usted puede apuntar los sonidos con cualquier tipo de notación que se le ocurra, con números, colores, puntos, líneas, notas o cualquier otro sistema que les permita volver a tocar el ritmo o la melodía en otra ocasión. Cualquier niño se puede convertir en un compositor si hay alguien que le escriba su primera música. Vuélvala a tocar, o grábela, añadiendo más sonidos. Enséñele a su hijo que la verdadera música, esas series de puntos negros, no son más que sonidos escritos de una manera particular. Así pues, ¿por qué no iniciarle en esos puntos y enseñarle a leer partituras sencillas?

La música escrita es lo que se llama notación musical, y muchos maestros se han dado cuenta de que los niños a los que se les enseña solfeo desde temprana edad, aún en sus formas más simples, tienen más facilidad para la lectura. Es como si la habilidad necesaria para seguir las notas en la partitura potenciara la habilidad para leer palabras en una página. Por otra parte, se ha observado que aquellos a los que se les da bien la música también se les dan bien las matemáticas, pues ambas disciplinas se basan en el reconocimiento de patrones simbólicos.

Hay muchas formas de iniciar a un niño en la escritura musical. En algunos instrumentos infantiles se incluyen melodías sencillas anotadas con letras, colores o números que se corresponden con las notas reales. Las melodías son transitorias y difíciles de recordar, por lo que puede resultar muy útil aprender a escribir música para guardar aquellos temas que a su hijo le gusta tocar. En el momento él sea capaz de leer música, tendrá un lenguaje adicional a su disposición. Es posible que usted considere mejor dejar este aspecto de la educación musical a un profesor cualificado, y si usted ha introducido a su hijo en el juego de la creación musical ya habrá hecho mucho de cara al aprendizaje de un instrumento que su elección.

Los ordenadores proporcionan maravillosas oportunidades para jugar con los sonidos y reproducir cualquier ritmo o melodía del pentagrama, y hay programas musicales para ordenador que le permiten a cualquier niño componer y escribir música. "La música está en el aire", decía el compositor británico Sir Edgar Elgar, "simplemente, coge toda la que quieras". Pero Jude, de diez años, se quejaba, "Las melodías se agolpan en mi cabeza, y no puedo escribirlas". La composición musical no es sencilla, pero si un ordenador le puede ayudar en la difícil tarea de escribir las notas, esto puede ser una bendición para su compositor en ciernes.

Idea clave: enséñele a su hijo la notación musical, cómo se escribe la música que se pretende tocar

¿Qué instrumento aprender?

No fuerce a su hija a tocar un instrumento antes de que verdaderamente lo desee. Déjela que vea primero a los demás tocando algún instrumento, como por ejemplo a sus hermanos o hermanas de más edad o a sus amigos. Deje que se familiarice con las melodías que se pueden tocar con cualquier instrumento. No sólo se nace con talento musical, sino que también se hace. Comience a temprana edad, pero poco a poco.

Los tres grupos principales de instrumentos son los de percusión, viento y cuerda. Lo ideal sería que su hija experimentara con instrumentos de los tres tipos. El instrumento de percusión más versátil es el piano. Muéstrele como 'funciona' el piano por dentro, y que experimente 'tocando' las cuerdas. Demuéstrele cómo, al pulsarlas, la vibración genera el sonido. Los niños pueden aprender a tocar el piano a partir de los tres años (¡Mozart se inició con los teclados a los dos!), pero lo más normal es comenzar las lecciones entre los cinco y los doce años. Si su hija se pone a estudiar piano, no olvide las palabras de Oscar Wilde: "Por favor, no le disparen al pianista. Lo hace lo mejor que puede".

La flauta es el instrumento de viento más popular para principiantes, y los niños pueden iniciarse en su aprendizaje sobre los seis años si la amplitud de mano es lo suficientemente grande como para alcanzar todas las notas. Un instrumentista de viento precisa de una buena memoria para aprender música, una buena capacidad manipulativa y un hábil control de la respiración. Los instrumentos de viento no eran precisamente los favoritos de George Bernard Shaw, pues en cierta ocasión escribió con ironía: "La principal objeción que les pongo a los instrumentos de viento es que prolongan la vida del instrumentista".

Es esencial encontrar un profesor de música que le convenga a su hija y con el cual esté deseosa de aprender. Uno de los pioneros en la enseñanza musical fue un japonés, el Dr. Suzuki[3]. El método Suzuki ha dado resultados sorprendentes, iniciando a los niños en la enseñanza del violín a edades muy precoces. El violín, como dijo alguien en cierta ocasión, es mejor instrumento de lo que suena. Sobre los tres años se puede empezar a tocar con un violín de un cuarto de tamaño. Suzuki comentó el caso de una niña muy pequeña cuya madre, en vez de comprarle otra muñeca, le compró un día un violín. Simplemente, la dejó que fuera tocando por toda la casa, sugiriéndole de vez en cuando que hiciera esto o aquello como ayuda en su 'interpretación'. La atención de la pequeña se dispersaba con facilidad (el período de atención de un niño de tres a cuatro años es de tres y medio a cinco minutos), pero su capacidad de concentración aumentó después de un largo período de apoyo y aliento, y con la ayuda de un instructor profesional.

> **¿Sabía usted que...?**
>
> Los estudios que se han hecho sobre los circuitos neuronales de los cerebros de violinistas que se iniciaron en su preparación antes de los doce años demuestran que éstos son marcadamente más complejos que los de aquellos violinistas que comenzaron su preparación más tarde.

No todos los padres estarían dispuestos a seguir el método de Suzuki, especialmente cuando llega el momento de pagar a un instructor profesio-

---

3 Shin'ichi Suzuki (1898-1998), pedagogo, creador del método de violín Suzuki. En 1946 creó el Movimiento de Educación de Talentos, sobre la base de que cualquier persona dispone del talento musical adecuado, siempre y cuando se desarrolle con una educación adecuada. (N. del T.)

nal, pero la ventaja de los más pequeños cuando se inician con la música es que, normalmente, se encuentran en su momento más abierto y relajado. Todavía no han aprendido a ponerse tensos como los adultos.

Para ellos, la música es una actividad natural, como lanzar una pelota, y está todavía en la cabeza, no en los puntos negros que tiene que leer uno en una partitura. Hay mucha gente que se descorazona con las notas. Comience, pues, haciendo música; las notas pueden venir más tarde.

La guitarra se puede tocar desde alrededor de los seis años con un instrumento tamaño 'estudiante'. Al igual que con otros instrumentos de cuerda, lo mejor es aprender con un instructor profesional.

Después de que su hija haya encontrado un buen profesor, el trabajo de usted no ha terminado aún. Es de la mayor importancia sustentar su interés, sobre todo durante la práctica. Recuerde que los niños rara vez tienen la misma actitud ante la interpretación que un adulto –a ella le gustará disfrutar de la música a su manera. No destruya su confianza empujándola demasiado, o pidiéndole que demuestre su capacidad o su habilidad. No la juzgue nunca según sus propios valores, ni la compare negativamente con los demás. Como le dijo una niña frustrada a su ansiosa madre, "No puedo tocar como tu quieres, sólo puedo tocar a mi manera".

Idea clave: ofrézcale a su hija la oportunidad de aprender a tocar un isntrumento musical de su gusto

Responder a la música
Una razón para escuchar música es disfrutarla. Sin embargo, no siempre la disfrutamos la primera vez que la escuchamos. Hay evidencias que demuestran que los niños (al igual que los adultos) necesitan oír un mismo tema musical varias veces antes de que les resulte suficientemente familiar como para que les guste. La fórmula correcta para familiarizar a su hijo con la música es poner temas sencillos (con una melodía clara y un ritmo estable), que no se prolonguen demasiado, pero poniéndolos a menudo (una fórmula que se utiliza con éxito en publicidad, en donde con frecuencia se expolian los temas melódicos de grandes compositores). En cualquier tema musical hay cosas para escuchar, cosas en las que pensar y cosas que compartir con los demás.

Lo que viene a continuación son algunas de las actividades que pueden estimular a su hijo a pensar en la música que oye:

Preguntas para hacer

Entre las preguntas que pueden llevar a pensar a su hijo acerca de la música están:

- ¿De dónde viene el sonido? ¿De cerca o de lejos?   *Dirección*
- ¿Es fuerte o suave? ¿Más fuerte o más suave?   *Volumen*
- ¿Cuánto dura el sonido?   *Duración*
- ¿Qué instrumentos puedes diferenciar? ¿Cuántos?   *Instrumentos*
- ¿Son sonidos altos o bajos?
  ¿Van hacia arriba o hacia abajo?   *Tono*
- ¿Qué ritmos o patrones de sonido oyes?   *Ritmo*
- ¿Cuál es la melodía, o la melodía principal?   *Melodía*
¿Cuántas melodías diferentes?
- ¿Qué te hace sentir la música?   *Sentimientos*
- ¿En qué te hace pensar la música?   *Imágenes*
- ¿Qué te ha gustado y qué no de la música?   *Respuesta*

Historias sonoras

Ponga sonidos o músicas interesantes y pregúntele a su hijo, "¿Qué te hace pensar esto –por ejemplo, una escena, una historia, un sentimiento o una idea?" Probablemente, con los ojos cerrados se concentre mejor y le resulte más fácil visualizar las cosas con el ojo de la mente.

Arte musical

Escuchen algún tema musical y dele a su hijo varias imágenes para contemplar (tarjetas postales, imágenes de revistas o reproducciones artísticas). ¿Qué imagen cree que encaja mejor con la música? Pídale que elija una imagen y que diga por qué.

Música para trabajar

Elijan la música que se podría utilizar como fondo para actividades creativas o para estudiar. Las investigaciones del científico búlgaro Lozanov demuestran que la música (en especial los largos y los adagios de la música barroca) ayuda a generar niveles alfa de ondas cerebrales. Este tipo de ondas optimiza el estado receptivo necesario para aprender disciplinas tales como los idiomas o para repasar antes de los exámenes, al tiempo que favorecen una disposición mental relajada y atenta.

¿Qué es la música?
Discuta con su hijo lo que él piensa que es la música. ¿El canto de los pájaros es un tipo de música –por qué, o por qué no? ¿Es una clase de música el sonido de una máquina, como un motor por ejemplo? ¿Es una clase de música el sonido del mar? ¿El silencio puede ser musical? ¿Qué es una persona musical?

Imágenes mentales
Ponga un tema musical y conversen acerca de las imágenes que les vienen a la mente mientras lo escuchan. ¿Qué sentimientos evoca? ¿Qué pensamientos, ideas u otras asociaciones (conexiones) evoca en su hijo? Cuando Jane, de seis años, escuchó 'Una Noche en el Monte Pelado', de Mussorgsky, comentó: "Me hace pensar en una noche oscura, con brujas por todas partes".

¿Sabía usted que...?

Históricamente, la música se puede remontar hasta alrededor del 3.000 a.C., cuando se dice que la campana amarilla (*huang chung*) utilizada en un templo chino tenía un tono musical reconocido. En la actualidad, aquellos que creen en la 'terapia del gong' arguyen que las vibraciones musicales de los gongs tienen un efecto terapéutico sobre el cuerpo y la mente humanos. Algunos 'terapeutas del gong' argumentan que cada uno de nosotros tiene un tono particular al cual respondemos y que nos favorecen en gran medida.
Escuchen una gama de tonos. Vean cuál es el tono que usted, o su hijo, prefiere. ¿Pueden recordar el tono y repetirlo más tarde con la voz?

La música nos acompaña en la vida, marcando vivencias importantes como el nacimiento y la muerte. La música introduce a los niños en su cultura y en los rituales de la comunidad –los cumpleaños, los servicios religiosos, las bodas y las festividades. La música transmite emociones, intensifica las experiencias y señala vivencias personales u ocasiones históricas. La música se desarrolla en un entorno musicalmente rico, donde se oye, se canta, se baila, se interpreta, y donde la música y la creación musical se valoran y se discuten.

Idea clave: converse sobre diferentes tipos de música

Existen muchas formas de disfrutar de la música, y su hijo encontrará la suya propia y hará sus propias elecciones al respecto. Puede que rechace lo que a usted le gusta y, como probablemente descubrirá, sus gustos musicales cambiarán con los años. Lo que hoy rechaza puede que le guste en un futuro. Sea cual sea la respuesta, intente pasar por alto su propio placer en la música. Como dijo en cierta ocasión el gran director de orquesta Leopold Stokowski: "No es necesario comprender la música. Lo que hace falta es disfrutarla".

Siete pasos para al inteligencia musical

- Enseñe a su hijo a escuchar con atención los diferentes sonidos que le rodean.
- Proporciónele distintos tipos de música para escuchar, incluida la música que él elija.
- Anímelo para que se mueva y baile al compás de la música.
- Cante canciones con su hijo y enséñele las canciones que usted se sepa.
- Muéstrele a su hija la notación musical, cómo se puede escribir e interpretar la música.
- Ofrézcale la posibilidad de tocar o aprender a tocar un instrumento de su elección.
- Converse con ella sobre los distintos tipos de música, así como de la música en vivo a la que la lleve.

7

El Potencial Corporal

El desarrollo de la inteligencia física

Para devolver un servicio promedio dispones de alrededor de un segundo. Golpear la pelota ya es algo extraordinario, y sin embargo no es raro. La verdad es que todo el que habita un cuerpo humano está en posesión de algo extraordinario.

Tim Gallwey, autor de Inner Tennis

¡Estoy tan feliz de haber podido saltar por mí mismo!

Niño de 6 años después de una clase de gimnasia

Pat es una niña física. Responde al mundo a través del tacto y del movimiento. Disfruta del deporte y del movimiento físico (a veces le resulta difícil estarse quieta). Tiene un buen sentido de la dirección y de la sincronización cuando mueve su cuerpo. Es una bailarina natural, y parece estar llena de energía. Le gusta hacer cosas con las manos, y tiene la habilidad de desmontar y volver a montar pequeños objetos. Aprende mejor manipulando las cosas y le gusta que le demuestren las cosas físicamente, no sólo que le hablen de ellas. Le gustan el teatro y los juegos de equipo, y parece disponer de una energía inagotable, pero su madre está preocupada. Se pregunta: Si Pat se pasa el tiempo jugando y haciendo cosas, ¿le quedará tiempo para hacer su trabajo escolar? Toda esta actividad física, ¿sirve para algo?

¿Qué es la inteligencia física?

Es la inteligencia que nos permite controlar los movimientos de nuestro cuerpo, manipular objetos físicos y crear un saludable equilibrio entre los dos elementos que nos hacen ser quienes somos: la mente y el cuerpo. Estar en forma es parte de nuestra sensación de totalidad y bienestar. La confianza en nuestro cuerpo forma parte de la sensación de confianza en nosotros mismos. Haga comprender a su hija que el ejercicio físico, la salud y los logros en actividades deportivas y físicas le van a ayudar a controlar su cuerpo y a desarrollar unas actitudes muy positivas con respecto a la vida.

El inconveniente de la educación física en las escuelas es que se vea como una asignatura 'extra' en el curriculum escolar de la mayoría de los niños, y los profesores sólo se concentren en aquellos que van a ser las estrellas y vayan a jugar en los equipos escolares. Hay veces en que sólo el mejor recibe un tratamiento especial. Sin embargo, en casa, usted puede ayudarle a su hija a mantener una mente y un cuerpo saludables, y a propiciar las oportunidades que no se le dan en la escuela.

Los espartanos de la antigua Grecia construyeron toda su cultura en torno a la importancia del cuerpo y su funcionamiento, y en la actualidad los Juegos Olímpicos y las grandes competiciones deportivas continúan con esta tradición. Pero se puede caer fácilmente en un error si limitamos esta inteligencia al mundo atlético o deportivo. Un mecánico de automóviles, un carpintero o un fontanero necesitan tanta inteligencia física para realizar sus trabajos bien como un atleta que se precie. Está claro que las habilidades físicas son diferentes, pero todas ellas son aspectos diversos de la misma inteligencia física o corporal/cinestésica, que requiere de la coordinación del ojo, el cuerpo y la mente. ¿Acaso podría una cirujana cerebral o un modisto realizar a la perfección sus trabajos sin unas habilidades físicas afinadas con precisión?

Entre los tipos de profesiones a elegir que se le ofrecen a un niño con una bien desarrollada inteligencia física están los de actor, bailarín, mecánico, cirujano, conductor de automóvil, trabajador manual, inventor, fisioterapeuta, entrenador o deportista. Pero, sea cual sea nuestra forma de vida, todos nos podemos beneficiar del desarrollo de nuestro potencial físico para controlar los movimientos del cuerpo y para manipular objetos con destreza –por ejemplo, en el uso de nuestro cuerpo para comunicar (como en la danza y en el lenguaje corporal), para jugar a algo (como en un deporte) o para crear algo (como en la manufactura de un producto). El aprendizaje a través de la realización es una de las partes más importantes de la educación de cualquier persona. Como dice un proverbio chino, "Oigo y olvido, veo y recuerdo, hago y comprendo"; o como decía Tim, de nueve años, "Si se lo hace uno mismo, se tiene que concentrar más".

La inteligencia física es la que nos permite resolver los problemas prácticos físicos de la vida. En su aspecto positivo nos proporciona confianza, en su aspecto negativo puede tomar la forma de la pelea y de la agresión hacia los demás. Tenemos que ser capaces de controlar nuestra inteligencia física de una forma positiva, para que actúe a nuestro servicio en la resolución de problemas, por ejemplo:

- James tiene un problema para comprender cómo se hacen las sumas; sin embargo, cuando se le han dado objetos para que los use, y cuando se le ha mostrado cómo se puede hacer con un ábaco, ha tenido éxito. La utilización de objetos físicos le ayuda a captar la 'atmósfera' de los números.
- Peter es muy bueno con la carpintería, y le gustaría diseñar y hacer sus propios muebles. Cuando era niño, se le alentó a hacer construcciones con Lego, a modelar y a dibujar todo lo que se le ocurriera. Posteriormente, sería capaz de darle un buen uso a sus habilidades manipulativas.
- Paula era un niña revoltosa que nunca fue bien en la escuela. Sus padres y sus profesores se desesperaban con ella. A Paula le gustaba ir a la pista de patinaje del barrio y sus padres la animaron para que fuera. Recibió clases de patinaje y luego entró en los campeonatos locales de este deporte. El patinaje le dio un propósito a su vida, le enseñó autodisciplina y le proporcionó consecuciones de las que pudo sentirse orgullosa.

El desarrollo de la inteligencia física de su hijo

Todos hemos nacido con reflejos físicos automáticos. Poco a poco, aprendemos a controlarlos y a ganar independencia física. Nuestros gestos físicos se hacen más expresivos a medida que aprendemos a usar nuestros cuerpos y a comunicar lo que queremos y lo que no queremos hacer. Nos damos cuenta de que somos capaces de crear y resolver problemas con nuestras manos, y aprendemos las habilidades básicas necesarias para los deportes y los juegos. Posteriormente, si tenemos suerte, desarrollamos complejas habilidades físicas de manipulación y coordinación que nos permiten tener éxito en nuestros desafíos físicos y actividades creativas.

Desarrollar la inteligencia física significa desarrollar el control de los movimientos corporales y el uso del cuerpo para expresarse y aprender. Este desarrollo no se da por casualidad. Se desarrolla, o no se desarrolla tan bien, a través de nuestras experiencias en casa, en la escuela y en el mundo.

Si su hijo/a	Lo que usted puede hacer	Lo que su hijo/a puede aprender
Si es muy torpe y poco coordinado	Anímelo a hacer actividades físicas en las que pueda hacerlo bien, como ir en bicicleta	Que puede tener éxito en las actividades físicas si las practica
Disfruta con un deporte en particular por encima de los demás	Anímela a practicar ese deporte tan a menudo como sea posible, y que se integre en un club en donde pueda recibir entrenamiento	Cómo jugar y disfrutar con su pasatiempo favorito, en donde puede conseguir logros y satisfacciones
Le gusta usar las manos para hacer o arreglar cosas	Anímelo a aprender habilidades de tipo artesanal, como carpintería, costura o modelado	Cómo usar sus habilidades manipulativas para hacer cosas y resolver problemas, ser 'mañoso' en la vida

¿Cómo se desarrolla la inteligencia física?

La inteligencia física empieza a desarrollarse en el útero. Su hijo tiene dedos a las siete semanas de feto, y puede abrir y cerrar las manos sobre las quince semanas. En el momento de nacer ha desarrollado un agarre reflejo lo suficientemente fuerte como para aguantar su propio peso. Desde las primeras semanas de vida independiente su hijo puede alcanzar objetos en la dirección correcta, y hacia la tercera semana habrá aprendido a no estirarse para alcanzar objetos que están fuera de su alcance. A los cinco meses sabrá cómo interceptar un objeto en movimiento, y sobre los nueve podrá adaptar el agarre de su mano al tamaño y la forma del objeto que desea coger.

A medida que crezca, su hijo aprenderá a reafirmar la sujeción cuando las cosas se deslicen de sus manos, y descubrirá que las tareas físicas son mucho más fáciles de realizar cuando uno puede ver lo que hace. Esto se debe a que las tareas físicas, como es la manipulación de cosas, dependen de la retroalimentación visual, de la información que el ojo y el cerebro le dan al cuerpo para que lleve a cabo cualquier tarea consciente. Lo más importante de la inteligencia física es que depende de la coordinación cerebro-corporal (por ejemplo, la coordinación visomotora). Aprendemos a agarrar objetos sin necesidad del pensamiento consciente, pero no sin la ayuda de un cerebro experimentado que coordine nuestros movimientos.

La inteligencia física y la coordinación cerebro-corporal mejoran con la práctica. El cerebro también desarrolla estrategias que le ayudan a enfrentarse con complejas demandas físicas –por ejemplo, coordinando varias articulaciones para que combinen automáticamente sus movimientos. Éste es el motivo por el cual resultan tan difíciles de hacer algunos movimientos no coordinados, como el de darse palmadas sobre la cabeza con una mano mientras con la otra pretendemos frotar en círculo el estómago (pruebe a hacerlo y verá). Llevar diferentes ritmos con las manos también es muy difícil, a menos que uno de los patrones rítmicos sea un múltiplo exacto del otro. El cerebro responde al ritmo, y éste es el motivo por el cual la práctica física es mejor cuando es fluida y rítmica.

A los niños que tienen una pobre coordinación se les describe como torpes. Todos somos torpes de vez en cuando, derramamos cosas, erramos el tiro o volcamos cosas. A los niños que son torpes demasiado a menudo se les llama dispráxicos, y no son menos inteligentes que sus amigos, lo único que ocurre es que sus cerebros no pueden coordinar de forma adecuada su actividad física. El rango de esta discapacidad, como en toda discapacidad humana, es amplio. Hay niños que son torpes sólo ocasionalmente, y hay otros que lo son en todas las circunstancias. En ocasiones, se dice de esto que es una falta de competencia 'motora' (es decir, de coordinación cerebro-corporal). Esto puede llevar a generar problemas en el aprendizaje (las habilidades físicas como la escritura se hacen más difíciles), en el establecimiento de relaciones (a los niños no les suelen gustar los compañeros torpes) y en la confianza en sí mismos (llega un momento en que se consideran perdedores físicos). Si usted cree que su hijo es especialmente torpe, debería de consultar al psicólogo o al médico. Cualquier niño puede aprender a mejorar su coordinación y a vencer sus problemas dándole ayuda y apoyo.

INPUT	lo que hace usted	Usted estimula a su hijo para que lleve a cabo diversas actividades físicas, como deportes, danza y ejercicios, así como actividades expresivas, como trabajos manuales, danza y teatro.
OUTPUT	lo que hace su hijo	Desarrolla las fuerzas de la coordinación física, además de las habilidades en los juegos y la expresión creativa.
AUTOCONTROL	lo que aprende el niño	Aprende a confiar en sí mismo y la habilidad física en el control de su cuerpo y en el uso de su cuerpo para el juego, el placer y el aprendizaje.

> **¿Sabía usted que...?**
>
> Como otros primates, el bebé humano está adaptado para el ejercicio físico desde los primeros días de su vida. Para los bebés es natural agarrar, estrechar y trepar, tanto horizontal como verticalmente. Un bebé puede aferrarse del cabello de su madre y aguantar su propio peso con pocas semanas de vida, y puede trepar por una escalera de mano desde el momento en que puede ir a gatas. Los bebés están adaptados para cabalgar a lomos de los padres y para trepar a los árboles. Si a partir del primer mes se les da a los bebés ejercicios físicos y aparatos con los que jugar, se les estimulará para gatear y caminar desde temprana edad.

Qué puede hacer usted para ayudar

¿Por qué hay personas que se desenvuelven mucho mejor que otras en las actividades físicas? ¿Qué es lo que hace que uno sea bueno en el deporte, o que sea mejor cocinero o carpintero? Parte de la respuesta estriba en que, aquellos que tuvieron éxito, habían logrado averiguar en qué eran buenos. Es posible que probaran muchas cosas antes de descubrir una o más actividades físicas con las que alcanzaron éxito, satisfacción y el reconocimiento de los demás.

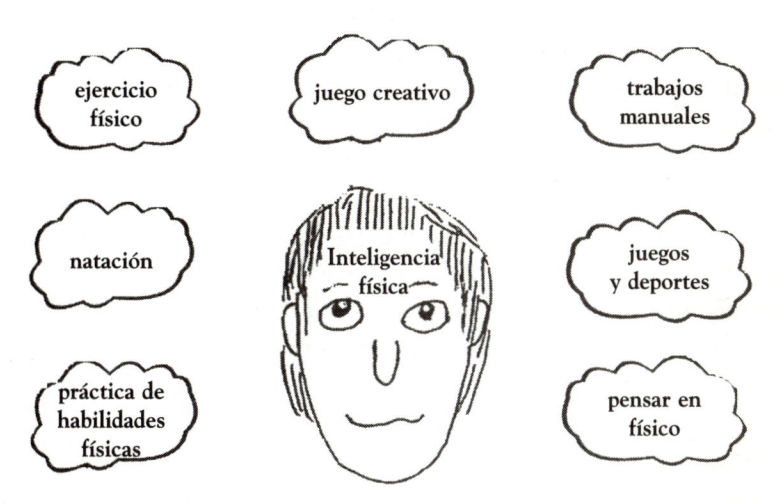

Algunas formas de desarrollar la inteligencia física

Una de las razones para iniciar a su hija en un amplio rango de actividades físicas es que no sólo va a ser más saludable para ella, sino también es que es más probable que encuentre una actividad en la que sobresalga. El primer principio para el desarrollo de la inteligencia física es ampliar las oportunidades de su hija para que participe en actividades físicas. En la medida en que se desarrolle físicamente, se desarrollará también socialmente y podrá descubrir cosas que le pueden interesar toda la vida. Como decía Jayne, "Me gusta probar cosas diferentes, porque nunca sabes en qué podrías ser buena".

Otra razón por la cual algunas personas tienen éxito en determinada esfera de actividad es porque han empleado más horas que los demás en su práctica. La práctica es una medida de la motivación, más que una habilidad innata. Todos podemos mejorar en cualquier actividad física si la practicamos más. La práctica establece la diferencia entre ser bueno y ser mejor que bueno, pero no garantiza que se vaya a ser un experto o un campeón. Tenemos que alentar a nuestros hijos para que practiquen, pues como Paul, de seis años, decía: "No soy muy bueno ahora, pero si sigo practicando lo seré".

Para mejorar tenemos que trabajar duro, pero tenemos que hacerlo de forma 'inteligente'. Con solo aplicar nuestras mentes a lo que hacemos, podemos estar seguros de que lo haremos mejor. Tenemos que ayudar a nuestros hijos a ser conscientes de lo que hacen, a que miren hacia el futuro para que vean que el esfuerzo no es vano, y a revisar sus progresos para que aprendan de la experiencia. Queremos que la mente y el cuerpo trabajen en armonía para que coordinen nuestros mejores esfuerzos. Como comentó un campeón deportivo cuando se le preguntó por el secreto de su éxito, "No pienso en ello mientras compito, pero pienso antes para prepararme, y después para ver cómo puedo ir a más".

Así pues, su hija tendrá que experimentar una gran variedad de actividades físicas para averiguar la que mejor se adapta a ella; tendrá que practicar las técnicas clave para obtener el máximo partido de su experiencia; y así incrementar su sensación de bienestar y la confianza en sí misma a través de esta actividad. Estas tres formas principales para desarrollar la inteligencia física se pueden resumir en:

1. *Expandir lo físico* –ampliar la experiencia de su hija en actividades físicas.
2. *Fomentar la práctica* –sustentar su concentración sobre la actividad física elegida.

3. *Aumentar la confianza* –planificar y revisar los progresos en dirección al éxito en la actividad física.

Idea clave: que lleve a cabo actividades y ejercicios físicos regulares

Expandir lo físico

Estudios recientes han demostrado que son muchos los niños que no realizan un ejercicio físico vigoroso ni en casa ni en la escuela. Muchos pasan su tiempo libre embobados delante de la pantalla del televisor o del ordenador, y en la escuela se quitan a menudo clases de educación física para dedicar más tiempo a la lectura, la escritura y la aritmética. Todos estos factores contribuyen al bajo nivel de forma característico de muchos niños mayores. El ejercicio regular es importante en cualquier edad para mantener una buena salud, dado que el cuerpo es como una máquina, que se mantiene en forma con el uso; necesita cuidados y, si el niño toma consciencia de los valores de un ejercicio saludable, éste se puede convertir en un hábito positivo para toda la vida.

El ejercicio es esencial para el *crecimiento* físico y para el correcto funcionamiento de los distintos sistemas del cuerpo. El ejercicio regular lleva al desarrollo de una mayor *fuerza* física y muscular, y la diversidad de movimientos proporciona un incremento de la *flexibilidad* y una creciente capacidad para responder a cualquier esfuerzo físico. El ejercicio mejora también el funcionamiento del corazón y del sistema cardiovascular, con lo que se desarrolla una mayor *resistencia* y capacidad para hacer más. El uso variado de las manos y de otras partes del cuerpo incrementará también la *destreza* y la habilidad de su hijo para utilizar de forma creativa su cuerpo.

El teatro, la imitación y la mímica constituyen formas de movimiento creativo que se pueden utilizar dentro del aprendizaje, y las actividades de tipo manual pueden potenciar también la inteligencia física. El escultor Henry Moore jugaba con arcilla cuando era niño, y nunca dejo de desarrollar su coordinación ojo-mano con la arcilla.

La verdad es que hago el primer boceto en arcilla, y lo sostengo en la mano. Le doy vueltas, lo miro desde debajo, lo veo desde este lado, lo contemplo contra el cielo, lo imagino en cualquier tamaño que se me ocurra, y lo controlo casi como Dios al crear algo.

Henry Moore

Probablemente, se puede aprender más con la cocina que con cualquier otra artesanía creativa, pues en parte reúne conocimientos científicos y de otros tipos (p. 159), en parte habilidades sociales (p. 265) y en parte aptitudes manipulativas. Como con otras habilidades físicas, deje que su hijo se meta en la cocina junto a usted al principio, ayudándole en lo que él pueda. Después, déjelo a su aire, pero con su supervisión. Entre otros valiosos trabajos manuales hay que citar la fabricación de títeres, la costura, la labor de punto, la carpintería, el origami y otras artes decorativas. Anímelo a que utilice las manos en casa, inícielo en todas las labores que se le ocurran, sea haciendo maquetas o decorando un pastel. Los juegos caseros, como los juegos de mesa, de cartas o de ordenador pueden colaborar también en el desarrollo de la destreza y de la coordinación mano-ojo.

Los niños pequeños tienen un vasto almacén de energía. Les gusta moverse, experimentar el mundo a través de los sentidos y expresar lo que saben de ese mundo mediante el movimiento. Con seis meses de edad Karen ve y oye a su madre que se acerca para cogerla, y ella se activa y se menea, se retuerce y sonríe. Con todo su cuerpo está diciendo, "¡Hola, mamá, estoy aquí!", como si lo estuviera haciendo con palabras.

¿Sabía usted que...?

Los estudios demuestran que el balanceo regular de un bebé fomenta el crecimiento cerebral, cosa que viene como consecuencia de la estimulación del llamado sistema vestibular, la zona del sistema nervioso que conecta estrechamente con los mecanismos del oído interno del bebé, de vital importancia para el equilibrio y la coordinación. Los bebés a los que se les da estimulación vestibular por medio del balanceo desarrollan la percepción -la visión, la audición, etc.- antes que los demás. Quince minutos diarios de balanceo, caricias, frotamientos y vaivén serán de gran ayuda para la coordinación y la capacidad de aprendizaje futuros de un bebé.

Los bebés pueden iniciarse en el gateo desde el momento de nacer. Gatear es positivo en tanto que precisa del trabajo de las cuatro extremidades, así como de los ojos y el cerebro (si no, pronto chocarían con el sofá o una silla). El gateo, como otras actividades físicas, es bueno para el desarrollo de la visión y del cerebro. Cuanto más gatee un niño, antes comenzará a caminar. A medida que crecen, los niños aprenden a moverse con habilidad creciente. Corren, trepan, lanzan, bailan, construyen, cortan, pintan, dibujan, expresan sus sentimientos, imitan movimientos, botan las pelotas y juegan a todo tipo de juegos, y al hacer esto no sólo aprenden de sí mismos y del mundo, sino que también aprenden habilidades de coordinación y sincronización, al tiempo que mejoran su ejecución física, ganando en placer y confianza para las actividades físicas. Sea cual sea el nivel de desarrollo en el que se encuentre su hijo, busque siempre la forma de plantearle nuevos desafíos a su realización física (eso sí, tomando las medidas necesarias para que el desafío sea seguro).

Lo que hay que hacer, tanto en casa como en la escuela, es expandir el rango de experiencias físicas del niño, alentándole para una actividad más compleja, como la gimnasia o la mecanografía, con el fin de que este aspecto de la inteligencia se amplíe. Recuerde que en todo desafío físico existe el riesgo del fracaso. Como comentó un niño que estaba aprendiendo a patinar, "No sabía lo difícil que era sostenerse hasta que me solté". Potencie el enfoque de 'primero, piensa'. Hasta los juegos creativos se pueden beneficiar con una planificación, con preguntas como: "¿Qué necesitas?" "¿Qué vas a hacer?" "¿Cómo lo vas a hacer?" o la tan frecuente, "¿Y quién va a ordenar esto después?"

Idea clave: propóngale juegos creativos, complejos y físicamente desafiantes

Lo que puede hacer para ayudar a su hijo es:

Procure espacio y tiempo para el juego físico
Asegúrese desde los primeros meses de vida de su hija de que tiene tanta actividad física como desea. Si tiene pocos meses, conviene que los ejercicios los haga desnuda, con el fin de que no encuentre obstáculos en sus movimientos –con las manos libres, los pies libres, capaz de gatear y trepar. Y a medida que crezca, déjala que cometa errores, aunque, eso sí, ¡esté allí para agarrarla cuando caiga!

Los niños necesitan espacio abierto para moverse y jugar, tanto dentro como fuera de casa, pero también necesitan espacio 'psicológico', es decir, estímulo y apoyo para moverse, jugar y explorar. Cuando John se va a dar un paseo con sus padres lleva siempre una pelota en el bolsillo, para jugar con ella por la calle.

Hay muchos ambientes en los que su hija puede moverse, jugar y experimentar algún desafío físico –casas, parques, patios de recreo, áreas de aventuras, playas, colinas, riberas y bosques. Que su hija experimente tantos espacios de juego diferentes como sea posible. Cualquier lugar del mundo puede ofrecer un espacio para el aprendizaje físico, siempre y cuando sea seguro, y, en él, su hija tiene que aprender a utilizar todos sus sentidos.

El juego físico es un importante medio de expresión propia, a través del movimiento en el baile y la interpretación, a través del modelado y de otras artesanías creativas. En el hogar deberían de haber espacios para el juego físico, lugares en donde su hija pueda modelar o hacer rompecabezas, participar en juegos activos o compartir con usted sus propias actividades de 'hágalo usted mismo' o cualquier otro trabajo manual. Una persona recuerda: "La cocina era mi sitio favorito de juegos en la casa. Y todo comenzó el día en que mi madre me dijo que modelara animales con la masa del pan". Otra recuerda: "En el garaje de casa fue donde comenzaron a fascinarme los motores. Desde entonces los vengo montando y desmontando".

Idea clave: involucre a su hija en las actividades manuales de casa

Estimule a su hijo para que haga ejercicios físicos variados
Para que desarrolle una amplia gama de habilidades físicas, conviene que estimule a su hijo para que experimente también una amplia variedad de actividades físicas. Necesita juegos que le hagan correr, esquivar, saltar, brincar, ir a la pata coja, caminar, lanzarse, agarrarse, rodar, balancearse, etc. Enséñele juegos poco comunes, como columpiarse en el tronco caído de un árbol, jugar al tejo (rayuela) en el patio, arrojar piedras a una hilera de latas o saltar para ver la altura a la que es capaz de llegar.

Lo que viene a continuación es una actividad que, de forma intuitiva, los padres descubren que a los niños les encanta –al sostener al niño con firmeza de las manos y darle vueltas alrededor como las aspas de un helicóptero. Los estudios sugieren que la rotación puede favorecer el crecimiento cerebral. Utilice la Vuelta del Helicóptero con cualquier niño a partir de los tres años, cuando ya sea capaz de caminar y de correr:

La Vuelta del Helicóptero
Diga, "Vamos a ser helicópteros" y haga lo siguiente:
1. Dígale que se equilibre extendiendo los brazos a los lados tan lejos como pueda, como las aspas de un helicóptero.
2. Pídale que gire tan rápido como sea capaz durante 15 segundos.
3. Al cabo de estos 15 segundos diga, "ALTO. Cierra los ojos. Mantén el equilibrio y quédate tranquilo". Déjelo durante unos 30 segundos, hasta que se le pase el mareo.
4. Que gire de nuevo del mismo modo. Que gire 15 segundos, que descanse 15 segundos, y así sucesivamente hasta diez veces. Observe lo rápido que puede llegar a girar. Todo esto debería de llevar unos 5 minutos.

Finalmente, podrá girar con los ojos cerrados, abriéndolos sólo para asegurarse. Si su hijo presenta problemas con esto, siga a su lado y préstele ayuda agarrándolo de una mano y empujándole el brazo alrededor con rapidez para generar un movimiento rotatorio. Es importante que gire sólo en un sentido, y recuerde, cuanto más intensa sea la actividad más estimulará el crecimiento cerebral.

Los ejercicios braquiales también pueden estimular el crecimiento cerebral. Éstos ejercicios involucran la parte superior del cuerpo, concretamente los brazos –por ejemplo, trepar a los árboles, balancearse colgado de una cuerda o escalar desniveles empinados. La madre de Jane estaba encantada en el parque viendo a su hija intentando trepar a un árbol. No sabía que Jane estaba haciendo ejercicios braquiales, pero sí que sabía que la variedad en los ejercicios físicos era muy positiva para el crecimiento de la niña. No se trata de un retroceso hasta nuestros ancestros simios: muchos deportes dependen de las capacidades braquiales, entre ellos la gimnasia, el tenis, el golf, el cricket, el remo, el béisbol y el más completo de todos los ejercicios, la natación.

El agua es un elemento natural para su hijo. Antes de nacer, los niños están completamente sumergidos dentro de una membrana de fluido cálido. Los bebés nacen con un reflejo natatorio natural, que justifica el hecho de que puedan aprender a nadar antes que a caminar. Así pues, láncese y enseñe a nadar a su hijo, sea cual sea su edad. No es necesario que usted sepa nadar para enseñarle a él. La clave radica en la confianza. Tan pronto como su hijo sea capaz de chapotear, sumergirse y abrir los ojos bajo el agua, aprenderá a nadar de forma natural, por medio de ensayo-error. Estar en el agua es más importante que meterse en ella –sea deslizándose por el tobogán, saltando o zambulléndose (hay niños que aprenden a zambullirse antes que a nadar). Para convertirse en un buen nadador su hijo va a necesitar una buena técnica, la que le puedan enseñar en la escuela o en un club, así como un cuerpo fuerte, sano y flexible, y la motivación para sacar el máximo partido a sus habilidades natatorias. Con todo esto, ¿quién sabe? Quizás termine cruzando a nado el Canal de la Mancha. Markus Hooper tenía sólo 12 años cuando cruzó a nado desde Dover hasta la costa de Francia en 1979. Pero, tanto si su hijo está destinado a ser un campeón de natación como si no, al iniciarlo en los placeres de la natación usted no sólo le habrá dado un salvavidas, sino también una habilidad que realzará su vida.

Recuerde que, para muchos niños, nadar es un desafío complejo que puede que no se les dé con facilidad. Como decía Carla, de seis años, "Me gustaría ser un pez. ¡Nadar me resultaría mucho más fácil!"

Idea clave: enséñele a su hijo a nadar y a estar activo en el agua

Practiquen diferentes tipos de juegos
Desde los dos o tres años en adelante se puede iniciar a los niños en la mayoría de deportes y juegos, de una forma simplificada pero útil, como el fútbol, el cricket, el golf, los bolos, el voleibol, las artes marciales o el tenis. Coby Orr, de Colorado, Estados Unidos, aprendió a jugar al golf de muy pequeño, y a los cinco años sorprendía a todo el mundo haciendo un hoyo de 94 metros en un solo golpe. Joy Foster ganó el campeonato de tenis de Jamaica en las series individuales a los ocho años, y Sonja Henie fue campeona de patinaje en Noruega a los doce años. Ningún niño es demasiado pequeño para comenzar con una versión simplificada de cualquier deporte o juego.

Usted puede elaborar juegos propios para su hija pequeña con objetos sencillos y en cualquier lugar. ¿Su hija puede meter una pelota en un bote haciéndola rodar o saltar? ¿Puede agarrar o esquivar una pelota, o hacer juegos malabares con dos bolas? Una de las razones por las que algunos padres han tenido tanto éxito al formar campeones deportivos es porque iniciaron a sus hijos desde muy pequeños en juegos de pelota, les enseñaron a 'amar la pelota' y a jugar a diario este tipo de juegos.

Si una niña no puede coger o lanzar una pelota es, por regla general, porque tiene miedo de ella, y al niño que se le niega la experiencia del juego se le niega la experiencia del logro. En cierto sentido, su hija ya no tendrá que estar sola a partir del momento en que pueda jugar con la pelota. Una niña pequeña le dijo en cierta ocasión a su profesor que se iba a jugar con los ángeles.

- ¿Y cómo jugáis? –le preguntó el profesor.
- Yo lanzo la pelota al aire y los ángeles me la devuelven –respondió la niña.

"Cuando bailo, es como si todo mi cuerpo volviera a la vida", decía Nadine. La danza, como cualquier otro tipo de ejercicio controlado, como el T'ai Chi o las artes marciales, es buena para desarrollar la inteligencia física. Anime a su hija para que utilice el cuerpo de formas controladas y coordinadas mediante juegos y deportes.

Idea clave: haga que participe en una amplia variedad de juegos y deportes

Hay veces en que los actos hablan con más claridad que las palabras. Aún siendo niños, nos damos cuenta de que podemos alterar nuestro estado mental balanceándonos, bailando o de otras formas. Podemos eliminar el estrés o el dolor físico o emocional sumergiéndonos en un ejercicio físico o mental. Así pues, tenemos buenas razones para jugar. Y, como la mayoría de las cosas en la vida, nuestra capacidad para dedicarnos a cualquier actividad física mejora con la práctica.

> **¿Sabía usted que...?**
>
> Cuando se somete a unas ratas de laboratorio a un ambiente físicamente estimulante, es decir, cuando se las pone con otras ratas y se les da acceso a juguetes, escaleras, ruedas y otros objetos lúdicos para que los utilice y los explore, las células cerebrales crecen mucho más que las de las ratas que han crecido en un ambiente seguro pero aburrido, en jaulas también, pero a su antojo y sin juguetes. Las ratas que crecieron en un ambiente físicamente enriquecido se condujeron mejor en los tests de 'inteligencia', como por ejemplo en la prueba de ver si eran capaces de encontrar comida escondida en un laberinto, que las ratas solitarias y físicamente inactivas.

Fomente la práctica

Me gustan los juegos porque no tienes que aprender nada, sólo jugar. Pero si quieres ser mejor en ellos tienes que practicar

Chris, seis años

La coordinación mano-ojo es esencial en toda actividad humana. Sin ella, no seríamos capaces de untar con mantequilla una tostada, o darle a la pelota con un bate. Normalmente, los músculos más pequeños responden con mayor rapidez a las señales nerviosas que los músculos grandes, por lo que la respuesta ocular es más rápida que la de las manos. Esto significa un lapso de un segundo durante el cual se extiende la mano para realizar la actividad. Una de las cosas en las que se diferencian las personas es en la velocidad ocular. Otra, es le movimiento preciso de la mano. Estas pequeñas variaciones van a explicar de alguna manera las diferencias de ejecución entre las personas, tanto al pelar cebollas como al enhebrar una aguja o practicar un deporte. ¿Cómo se puede perfeccionar la coordinación visomanual?

La práctica es una de las cosas que potencia esta coordinación, así como la capacidad para llevar a cabo cualquier habilidad de tipo físico. Como en todo aprendizaje, la práctica desarrolla y extiende las conexiones celulares del cerebro gracias a la repetición de la experiencia. La práctica del lenguaje nos ayudará a hablar mejor, la práctica en un deporte nos ayudará a desenvolvernos mejor en él, de ahí la conveniencia de estimular a nuestros hijos para que practiquen aquello que quieren hacer mejor y de recompensarles por su esfuerzo.

Una de las razones por las que es tan importante la práctica es porque estimula la memoria cinética o física. Tenemos un ejemplo en la mecanografía. Existen buenas razones para que su hijo aprenda mecanografía, pues los niños tienden a deletrear mejor las palabras con el ordenador que con el bolígrafo. Esto no tiene nada que ver con el dispositivo informático de corrección ortográfica, sino con el propio software de su hijo. Los dedos 'recuerdan' con la práctica los grupos de letras mecanografiados en el ordenador que se escribían erróneamente a mano. También ganan en rapidez con la práctica, si hacen mecanografía de cinco dedos en lugar de la de un solo dedo. La frustración es uno de los sentimientos que suelen aparecer en los niños que utilizan ordenadores, porque su cerebro va bastante más rápido de lo que sus dedos pueden pulsar las teclas. Saber mecanografía significa enseñar a los dedos a hacer lo que el pensamiento necesita para plasmar las palabras en el papel, y duplicar la velocidad en las pulsaciones divide por la mitad el tiempo que se necesita para introducir las palabras en el ordenador. Si usted no sabe mecanografía, existen programas de ordenador que le pueden enseñar, o pueden enseñarle a su hijo.

Aún con el entrenamiento y la práctica adecuados, los seres humanos desarrollarán diferentes niveles de habilidad física, y no habrá ni siquiera dos que sigan el mismo patrón. No espere que su hijo siga el patrón de desarrollo físico que siguió usted, o que tenga sus mismas habilidades. Hay movimientos que todos los niños normales pueden dominar, como caminar, correr, echarse, saltar, etc., aunque cada actividad se puede mejorar con el entrenamiento. Pero hay otras habilidades que sólo se desarrollarán si el niño tiene la oportunidad de desarrollarlas, como regatear con un balón, aserrar un trozo de madera o escribir a máquina.

Es algo perfectamente normal que niños de una misma edad tengan habilidades físicas muy diferentes. El cuerpo de su hijo es sólo de él, y tiene un patrón de desarrollo inherente. En cualquier actividad física existen tres etapas de aprendizaje:

1. Los primeros intentos
Es la etapa de ensayo-error, cuando el niño está descubriendo de qué va aquello. No todos estos primeros experimentos serán exitosos, de modo que será conveniente que le ayude a asumir la frustración del fracaso. Recuerde que fallar es parte del aprendizaje y que enfrentarse a la frustración es parte del aprendizaje para enfrentarse a la vida. Dele tiempo para esta primera fase experimental.

2. La práctica a través del juego
Repitiendo la actividad, su hijo pondrá a prueba diferentes formas de hacer las cosas, teniendo así ocasión de procesar la actividad con diferentes partes del cerebro. Poco a poco, con sus esfuerzos y el consejo de los demás, alcanzará una mayor comprensión de lo que necesita practicar.

3. La habilidad automática
Gradualmente, los movimientos físicos se hacen automáticos, con lo que la mente de su hijo se liberará para poder hacer algo más al mismo tiempo, para dirigir la acción hacia una meta o para hablar o responder a cualquiera mientras lleva a cabo la acción. En el momento haga automática una habilidad, su hijo se encontrará en mejor posición para disfrutar del deporte, del juego o del trabajo práctico. Entonces estará preparado para un entrenamiento más específico, si desea alcanzar determinada pericia en esa actividad.

¿Sabía usted que...?

Los atletas que se mantienen en super-forma no están necesariamente más sanos que los mortales ordinarios. El exceso de entrenamiento del cuerpo puede reducir su inmunidad ante las enfermedades. Si al cuerpo humano se le lleva más allá de sus límites normales de resistencia, se hace más susceptible a la enfermedad.

Una buena forma de asegurarse una práctica regular es meterse en un club. En casa, añádale interés a cualquier cosa que practique su hijo tomando tiempos o grabando sus esfuerzos. Compre algo con lo que pueda tomar registros, como un cronómetro o algo similar. Ayúdele a que encuentre el éxito en alguna forma de actividad física, incluso si ese logro implica competir consigo mismo. Como decía Patrick, un niño que odiaba el ejercicio físico, "A la única persona que puedo vencer es a mí mismo, ¡y no siempre lo consigo!"

Idea clave: ayude a su hijo en la práctica regular de su habilidades físicas

Pensar en lo físico

El ciempiés era bastante feliz
hasta que la rana, de broma,
le dijo: "Perdone, ¿qué pata va después de cuál?"
Aquello le sumergió en tales dudas
que se quedó ensimismado en una zanja,
preguntándose cómo seguir caminando.

"Tienes que pensar en ello si quieres hacerlo mejor..."
Consejo de un niño a su hermano pequeño

Pensar en algo puede confundirnos y hacer que nos preocupemos (como en el caso del ciempiés, o como les pasa a muchos cuando tienen que enfrentarse al examen de conducir). Pero la forma correcta de pensar le puede ayudar a usted, y a su hijo, a hacer las cosas mejor. Sabemos que el cuerpo da lo mejor de sí mismo cuando se encuentra en un estado de concentración relajada. Las ventajas de tener los músculos relajados antes de cualquier esfuerzo se explican fácilmente: el músculo, si está relajado, se puede estirar en mayor medida que si está tenso. Y esto mismo ocurre con la mente.

La mente piensa en términos de movimientos totales, por lo que, si se concentra (como el ciempiés) en partes aisladas, lo único que conseguirá será interferir la coordinación motriz. Cada vez que su hija intenta aprender algo existe el riesgo de que lo intente con demasiada fuerza y, al hacerlo así, o al hacer un 'esfuerzo extra', el cuerpo se tensa, provocando con ello un esfuerzo innecesario. A los niños hay que motivarlos, estimularlos y recompensarlos, pero no presionarlos.

Las buenas lecciones no se fijan en los errores, sino en lo que los niños hacen bien. Claro está que su hija tiene que aprender a fracasar y a perder, pero el fracaso repetido mina la confianza en uno mismo. Comience con lo que su hija es capaz de hacer, comience con cosas fáciles, para que el éxito esté garantizado, al menos en parte. Evite el aburrimiento haciendo cada juego o actividad práctica lo suficientemente breves y sencillos. Asegúrese de que su hija tiene la parte adecuada para vencer o perder. Discutan el modo en que se puede hacer mejor la próxima vez.

Su estímulo es importante. Los estudios demuestran que la mayoría de los niños reciben muchos más comentarios negativos que estímulos positivos. La confianza en uno mismo radica en la mente, y te la pueden matar los demás si menosprecian tu esfuerzo o ponen el énfasis en tu fracaso (o, como diría un niño, "si te pegan un corte"). La actividad física tiene lugar tanto en el cuerpo como en la mente. Henry Ford dijo en cierta ocasión, "Tanto si crees que puedes como si crees que no puedes, tendrás razón". El éxito llega con "puedos", no con "no puedos". Si una niña se siente bien consigo misma, si cree que puede, lo intentará. Sentirse bien no es suficiente, pero es un buen inicio. Ayude a su hija a que se sienta bien consigo misma y con su cuerpo, aún en el caso de que esté lejos de ser perfecta. El mundo del deporte proporciona incontables ejemplos de atletas que vencieron abrumadores problemas físicos para terminar conquistando el mundo. Y lo hicieron no sólo gracias al entrenamiento y a la fe depositada en ellos, sino también a la confianza en sí mismos y a la voluntad de vencer.

Para conseguir cualquier habilidad física, sea en la interpretación, en la cocina o en el modelado, es muy útil ensayar mentalmente las acciones físicas a realizar. Enséñele a su hija a 'pensarlo primero', a recorrer en su mente lo que planea hacer antes de la actividad. Si su hija sabe con claridad lo que tiene que hacer antes de comenzar, no tendrá que pensarlo demasiado cuando lo esté haciendo y, a diferencia del ciempiés, podrá correr por el gozo de correr.

Idea clave: ayude a su hija a planificar y a repasar su actuación en cualquier actividad física

Siete pasos para la inteligencia física

- Que su hija practique y se ejercite de forma regular en distintas actividades físicas.
- Ofrézcale la oportunidad de intervenir en juegos físicos creativos, complejos y estimulantes.
- Involucre a su hijo en trabajos manuales caseros y de los de 'hágalo usted mismo'.
- Enséñele a nadar y a estar activo en el agua.
- Anímele a participar en una amplia variedad de juegos y deportes.
- Sosténgale en la práctica regular de las habilidades físicas.
- Ayude a su hija a planificar y a repasar su actuación en cualquier actividad física.

8

El Autocontrol

El desarrollo de la inteligencia personal

La naturaleza ocultó en el fondo de nuestras mentes talentos y capacidades de los que no somos conscientes.

François de la Rochefoucauld

No me gusta que la gente me esté diciendo cosas todo el tiempo. Me gusta resolver algunas cosas por mí mismo... y, en ocasiones, lo hago.

Jo, seis años

Cuatro niñas volvían caminando de la escuela una tarde cuando un automóvil se detuvo junto a ellas. El hombre que estaba en el automóvil les dijo: "Vuestro padre me ha dicho que os vengáis conmigo. Me ha enviado a buscaros". El hombre abrió la puerta y tres de las niñas entraron, pero la cuarta no lo hizo, se fue corriendo. El automóvil se alejó a toda velocidad, mientras la niña se dirigía lo más rápido que podía a la comisaría más cercana. Contó lo que había sucedido, describió el color del coche y la dirección en la que se había ido. Las patrullas fueron alertadas y, poco después, detuvieron el automóvil sospechoso. Las niñas volvieron a casa indemnes. Cuando le preguntaron a la niña que había dado la alarma por qué había echado a correr en vez de entrar también en el automóvil, respondió: "No lo sé, pero papá y mamá siempre me están diciendo '¡Piensa!' Dicen, 'Tienes tu propia cabeza, úsala'. De modo que pensé. Y pensé si de verdad papá hubiera querido que hubiéramos vuelto con aquel hombre, y pensé que sólo había hablado de un padre, y nosotras tenemos tres padres, entre todas quiero decir. De manera que eché a correr"[1].

¿Qué es la inteligencia personal?

La inteligencia personal es la capacidad que tiene su hijo de conocerse, de controlar lo que piensa y siente, y de saber por qué hace lo que hace. Un niño que tenga una inteligencia personal bien desarrollada poseerá una imagen precisa de sí mismo, y comprenderá quién es y qué quiere hacer. Los antiguos griegos eligieron una frase de sabiduría para tallarla en la fachada del santuario del oráculo de Delfos, una frase que decía: 'Hombre, conócete a ti mismo'. Iban a consultar al oráculo con el fin de averiguar algo sobre sí mismos y sobre qué hacer. La inteligencia personal significa conocerse uno a sí mismo, y ser capaz de asumir la responsabilidad de lo que uno hace en su vida; significa tener los recursos necesarios para saber qué hacer cuando no hay nadie que nos lo pueda decir.

Al igual que los griegos, todos necesitamos ayuda para averiguar lo que pensamos y necesitamos hacer. Desde el punto de vista de su hijo, usted, su profesor y sus amigos son sus 'oráculos', pero el peligro estriba en que los niños pueden terminar dependiendo de lo que otros piensan y dicen que se debería de hacer. Como me dijo un niño en cierta ocasión, "Me gusta la señorita Smith" (su profesora); y cuando le pregunté por qué, me dijo: "Porque piensa por ti". Si los niños hacen lo que sus padres, sus profesores y sus amigos les dicen tendrán bastante menos que pensar, pero crecerán sin una mentalidad propia. Serán niños obedientes, pero esta obediencia puede ser peligrosa pues serán fáciles de persuadir; y esto, como sabemos, puede traer problemas —como en el caso de las tres niñas que entraron en el automóvil. Queremos que nuestros hijos hagan lo que les decimos, pero también queremos que piensen por sí mismos, y para esto hay que darles tiempo para pensar, así como oportunidades para que

---

[1] Esta historia la cuenta Penelope Leach en *Baby and Child*, publicado por Michael Joseph.

tomen decisiones y elijan por sí mismos, para que desarrollen su propio enfoque práctico respecto al mundo.

La inteligencia personal nos ayuda a resolver los problemas prácticos de la vida. Los griegos poseían una palabra para esta, la llamaban 'nous'. Lleva implícita la capacidad de tomar decisiones sabias sobre nuestras vidas, mediante la comprensión de quiénes somos, cuál es la situación y qué queremos. La inteligencia personal es útil en la resolución de problemas personales. Por ejemplo:

- Debbie sabe que no se le da demasiado bien la ortografía. Ha pensado mucho en ello y ha desarrollado varias estrategias que le ayudarán a enfrentarse al problema. Comprueba las palabras de las que no está segura en un diccionario o con el corrector de ortografía del ordenador. Se ha empeñado en aprenderse las palabras con las que comete errores ortográficos. Lo está haciendo mejor, pero sabe que todavía tiene mucho que hacer.
- Paul tiene un temperamento difícil. Sabe que 'pierde los estribos' con facilidad cuando está de mal humor, pero está intentando controlarlo. Una de las cosas que hace es contar hasta diez cuando nota que se está enfadando. Ahora también tarda poco en pedir perdón cuando, como dice él, 'se pasa de la raya'. Hace poco que está practicando la meditación, y esto parece que le ayuda a calmarse.
- A Kerry le gusta planificar las cosas, pero le resulta difícil recordar lo que tiene que hacer. Utiliza una libreta de notas para anotar lo que está planeando o lo que desea recordar. Sus padres le ayudan preguntándole si ha preparado su lista, pues se suele olvidar de todo cuando sale. Ahora que lleva su lista de cosas que recordar se siente más organizada.

¿Sabía usted que...?

Los niños autistas son un ejemplo de personas con una débil inteligencia personal (y social). A veces son incapaces de referirse a sí mismos como una persona diferenciada, y no parecen ser conscientes de su propia mente o de las mentes de los demás. Sin embargo, hay niños autistas que tienen capacidades significativas en otras áreas de la inteligencia, como con la música o con el cálculo numérico.

El desarrollo de la inteligencia personal de su hija

La inteligencia personal de su hija se despierta cuando se encuentra en una situación en donde tiene que pensar acerca de sí misma, acerca de lo que piensa y siente. Desarrollar la inteligencia personal significa ayudar a su hija a ser más consciente. Los niños se suelen fijar en los resultados de sus acciones: '¿Puedo hacer esto?' '¿Por qué no puedo hacer eso?' '¿Esto está bien?' Esto puede generar una preocupación ansiosa por hacer las cosas bien. Así pues, es posible que la niña utilice las demás inteligencias de forma adecuada –que haga bien las sumas, que dibuje bien, que haga el modelo perfecto, que escriba correctamente una palabra–, pero puede que lo haga sin tomar plena consciencia de lo que está haciendo. Esto explica por qué a los niños que han crecido bajo un sistema educativo rígido les resulta difícil afrontar los cambios. Están obligados a aprender lo que tienen que hacer cuando no hay nadie que se lo diga, y tienen que aprender a enfrentarse con la incertidumbre y el fracaso. Como Amy, de 14 años, que comentó lo siguiente después de terminar una prueba, "Tenía que responder a una pregunta que nunca antes me habían hecho, y me vine abajo".

¿Qué hacer para que 'no se venga abajo' nuestra hija cuando se enfrenta con algo inesperado? Algo que se puede hacer es dirigir la atención de la niña, tan a menudo como sea posible, hacia los *procesos* involucrados en la resolución de problemas. Por ejemplo, en vez de decir sólo, "No te vayas nunca con extraños", haga preguntas como ésta, "¿Qué harías tú si un extraño en un coche te dijera que lo ha enviado papá para traerte a casa?"

Preguntándole a la niña, "¿Cómo lo hiciste?" en vez de "¿Lo has hecho?" o "Dime lo que piensas" en lugar de "Está bien" o "Está mal", ejercitará su capacidad para la respuesta personal. Es útil que la niña piense acerca de sí misma tanto como acerca del resultado de la tarea.

El desarrollo de la inteligencia personal se inicia cuando su hija describe lo que hace y lo que siente, cuando toma consciencia de su identidad diferenciada. Una de las razones para que los dos años de edad se conozcan como "los terribles dos" es el descubrimiento, típico de esta edad, de que él o ella es un yo individual con necesidades y deseos, pero sin control para satisfacerlos. De ahí, el mal humor y las rabietas. Más tarde, aprenden a definir lo que quieren, lo que les gusta y les disgusta. Entre las preguntas que pueden ser útiles en este proceso están: "Dime lo que quieres", "¿Qué te gusta (o te disgusta) de esto?" "¿Cuál es la mejor forma de conseguir lo que quieres?"

A medida que crecen, los niños aprenden también de qué modo su comportamiento afecta a los demás. Y también será positivo que desarrollen la consciencia de cómo el comportamiento de los demás influye en sus emociones: "¿Cómo te sentiste con lo que te hicieron?" El sentido del yo en relación con los demás se relaciona también con la inteligencia social, "¿Cómo afecta a los demás tu comportamiento?" (ver Capítulo 9) y con la inteligencia filosófica y moral, "¿Cómo deberíamos de comportarnos todos?" (ver Capítulo 10).

En la medida en que se desarrolle la inteligencia personal, lo harán también el control consciente de las emociones y el sentido de la identidad personal (quién soy y quién quiero ser). También nos permitirá resolver mejor los problemas personales prácticos reflexionando sobre lo que se puede hacer ("¿Qué quiero o tengo que hacer?"), controlando lo que estamos haciendo ("¿Funciona lo que estoy haciendo?"), y revisando lo que se ha hecho ("¿Lo conseguí –por qué o por qué no?"). En este capítulo se le enseña a desarrollar estas capacidades en su hija. El desarrollo de la inteligencia personal es un proceso gradual, pero usted puede hacer mucho para potenciarlo.

Si su hijo/a	Lo que usted puede hacer	Lo que su hijo/a puede aprender
No hace las cosas sin que se le diga qué hacer o cómo hacerlo	Dele una tarea o un trabajo que pueda hacer y discuta con ella cómo lo hizo	Que puede conseguir las cosas si lo intenta y se concentra en ellas de una en una
Cree que no es bueno aprendiendo y haciendo cosas	Potencie su autoestima elogiando lo que hace bien	Que es bueno haciendo algunas cosas, y que puede aprender a hacer mejor otras
No hace nunca preguntas, ni se toma interés por las cosas ni en casas ni en la escuela	Tome algo que le interese y hágale preguntas sobre lo que piensa y hace	Que puede hacer preguntas y pensar por sí misma

¿Cómo se desarrolla la inteligencia personal?

La inteligencia personal se despierta cuando su hijo se encuentra en una situación que le lleva a pensar en sí mismo y le hace consciente de lo que piensa, siente y valora. El sentido de quiénes somos nos llega, inicialmente, a través de los demás. Las actitudes y el comportamiento de los padres son los factores que más influyen en el modo en que el niño se ve a sí mismo y en la sensación de control sobre quién es él.

> **¿Sabía usted que...?**
>
> Los lóbulos frontales del cerebro juegan un importante papel en la inteligencia personal. Una lesión en esta zona puede dar como resultado un cambio de personalidad. Una lesión en la parte inferior de los lóbulos frontales puede generar irritabilidad o euforia, mientras que, si la lesión tiene lugar en la parte superior, puede traer como resultado depresión y apatía.

INPUT	lo que hace usted	Usted lo estimula haciéndole preguntas y ayudándole para que le dé sentido a la vida.
OUTPUT	lo que hace su hijo	Su hijo se hace más consciente de sí mismo, de lo que piensa y siente, y de lo que puede hacer para ayudarse a sí mismo en el futuro.
AUTOCONTROL	lo que aprende el niño	lo que su hijo aprende Su hijo se capacita para tomar el control consciente de sus pensamientos y sentimientos, para planificar el futuro y recapacitar sobre lo que ha hecho.

Qué puede hacer usted para ayudar

La inteligencia personal, el sentido del yo, es en gran medida una invención humana, algo que la mente construye mediante la integración de todas las demás formas de inteligencia. A la capacidad que nos permite pensar acerca de nuestro pensamiento se le llama metacognición. Esta comprensión del 'yo' es lo que se pierde si perdemos la memoria. La inteligencia personal representa todo aquello que hay que saber y comprender sobre nosotros mismos. Pero, ¿qué es este 'yo'? ¿Qué es el 'yo'?

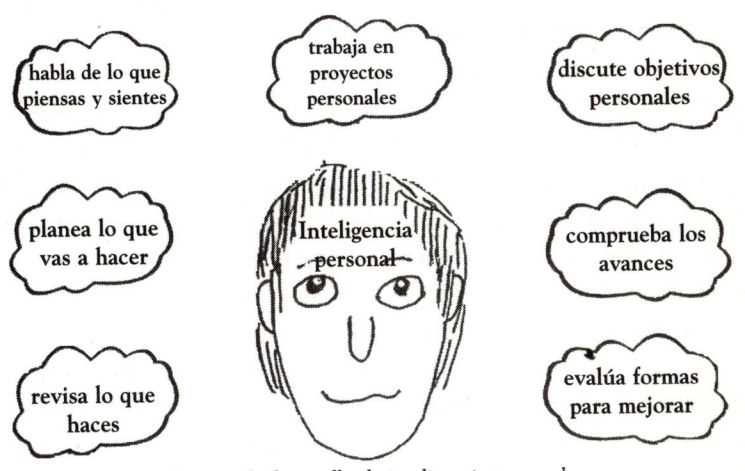

Formas de desarrollar la inteligencia personal

A la forma en la que un niño se ve a (o piensa de) sí mismo se le llama *concepto de sí mismo*, y se observa en la forma en que describe aquello en lo que es bueno y aquello en lo que no lo es. El concepto de sí mismo se refiere no sólo a lo que su hijo hace, sino también a cómo se ve, la *imagen de sí mismo*. La imagen de sí mismo es lo que piensa de su cuerpo y del aspecto que ofrece, así como lo que piensa de su personalidad y de sus talentos. Una persona con una imagen positiva de sí misma creerá en sus posibilidades y se mostrará segura, capaz de desenvolverse con lo nuevo, y difícil de disuadir. Sin embargo, las personas con una imagen negativa de sí mismas tenderán a pensar mal de sí mismas, mostrarán poca confianza en sus posibilidades y se desanimarán al menor contratiempo. Lo peor de una imagen pobre de uno mismo es que se convierte en una profecía que se cumple por sí misma. "Lo ves, sabía que no podría hacerlo", dijo James cuando erró el tiro. "Sabía que podría hacerlo", dijo Alice (¡que, curiosamente, también erró el tiro!). Si se les pide a los niños que se dibujen a sí mismos es muy posible que revelen en el dibujo la forma en la cual se ven. ¿De qué forma se dibuja su hijo?

El inconveniente de una imagen positiva de ti mismo es que puede potenciar una falsa idea de lo bueno que eres, como en el caso de Alice. Napoleón fue un ejemplo de los peligros de un exceso de confianza en sí mismo. Al principio ganaba todas las batallas, y llegó a pensar que era un jefe de ejércitos invencible, pero cuando marchó sobre Moscú fue derrotado. Lo ideal es desarrollar una imagen positiva pero realista de uno mismo, de manera que se tenga confianza en el éxito, pero sin dejar de ser consciente de que también se puede fallar.

Una de las cosas que indican una inteligencia personal bien desarrollada es la capacidad para enfrentarse al fracaso, la habilidad para 'ponerse en pie de nuevo, quitarse el polvo y volver a empezar'. Lo que ayuda en estas circunstancias es el tener una imagen de tu *yo ideal*. ¿Qué clase de persona te gustaría ser? Ésta es una de las formas de averiguar el futuro yo ideal de un niño. Pero hay niños que creen que no van a tener muchas opciones en la vida. Como dijo Ben, de seis años, "Me parece que, cuando crezca, seré lo que es mi padre".

La autoestima es baja cuando hay una brecha muy grande entre la imagen de sí mismo (aquello a lo que creemos parecernos) y el yo ideal (aquello que nos gustaría ser). Una elevada autoestima les proporciona a los niños la confianza para explorar nuevos ambientes, para aprender cosas nuevas y para desarrollar un enfoque de 'puedo hacerlo' ante nuevas empresas. Una elevada autoestima es una de las claves del éxito en la vida, y usted puede fomentar esto en su hijo haciéndole pensar en positivo en cuanto a quién es y quién podría llegar a ser. Joey, de seis años, muestra este tipo de autoestima cuando dice, "En el futuro podría llegar a ser cualquier cosa, cualquier cosa que desee".

Idea clave: hable con su hijo acerca de lo que piensa y siente

"Cada persona recibe dos tipos de educación", dijo Edward Gibbon[2], "la que le dan los demás, y, la más importante, la que se da a sí misma". El

---

2 Edward Gibbon (1737-1794), historiador y escritor inglés. (N. del T.)

inconveniente de una inteligencia personal pobremente desarrollada es que bloquea la capacidad para aprender por nosotros mismos, y esto explica el por qué hay personas a las que les resulta difícil aprender de sus propios errores y desarrollan una falsa imagen de sí mismos. Hay niños que piensan que no pueden hacer algo o aprender algo que, en realidad, son perfectamente capaces de hacer; o creen que son capaces de hacer algo que, ciertamente, no pueden hacer. ¿Qué es lo que les impide tener un mejor conocimiento de sí mismos? ¿Qué es lo que bloquea el crecimiento de su inteligencia personal?

Una de las defensas contra la frustración y el fracaso es la regresión, es decir, la vuelta a un comportamiento inmaduro, de cuando se era más pequeño, al llanto, enfurruñamiento, rabietas y gritos de un niño indefenso. En sus formas extremas, el niño puede llegar a mojar la cama, a chuparse el pulgar y a hablar como un bebé. A veces es un mecanismo de búsqueda de atención (por ejemplo, si la familia tiene un nuevo hijo y el mayor se siente desplazado). Lo que estos niños necesitan es consuelo y atención, así como nuevos desafíos, amor y enseñanzas. Más abajo se comentan algunas formas de combatir este tipo de 'indefensión aprendida'.

Otra defensa es echarse las culpas a sí mismo diciendo que no puede hacerlo y que, por tanto, no lo hará. "¡No puedo, no lo voy a hacer!, dice el niño. "¡Sí que puedes y lo harás!", dice la madre.

Otra defensa muy común es culpar a los demás de la situación, o encontrar cualquier excusa –por ejemplo, que está cansada o que le duele algo, en vez del motivo real. Puede culpar a la escuela, a su profesor o a otros niños. Su falta de éxito no es, por tanto, un error suyo, y no puede hacer nada al respecto.

Otra defensa es culpar a la tarea. "¡Esto es estúpido!" o "¡Es aburrido!" implica que podría hacerlo si quisiera, pero que no vale la pena molestarse. Otras estrategias para evitar una tarea consisten en derramar o dejar caer algo, pedir ir al lavabo o ponerse enfermo. En el peor de los casos, 'perderá' o romperá lo que ha hecho en vez de afrontar el riesgo de la crítica o del fracaso.

Otra defensa es la de la huida. En épocas de tensión o de dificultades puede ser muy cómodo el estar sentado delante del televisor. El soñar despierto es otra manera de huir de los problemas que no queremos enfrentar, como se ve en el siguiente poema infantil:

Sueños de día

Mi profesor cree que estoy escuchando,
pero la verdad es que estoy cruzando el cielo
sobre la alfombra mágica de los sueños.
Estoy tumbado al sol
en una playa de arena plateada,
descubriendo calderos de oro
en los extremos del arco iris,
escalando por la alubia mágica
con Jack.
Estoy en el baile
con Cenicienta,
pintando mi habitación de amarillo,
preparando una fiesta
y pensando a quién invitar.
Mi profesor cree que estoy escuchando,
pero la verdad es que no estoy aquí.

Otra forma de defenderse de la frustración y el fracaso es hacer sólo las cosas fáciles y dejar el resto. "¿Puedo hacer el dibujo primero?" es una pregunta habitual que los niños pequeños les hacen a sus profesores (con la esperanza de que no haya suficiente tiempo para escribir, además de dibujar). Hay niños que responden de forma impulsiva, con la intención de quitárselo de encima lo antes posible, adivinando las respuestas, diciendo lo primero que les viene a la cabeza. El enfoque de 'piensa primero' puede ser muy importante en estas circunstancias. No escuchar, o 'desconectar', es otra forma de minimizar el fracaso. También hay niños que se convierten en verdaderos expertos en mostrarse desvalidos. De este modo, establecen una relación de dependencia con los demás, por ejemplo con profesor o con la madre, para que les den pistas, después, quizás, más ayuda o más pistas y, por último, conseguir que les digan la respuesta o que lo hagan por ellos.

María Montessori se encontraba un día en un parque cuando vio a un niño pequeño intentando llenar de piedras su cubo. Su niñera estaba con él y, queriendo ayudarle, llenó el cubo por él. Y, de pronto, el niño protestó violentamente y se echó a llorar. ¿Qué había pasado? Pues que el niño quería hacerlo por sí mismo. En muchas guarderías y jardines de infancia se utilizan los métodos de Montessori y, según ella, el objetivo de la educación es enseñar al niño a hacerse independiente, cosa que resume con un eslogan: "Nunca hagas por el niño lo que el niño puede hacer por sí mismo".

Si usted estimula a su hija para que lleve adelante por sí sola sus propios proyectos personales no sólo estará fomentando la clase de independencia que aprobaría Montessori, sino que, además, fortalecería también su inteligencia personal. Si le da a su hija el control y la responsabilidad sobre algunas tareas, potenciará el sentido de dependencia de sí misma y la identidad personal, le dará la oportunidad de ver lo que puede hacer por sí sola, de conocerse sin que alguien le esté marcando todo el tiempo lo que debería de pensar y hacer.

Una manera de conseguir que los niños reflexionen sobre sí mismos y expresen sus pensamientos y experiencias personales es animarles a que lleven una libreta de notas o un diario personal, para que escriban o dibujen cosas para recordar. Los niños más pequeños pueden hacer un 'Mi Libro' de sus vidas, con dibujos y encabezamientos personales. A los niños más mayores se les pueden dar diarios o libretas de notas en blanco para que los utilicen. Y recuerde que debe respetar la privacidad de todo lo que su hija escriba o de las cartas 'personales' que reciba.

El enseñarle a meditar a una niña más mayor tiene un efecto similar al que tendría si se le llevase de vuelta hasta el encuentro con sus propios recursos internos. En cierta ocasión, me encontré con un niño en una escuela que estaba sentado con la mirada perdida.

- ¿No tienes nada que hacer? –pregunté.
- No estoy haciendo nada, estoy meditando –respondió.

Después me enteré de que este niño de diez años, tan dueño de sí mismo, meditaba con sus padres durante media hora cada día, y a solas siempre que sentía necesidad de ello.

- Me ayuda a concentrarme –explicó-, y a resolver cualquier cosa que necesite pensar.

La meditación puede ayudarles a los niños a ser más tranquilos y reflexivos. En cierta ocasión en que estaba enseñando a meditar a toda una clase difícil de un barrio conflictivo, uno de los niños me dijo que era la primera vez que oía el silencio. Con aquello, no sólo aprendieron ellos a encontrar un espacio interno en donde pensar y reflexionar, sino que también yo encontré la paz, aunque sólo fuera un minuto, mientras estaba allí con ellos. Muchos años después me encontré con uno de aquellos niños, y le pregunté si recordaba algo de lo que les había enseñado. Me respondió: "Siempre recordaré aquella época en que nos sentábamos allí sin hacer nada". Estaba, eso espero, recordando la meditación.

Idea clave: estimule a su hija a que lleve adelante por sí sola sus propios proyectos personales

Una de las maneras de ayudar a un niño a superar problemas en el aprendizaje, y el sentido de indefensión ("No puedo hacerlo, y nunca seré capaz de hacerlo") con el que todos se enfrentan de cuando en cuando, es el enfoque 'planifica-comprueba-revisa'. Enséñele a su hijo a pensar antes de hacer algo, mientras lo hace y después de hecho. He aquí las etapas con más detalle:

1. Planifica: enséñele a su hijo a pensar con antelación
Un día, Tom, de nueve años, le dijo a su madre que estaba aburrido, y ella le encontró algo que hacer. Más tarde, la mujer le pidió que anotara todo lo que se le ocurriera que podría haber hecho cuando estaba aburrido, y la nota resultante la clavó en el tablero de notas de la cocina para tenerlo a mano en caso de que el chico se quejara de nuevo. He aquí lo que Tom anotó:

Qué puedo hacer cuando esté aburrido

Aprender un truco de mi libro *Casi todo lo que hay que saber*, de Hunkin.
    Dibujar un personaje de los dibujos animados.
    Probar a escribir con la mano izquierda.
    Inventar un juego de ordenador.
    Jugar con el ordenador.
    Hacer un collage con papel de colores.
    Jugar al Solitario con las cartas.

Hacer un castillo de naipes.
Dibujar el mapa de una batalla.
Hacer pintadas en las fotos de las revistas.
Anotar mi último sueño en el diario.
Tener una charla con un amigo imaginario.
Hacer palabras cruzadas con el Scrabble.
Interpretar un sketch de televisión.

Para Tom no fue sólo un ejercicio sobre pensar qué hacer un día lluvioso. Fue también un ejercicio de inteligencia personal, de pensar por sí mismo cómo planificar la solución a un problema a su manera.

¿Qué vas a hacer cuando no sepas qué hacer?

El mayor desafío que el yo tiene que afrontar es el de la frustración, sea por no haber conseguido lo que quería conseguir, o por no haber tenido la ocasión de hacer lo que más le apetecía. Su hijo tendrá que afrontar la posibilidad del fracaso, tanto en su aprendizaje como en la vida, y tendrá que afrontar la frustración, como Tom cuando estaba aburrido y no sabía qué hacer. Así pues, ¿cómo podemos ayudarle?

Una forma de ayudarle a evitar la frustración y el fracaso es enseñándole a planificar. Muéstrele que planificar significa identificar lo que uno quiere y establecer su plan con palabras.

> **¿Sabía usted que...?**
>
> Una de las razones del éxito en cualquier actividad es emplear el tiempo necesario en planificar, y estar preparado antes de comenzar. Los expertos, sean cocineros, escritores, pintores, constructores o atletas, emplean más tiempo en la planificación que los novatos o los que no tienen tanto éxito. Los estudios demuestran que los buenos cocineros hacen un montón de 'cocina mental', es decir, preparan de antemano en su cabeza los menús y las recetas, de manera que, cuando llega el momento de cocinar, lo tienen todo bien ensayado.

Identificar lo que su hijo quiere
Para planificar, lo primero que tiene que hacer su hijo es pensar lo que quiere, cuál es su objetivo o su propósito. No es suficiente que su hijo quiera hacer algo: tiene que pensar en ello primero, y conformar una especie de plan de lo que quiere hacer. Entre las preguntas que pueden estimular esto están:

¿Qué quieres hacer?
¿Qué quieres conseguir?
¿Qué quieres que suceda?

Dependiendo de la edad, su hijo expresará sus intenciones a través de la acción (agarrando algo), con gestos (señalando algo) o con palabras (diciendo algo). Intente conseguir que su hijo diga lo que quiere, y anímelo a que se exprese con frases completas. La capacidad para planificar está en relación directa con la capacidad para crear imágenes mentales de cosas que no están realmente ahí. Ninguno queremos que nuestros hijos vivan una vida irreflexiva. Por el contrario, queremos que piensen sus motivos y razones para hacer algo. Así pues, tenemos que ayudarles a poner las cosas en palabras, como en el siguiente diálogo entre una madre y su hijo de cuatro años:

Madre: ¿Adónde vas?
Hijo: A fuera.
Madre: ¿Para qué vas afuera?
Hijo: No lo sé.

Madre: ¿Hay algún motivo?... ¿Qué quieres hacer?
Hijo: Voy a ver a los conejillos de Indias.
Madre: ¿Quieres llevarles algo?
Hijo: Sí, les llevaré un poco de zanahoria y buscaré algo por el jardín para que coman.

Es importante que estimule a su hijo para que se establezca objetivos o metas. Ayúdele a dar con lo que quiere hacer o conseguir y, en particular, si le está llevando a que haga algo que requiere de esfuerzo por su parte, explíquele por qué es importante. Utilice sus 'por qués' para ayudarle a que adquiera cierto sentido de la vida.

Idea clave: ayude a su hijo a pensar qué quiere y por qué

Expresar el plan con palabras

Cuando un niño planifica está imaginando algo que aún no ha ocurrido. Tiene que pensar de antemano y piensa en diferentes resultados posibles. Empieza a entender que la vida implica hacer elecciones, y que sus decisiones pueden llevar a que sucedan las cosas. El niño que quiere hacer un bote, dice: "Conseguiré algo de madera, y un martillo y clavos". El niño que quiere comprarse determinado juguete piensa en cómo puede pedir, conseguir o trabajarse el dinero que necesita. El niño que quiere ver determinado programa de televisión debe pensar cómo encajar los deberes y la cena en sus planes.

Cuando una niña planifica, está haciendo una pausa entre el impulso y la acción para pensar cómo puede alcanzar su objetivo. Para ello, debe pararse a pensar, no sólo hacer que funcionen sus ideas, sino que funcionen del mejor modo posible. Aprender a adaptar los planes que no funcionaron o que puede que no funcionen es una habilidad importante. "La última vez que lo hice, funcionó", dijo Paul, de seis años, "así que, ¿tendría que intentarlo de un modo diferente?" Hacer que los niños anticipen significa hacerles preguntas como, "¿Has pensado si funcionará?" "¿Hay algo más que tengas que pensar acerca de esto?" y "¿Lo puedes hacer de otro modo?"

Cualquier niña que pueda resolver problemas forma imágenes mentales y piensa qué es lo que quiere que haga un plan. Pero la planificación no suele ser un hábito, y no se suele hacer de forma consciente. De ahí que sea un proceso que precise de ayuda y apoyo. Al plasmar sus planes con sus propias palabras, los niños se ven obligados a pensar en ellos y a aclarar qué quieren, qué necesitan o qué hacer. Al hablar de ellos, aclaran las imágenes mentales, y tienen ocasión de considerar las consecuencias, así como otras alternativas. "No sé qué hacer", decía William, de cinco años, "tendré que irme y pensar un plan".

Transformar las ideas en hechos – la importancia de hacer planes

PUNTO DE ARRANQUE	IDEAS	ACCIÓN	RESULTADO
Sin planificación	Ideas vagas	Acción sin un objetivo claro	Ve lo que ocurre después
Con planificación	Ideas claras	Acción decidida	Aprende de la experiencia

La planificación potencia la confianza en sí mismo y el sentido del control, una actitud de 'Puedo examinar a fondo esto'. Los niños que planifican sus juegos se suelen concentrar más tiempo en ellos que los que no los planifican. Los niños mayores son capaces de elaborar planes más detallados. "Cuando vayamos a casa de la abuela", dice Kim, de ocho años, "me voy a llevar mi equipo de pastelería para hacer figuritas de pan de jengibre. Pero será mejor que nos llevemos también los ingredientes, no sea que la abuela no los tenga". La madre le pregunta entonces a Kim qué es lo que se tienen que llevar. Kim le detalla los ingredientes, así como los cuencos y las cucharas que hacen falta, y dice: "¡Lo tenemos todo, ahora sólo queda cocinar y comérselo!"

¿Qué planes puede hacer su hija?
Los niños aprenden imitando a los demás. Si usted quiere que su hija haga planes, comparta sus propios planes con ella. Invítela a discutir los planes de la familia. Y anímela para que, con el tiempo, haga diferentes tipos de planes. Por ejemplo:

- Un calendario semanal de programas de TV que quiera ver.

- Un plan de deberes o de repaso para el próximo examen.
- Un plan de vacaciones –actividades para una semana o quince días, y la lista de cosas que llevarse.
- Pregunte: "¿Qué planes tienes para esta mañana/hoy/semana/-mes/año?"
- Un plan de acción para una tarea específica, como realizar un modelo, hacer un plato a partir de una receta o decorar una habitación.
- Planificar un viaje, estableciendo cuál sería la mejor ruta.
- Planificar una salida de compras, con una lista de las cosas que hay que comprar en su orden.
- Planear un cumpleaños o una fiesta de celebración, las invitaciones que hay que enviar, la comida y la bebida, los juegos.
- Planear una lista de regalos que comprar o tarjetas que enviar en Navidad, o para los amigos.

Idea clave: ayude a su hija a planear lo que quiere o necesita hacer

2. Comprueba: enseñe a su hijo a pensar en lo que está haciendo

Hacer planes no es más que el comienzo: los niños tienen que estar tan conscientes como antes a la hora de poner sus planes en acción. Puede que tengan que modificarlos o cambiarlos para ver lo que mejor funciona, y puede que tengan que pensar en la seguridad o bien corregir errores. Ayúdelos a controlar o comprobar de cuando en cuando lo que están haciendo, haciéndoles preguntas sobre lo que piensan y hacen. Esto puede ser tan útil para un niño pequeño jugando en un cuadro de arena como para un chico de quince años que hace sus deberes en casa. Sus necesidades en este aspecto son las mismas. Necesitan a alguien que, de vez en cuando, se interese por lo que hacen y por estimular su pensamiento. Pero ni siquiera ese es un papel fácil de llevar a buen término para un padre. Como le dijo un adolescente irritado a su controladora madre, "¡Eres como mi ángel guardián, con la diferencia de que no estás ahí cuando te necesito y, sin embargo, vienes cuando no me haces falta!" Quizás sea mejor esto que lo que le dijo a sus padres un chico de trece años: "Nunca están ahí. No parece importarles". El niño estaba equivocado. A los padres sí que les importaba, pero pensaron que lo demostrarían mejor dejando al niño a su aire.

Controle el desarrollo del proceso invitando a su hijo a que diga lo que piensa mientras trabajan, leen o juegan juntos. Invítele a comprobar lo que está haciendo en diversas circunstancias. Por ejemplo:

- Cuando esté leyéndole a o con su hijo.
- Cuando él se encuentre trabajando en proyectos personales, por ejemplo mientras hace una casa de muñecas o monta una granja.
- Cuando se encuentre resolviendo problemas o rompecabezas.
- Cuando esté ayudando en las tareas de la casa, al arreglar su habitación o mientras lava el automóvil.
- Cuando esté jugando solo o con sus amigos.
- Cuando esté haciendo sus deberes.

> ¿Sabía usted que...?
>
> En algunas guarderías los niños emplean los primeros momentos de la mañana elaborando y comentando sus planes para ese día. Mientras trabajan y juegan, los profesores les animan a que piensen en lo que están haciendo, y al final de la jornada les piden que hagan una revisión y que cuenten lo que han hecho, cómo funcionaron sus planes y si tuvieron que cambiarlos.

Hacer que su hijo explique lo que está haciendo puede hacer que el niño comprenda mejor su labor. Lo que viene a continuación es un fragmento de una conversación del tipo 'piensa-y-hazlo' entre un adulto y un niño que estaba montando una construcción de bloques:

Adulto: ¿Qué estás haciendo?
Niño: Estoy montando algo.
Adulto: ¿Qué estás montando?
Niño: No sé.
Adulto: Bueno, parece un castillo... un castillo mágico. Puede que haya una princesa dentro esperando a que llegue el príncipe. A lo mejor él está luchando con un dragón y pronto volverá con el relato de sus aventuras. ¿Es un castillo mágico, con torres y un puente levadizo?
Niño: No
Adulto: Oh, ¿por qué no?
Niño: Porqu'es un garaje.

Los niños aprenderán también de las comprobaciones que haga usted en sus propias actividades. Permita que su hijo le escuche hablar en voz alta cuando está haciendo algo. Hable de sus planes y sus problemas mientras hace alguna tarea, como cocinar por ejemplo. Aquí se ve como una madre modela el proceso de control que está llevando a cabo mientras su hijo de seis años está en la cocina:

- ¿Dónde estamos ahora? Las patatas fritas están en marcha, los guisantes están listos. Ahora tenemos que hacer las tortillas. ¿Está todo en orden? Tenemos el cuenco, la harina, la leche, la sartén... ¿De qué nos hemos olvidado?

- ¿De una gallina que ponga los huevos?

Idea clave: haga que su hijo sea consciente de los que está haciendo

3. Revisa: enseñe a su hijo a revisar lo hecho

La *planificación* trata de lo que su hija podría hacer, la *monitorización* es pensar mientras está haciéndolo y *revisar* es que vuelva a pensar en lo que se ha hecho. Tómese un tiempo todos los días para ayudarle a su hija a recordar, informar y revisar. Anímela a recordar y a traer de nuevo a la mente lo que ha hecho, esto le ayudará a retrotraerse y a darle sentido a sus acciones. La niña tiene que recordar y decir, o mostrar, lo que ha hecho. Revisar significa ejercitar la memoria, reflexionar sobre la experiencia y aprender de ella sus propias lecciones.

Revisar es más algo más que traer cosas a la mente desde la memoria. Implica la elaboración de los diversos fragmentos de la experiencia recordada para conformar un relato. Para ello, la niña tendrá que formar una versión mental de su experiencia basada en su capacidad de comprensión y de interpretación de lo que ha visto y hecho. Cuando usted le pide a su hija cada noche que le cuente lo que ha hecho durante el día, le está pidiendo que seleccione aquellas experiencias que tengan un significado especial para ella y que las enmarque en algún tipo de relato detallado. Con esto, su hija podrá crear la estructura de memoria que contendrá el relato de ese día para el resto de su vida. Los recuerdos toman forma a través de la palabra, de ahí que ésta sea una de las cosas más importantes que pueda hacer usted como padre o madre: el ayudar a su hija a que conforme recuerdos significativos.

> **¿Sabía usted que...?**
>
> Los niños desarrollan la capacidad de hablar del pasado desde temprana edad, entre los dos años y los dos años y medio.
>
> Lo que les resulta significativo de recordar a los niños de dos años son los hechos pasados que fueron mal o que resultaron dolorosos, que provocaron algún tipo de pesar o confusión.
>
> Sea cual sea la edad, las personas suelen recordar con más facilidad los 'malos momentos' de sus vidas que los buenos. Uno de los papeles que puede jugar usted con su hijo es el ayudarle a recordar los buenos momentos.

A medida que la niña vaya seleccionando sucesos de los que hablar y a medida que vaya interpretando lo sucedido, desarrollará una mayor comprensión de sus experiencias. Para ella será útil tener unos oyentes, los padres, que le hagan hablar de sus recuerdos, con los que conversar acerca de sus relaciones y que le ayuden a explorar las conexiones. Habrá veces en que esto signifique hacer que los niños relacionen sus experiencias con sus planes o esperanzas acerca de lo que podría suceder. Ayude con unas cuantas preguntas –por ejemplo, "¿Lo planeaste de ese modo?" "¿Esperabas que sucediera eso?" "¿Era eso lo que querías?"

Los niños pequeños rara vez ofrecen un recuento estrictamente cronológico de su tiempo. Normalmente, escogen lo que tuvo una significancia especial para ellos. A medida que crecen van recordando de un modo más preciso, y van situando las cosas en una secuencia temporal. Les puede venir bien el recordar juntos algunas experiencias compartidas, añadiendo usted sus preguntas, recuerdos y opiniones mientras recuerdan.

Haga preguntas que ayuden a la niña a recordar:

- ¿Qué paso?
- ¿Cómo sabes eso?
- ¿De qué más te acuerdas?

En el momento se han traído de vuelta los recuerdos es cuando se pueden revisar, es decir, es cuando se pueden tomar en consideración y pensar en ellos con cuidado. Ayude a su hija a evaluar lo importante de su experiencia, a averiguar lo que le hace sentir, lo que tiene que aprender de ella (si es ése el caso) y a lo que podría llevar en un futuro.

Haga una revisión de lo que le sucedió a usted durante el día. Comente lo que le fue bien, lo que le fue mal y por qué. Comparta lo que recuerde de sus experiencias del pasado, pues es a través del recuerdo y de la revisión del pasado como fortalecemos la consciencia del yo. Los que no aprenden de su pasado tienden a repetir sus errores. Como James, de ocho años, que preguntó: "¿Por qué las mismas cosas le siguen dando vueltas a uno y le siguen dando golpes en la cabeza?"

Idea clave: haga que su hija revise y reflexione acerca de lo que se ha hecho

Las personas de éxito no viven en el pasado, sino que usan las experiencias del pasado para conformar su futuro. Y esto lo hacen no sólo pensando en lo que han hecho, sino también en lo que tienen que hacer después. El proceso de revisión es de lo más útil cuando se trata de desarrollar la consciencia del yo. Lo que viene a continuación son algunas preguntas que pueden ayudar a revisar:

Al evaluar lo que ha aprendido su hija: ¿Aprendiste algo?
¿Te resultó fácil o difícil?
¿Qué crees que tienes que aprender / averiguar / hacer ahora?

Al evaluar los sentimientos de su hija: ¿Cómo te sentiste?
¿Qué te gustó y qué no te gustó de aquello?
¿Cómo te hace sentirte ahora?

Al hacer planes o establecer objetivos: ¿Qué quieres / necesitas hacer ahora?
¿Qué podrías hacer para que fuera mejor la próxima vez?
¿Qué crees que ocurrirá / debería ocurrir la próxima vez?

Su hijo no aprenderá de sus errores ni conseguirá mejorar a menos que piense hacia atrás (aprender del tiempo pasado) y hacia adelante (planificar para la próxima ocasión). La inteligencia personal es la capacidad de ser conscientes de nuestros yoes interiores. Usted puede fortalecer la consciencia del yo de su hijo haciéndole recordar y revisar, por ejemplo así:

- teniendo conversaciones 'de corazón a corazón', charlando sobre lo que piensa y siente;
- preguntándole cada día lo que ha hecho, charlando sobre lo que recuerda;
- dialogando sobre los objetivos y metas personales de su hijo, lo que quiere hacer y conseguir;
- compartiendo sus propios recuerdos con su hijo, trayendo a la memoria sus pensamiento y sus sentimientos;
- haciendo álbumes de recortes y diarios de los hechos significativos en la vida de su hijo;
- animándole para que lleve una libreta de notas personal y escriba en ella cosas que quiera recordar;
- enseñándole a ver lo positivo de sí mismo y de sus experiencias.

Una de las cosas que puede hacer es pedirle a su hijo que le informe de sus progresos en la escuela. A continuación, un niño de siete años conversa acerca del cuento que ha escrito:

Adulto: ¿Cuál es la mejor parte del cuento?
Niño: Me gusta el trozo en donde el niño encuentra la botella y se pregunta que hay en ella.
Adulto: Sí, fue una buena idea.
Niño: Se me ocurrió por el cuento de Aladino, cuando encontró la lámpara maravillosa. La cambié por una botella.
Adulto: ¿Qué es lo que te ha resultado más difícil al escribir una historia como ésta?
Niño: Sé lo que quiero escribir, pero no siempre sé cómo deletrearlo.
Adulto: ¿Qué haces cuando no puedes deletrear una palabra?
Niño: La adivino, y si me parece que está bien la dejo.
Adulto: ¿Qué parte te parece la mejor del cuento, el principio, la mitad o el final?
Niño: El final, ¡porque es cuando puedo parar!

Idea clave: anime a su hijo a evaluar sus progresos y a determinar formas para mejorar

La inteligencia personal tiene que ver con el desarrollo del conocimiento del yo y del autocontrol. Trata de ayudar a su hija a comprender el tipo de persona que es y que quiere ser. Una de las características de las personas de éxito es que tienen una clara consciencia del yo. Han llegado a saber quiénes son y dónde quieren ir, son conscientes de sus fortalezas y sus debilidades, y saben lo que tienen que hacer para mejorar (aún cuando no siempre lo hagan). Saben en qué medida se parecen a y difieren de los demás, y se muestran sensibles a su yo interno. Tom, un niño brillante de diez años, mostró algo de esta consciencia del yo cuando dijo: "Sólo doy lo mejor de mí después de haberme dado a mí mismo una buena charla".

En el próximo capítulo pasaremos del 'conocerme' (la inteligencia personal) al 'conocerte a ti y a los demás' (la inteligencia social). Como explicó Jane, de seis años, con lágrimas en los ojos: "No soy yo el problema... ¡son los demás!"

SIETE PASOS PARA LA INTELIGENCIA PERSONAL

- Hable con su hija sobre lo que piensa y siente de las cosas.
- Anime a su hijo a emprender proyectos personales, en ocasiones por sí mismo.
- Charlen de lo que quiere hacer y por qué, anímela para que se establezca objetivos y metas.
- Enséñele a hacer planes sobre lo que hacer y a compartirlos.
- Anímela a comprobar cómo lo está haciendo y a adaptar los planes si fuese necesario.
- Tómese tiempo para hacer revisiones con su hija y ayúdela a reflexionar sobre lo que ha hecho.
- Ayúdela a evaluar sus progresos y a determinar modos para mejorar.

9

Conocer a los Demás
El desarrollo de la inteligencia social

Me gustan mis amigas, lo que pasa es que no puedo soportarlas mucho tiempo.

Karen, 10 años

Poco a poco aprendí a sentir indiferencia hacia mí mismo y mis deficiencias; cada vez centraba más mi atención sobre cosas externas: la situación del mundo, diversas ramas del saber, personas por las cuales sentía cariño.

Bertrand Russell, Autobiografía

Simon tiene una inteligencia social bien desarrollada. Le gusta estar con los demás y él les cae bien. Es amistoso y sociable, tiene un buen sentido del humor y se le da bien hacer reír a los demás. Le gustan los juegos de equipo y estudiar en grupo. No le gusta demasiado estar o trabajar solo. En su familia, es él el que siempre se sale con lo mejor entre sus hermanos y hermanas, y si su madre admitiera que tiene un favorito (cosa que no hará) sería probablemente Simon. Siempre tiene algo que decir, y casi todas las noches está al teléfono hablando con los amigos (normalmente cuando debería de estar haciendo los deberes). Su madre sabe que los amigos son importantes para él (si no fuera porque tiene que pagar el recibo del teléfono) y que es bueno que converse.

¿Qué es la inteligencia social?

¿Qué tienen en común un vendedor, un político, un oficial del ejército y un investigador de mercado? Pues que todos ellos precisan de unas buenas habilidades sociales para hacer bien su trabajo. De hecho, se necesitan unas buenas habilidades sociales y de comunicación en cualquier profesión que implique trabajar con otras personas. La inteligencia social conlleva la capacidad para llevarse bien con los demás, trabajar con ellos y motivarlos hacia un objetivo común. Todos los equipos necesitan un entrenador, y la mayoría de los grupos necesitan que uno o más de sus miembros mantengan al grupo unido y contento. La capacidad para hacer que los demás te ayuden a alcanzar lo que tú (y ellos) queréis, lleva implícitos muchos dones, entre los que se encuentran la capacidad para comprender a los demás, la de saber ponerlos de tu parte y la de desarrollar unas buenas relaciones.

La inteligencia social se inicia con los lazos que se establecen entre el niño y los padres. Los bebés aprenden con rapidez a imitar los sonidos, las palabras y las expresiones faciales de los demás. Cuando usted le dice algo a un bebé, le pone caras y se comunica con expresiones faciales, lo que está haciendo es ayudarle a desarrollar su comprensión social. Este tipo de comprensión va más allá de la familia hasta incluir a otros adultos y niños. Poco a poco, el niño desarrolla relaciones con un abanico cada vez mayor de personas. Mucha de su felicidad y éxito en la vida dependerá de su capacidad para llevarse bien con otras personas y de beneficiarse de lo que ellos pueden ofrecer.

Según el filósofo griego Aristóteles, los que son felices viviendo totalmente solos tienen que ser bestias o santos. Somos animales sociales, y hemos sobrevivido en un mundo hostil siendo débiles gracias a nuestra capacidad de cooperar para vencer los problemas, peligros y dificultades de la vida. Y esta cooperación se hizo posible hablando. Tenemos que ayudar a nuestros hijos a establecer relaciones significativas con los demás, con la familia, con los amigos y, en ocasiones, con los extraños.

La inteligencia social nos ayuda a resolver los problemas prácticos de la vida. En su aspecto positivo nos da la capacidad de relacionarnos bien con los demás, y en su aspecto negativo nos puede hacer dependientes de los demás en cuanto a nuestros pensamientos y acciones, por ejemplo:
- John tenía que hacer una breve exposición ante un grupo de personas como parte de una entrevista. John era una persona sociable, y acos-

tumbraba a hablar ante grupos de amigos, de modo que, cuando llegó para hacer su presentación, no estaba nervioso, como había pensado que podría suceder. Al final, se le consideró como el mejor candidato en la entrevista. "Se le veía muy seguro", le dijeron después. Y John respondió: "¡Pero, si el castañeteo que escuchaban eran mis rodillas!"

- Lynne iba una noche por una calle solitaria cuando fue abordada por un extraño. Ella le dijo con mucha calma y seguridad que se había equivocado de persona, y no cedió ante él. El hombre la insultó, pero se alejó. "Sabía que mi única esperanza era plantarle cara, y demostrarle que no era una víctima", dijo.
- Kim deseaba desesperadamente conseguir un papel en un espectáculo musical. Cuando fue a hacer la prueba, se comportó con todos los que se encontró con su habitual talante amistoso, e intentó captar a toda la audiencia cuando interpretó su papel. Y consiguió su objetivo. El director le dijo; "La verdad es que dabas la impresión de ser capaz de proyectarte hacia el público".

El desarrollo de la inteligencia social de su hijo

La inteligencia personal trata del conocimiento de uno mismo; la inteligencia social trata del conocimiento de los demás y de conducirse con pericia en las relaciones humanas. La inteligencia emocional es la forma en la que combinamos la inteligencia personal y la social. En la inteligencia personal se incluye el conocimiento de nuestras propias emociones, 'orientado' a lo que sentimos sobre nosotros mismos y sobre la vida; la inteligencia social se 'orienta' hacia cómo se sienten y piensan los demás. Dado que somos animales sociales y el éxito en la vida (y el amor) implica el ser capaz de llevarse bien con los demás, tenemos que ayudar a nuestros hijos a desarrollar su inteligencia social. No existe una inteligencia más importante que ésta para el éxito y la felicidad en la vida cotidiana.

Desarrollar la inteligencia social significa desarrollar 'las habilidades de la gente', es decir, la habilidad para establecer buenas relaciones sociales con los demás. A unos niños les resulta más fácil que a otros, pero a todos se les puede ayudar para que mejoren sus habilidades sociales. Con ello, les ayudará a establecer mejores relaciones y, quizás, mejore también su relación con usted.

¿Cómo se desarrolla la inteligencia social?

La capacidad de un niño para establecer relaciones sociales se inicia en la infancia a través de la relación con los padres y los cuidadores. Conforme crece, su mundo social se expande hasta incluir a hermanos, hermanas y amigos de la familia, y obtiene una experiencia más amplia del contacto humano. Su capacidad para hablar y formar imágenes mentales le permite desarrollar las habilidades sociales; aprende a distinguir sus propias necesidades de las necesidades de los demás ('yo' y 'tu'), a describir sus sentimientos y pensamientos, a recordar experiencias pasadas con otras personas y a anticipar experiencias sociales futuras. Desde temprana edad, los niños empiezan a apreciar, comprender y hacer juicios acerca de sí mismos y del resto del mundo. Como comentó una niña de cuatro años, "¡Oh no, otra visita a la tía Mary no! ¡No pasa nada con sus pasteles, pero no aguanto sus besuqueos!

Si su hijo/a	Lo que puede hacer usted	Lo que su hijo/a puede aprender
No le gusta jugar, trabajar o estar con los demás	Anímelo a hacer algo con uno o dos amigos íntimos	Puede ver las ventajas de jugar, trabajar y estar con los demás
Tiene unos cuantos amigos, pero es más bien tímida con la gente	Anímela para que se una a un club o un equipo en donde se lleven a cabo bastantes actividades	Puede aprender a llevarse bien con diferentes grupos de personas
Le gusta estar con los demás, tomar parte en sus vidas y sus problemas	Anímelo a charlar sobre su vida social, y pídale consejo para la suya propia	Puede aprender a desarrollar la capacidad de escuchar, de dar consejo y de tomarse interés por los demás

> **¿Sabía usted que...?**
>
> La princesa Diana de Gales tenía una inteligencia social sumamente desarrollada, pero no se podía decir lo mismo de su inteligencia personal cuando era joven. Le resultaba difícil resolver sus necesidades internas, y esto pudo llevarla a los trastornos de alimentación que padeció y a fracasar en sus relaciones. Sin embargo, aprendió a comunicarse bien y a hechizar a la gente para que le dejaran salirse con la suya. Disfrutaba de una asombrosa compenetración con los niños, los enfermos y los desposeídos. Quizás no manejase bien su vida personal, pero aprendió a manejar su vida pública con mucho éxito.

La inteligencia social se desarrolla a través de la vida familiar y de la amistad. Es más probable que los niños se peleen con sus amigos que con otros del grupo, y también juegan su papel para hacer que sus amigos sean más amistosos que agresivos. El amigo termina siendo alguien con el que puedes compartir los altibajos de la experiencia diaria, y es al mismo tiempo alguien que te gusta y alguien con el que riñes –por ejemplo, "Quiero

INPUT	lo que hace usted	Usted estimula a su hija para que se involucre en actividades cooperativas y para que juegue con los demás.
OUTPUT	lo que hace su hijo	Su hija aprende a llevarse bien con los demás y a tener en cuenta lo que los demás piensan y hacen.
AUTOCONTROL	lo que aprende el niño	Su hija es capaz de llevarse bien con otros tipos de personas y de aprender de ellas.

el auto que tiene Nick' entra en conflicto con el sentimiento de "Quiero jugar con Nick". Resolver estos conflictos no es fácil a ninguna edad, y es trabajando con ellos y recibiendo ayuda para resolverlos como se desarrollarán las habilidades sociales, junto con una conciencia creciente de las necesidades y sentimientos de los demás.

Lo que ayuda a desarrollar la comprensión social es un clima social comprensivo. Si las experiencias diarias de su hija son positivas, verá el mundo como un lugar en donde se puede conseguir respaldo, abierto a posibilidades. La sensación de seguridad y de pertenencia le ayudarán a crecer confiadamente, a poner a prueba nuevas ideas y a tomar impulso apoyándose en los reveses. Si sus experiencias diarias son principalmente negativas, terminará por ver el mundo como un lugar peligroso, un lugar de enfrentamientos, y no confiará en los demás por miedo a que le hagan daño o la rechacen.

Qué puede hacer usted para ayudar

"Los demás son siempre un problema", decía Kate, de seis años. Y esto es lo malo de vivir con otras personas –que dan problemas. "Quieren hacer cosas que a ti no te apetecen", explicaba Kate, "y cuando tu quieres hacer algo, ellos no". El motivo por el cual los mamíferos sociales, como los seres humanos, son mucho más inteligentes que otros animales más solitarios es porque tienen que afrontar el reto constante de vivir con los demás. Cuando su hijo le explique por enésima vez por qué su habitación está hecha un caos, recuerde que no está haciendo otra cosa más que ejercitar su inteligencia social, cosa que normalmente significará el conseguir que haga usted lo que debería de hacer él.

Para lo que es buena la vida social es para la difusión de ideas, lo que los expertos llaman la 'transmisión cultural'. Aprendemos estando con los demás, y vemos lo que dicen y hacen. Estar con ellos nos ayuda a comprenderles. A un niño que creciera salvaje o que tuviera muy poco contacto con la gente le resultaría difícil relacionarse con sus semejantes o entenderlos, pues no habría desarrollado su inteligencia social ni tendría 'las habilidades de la gente'.

- hablar con los demás
- mostrar respeto y buenos modales
- ser receptivo a los demás
- actividad y juegos cooperativa
- Inteligencia Social
- comunicarse de muchos modos
- discutir problemas y soluciones
- desarrollar valores e ideales

Algunas formas de desarrollar la inteligencia social

La inteligencia social tiene tres aspectos principales, aspectos que no son fáciles de desarrollar porque implican a los demás y dependen de ellos. La primera de las 'habilidades de la gente' es la empatía, la capacidad de comprender y de 'sintonizar' con otra persona, siendo consciente de lo que piensa y de lo que siente. La segunda es la capacidad de llevarse bien con los demás, tener las habilidades sociales que le permitirán a su hijo beneficiarse de los demás a través de su amistad, su consejo o su ayuda práctica. El tercer aspecto nos permite desarrollar valores morales e ideas acerca del tipo de mundo en el que vivimos. Cada uno de estos aspectos de la inteligencia social de su hijo se desarrolla a través de la conversación.

¿Sabía usted que...?

Hay más discusiones en las familias en las que hay una mayor cercanía emocional. Si los padres y los niños dejan de hablar y se evitan unos a otros en lugar de discutir, es señal de que la familia tiene problemas. Es a través de la discusión como se suele averiguar lo que los demás realmente piensan. La discusión puede llevar al reconocimiento de un problema y a su resolución.

Idea clave: estimule a su hijo para que hable con la familia, los amigos y demás personas

1. Empatía: comprender a los demás

Cuando Hannah, de dos años, vio a su amiguita Lucy llorar, le dio su muñeca. Pero, como Lucy no dejaba de llorar, las lágrimas comenzaron a manar de los ojos de Hannah. No sólo estaba simpatizando con la infelicidad de Lucy, sino que también compartía sus sentimientos. Esta capacidad se desarrolla alrededor de los dos años y medio, cuando los niños se dan cuenta de que el dolor de los demás es diferente del propio. Hay algunos que continúan siendo profundamente conscientes de los sentimientos de los demás, otros son bastante menos conscientes.

Si a su hija se le da bien el comprender sus propios sentimientos, probablemente se le dará bien también el interpretar los sentimientos de los demás. Si no es capaz de hacer esto, sus posibilidades de éxito en la vida se verán limitadas, pues no se le dará bien el establecimiento de relaciones. Sería una madre con deficiencias si no pudiera imaginar lo que otras personas podrían estar sintiendo. No se le dará bien el trabajo si no es consciente de los sentimientos de los demás, ni será capaz de establecer relaciones que requieran de una comprensión mutua. También podemos ver lo importante que puede llegar a ser la empatía cuando observamos a personas a las que les falta esta cualidad en grado extremo, como en el caso de los psicópatas, los violadores y los pervertidores de menores. Son personas que, simplemente, no comprenden los efectos de sus acciones sobre los demás. No tienen sentimientos de empatía.

¿Sabía usted que...?

Los niños que tienen una merma en el funcionamiento del córtex frontal del cerebro tienden a mostrar problemas de aprendizaje en la escuela primaria a pesar de que son inteligentes y obtienen altas puntuaciones de CI (cociente intelectual). Si las conexiones entre los centros inferiores del cerebro emocional y las 'capacidades de pensamiento' del córtex son pobres, la vida emocional de la persona se verá mermada. Carecerá de sentimientos por los demás, y correrá el riesgo de verse involucrado en conductas de carácter criminal.

Pero, ¿qué es la empatía, y cómo se desarrolla?

Empatía significa comprender a otras personas y tener un atisbo de lo que piensan y sienten. Los niños pequeños creen que el mundo gira alrededor de ellos, son muy egocéntricos. Cuando descubren el 'ego' (el 'yo') se hacen 'ego-ístas'. "¡Yo, yo... yo quiero!" Para ellos es difícil imaginar el aspecto que la vida puede tener para las demás personas. Y es aquí en donde usted puede ayudar, dándole a su hija algo de 'entrenamiento en empatía'.

El objetivo del entrenamiento empático es el de ayudarle a ver y comprender otros puntos de vista –que las personas pueden tener pensamientos, sentimientos, esperanzas y temores que pueden parecerse mucho o pueden ser muy diferentes de los propios. El entrenamiento se puede realizar charlando sobre los personajes de un relato, o mientras se discute una situación de la vida real. El objetivo consiste en estimular a su hija para que piense en lo que la vida puede ser para los demás.

Al leer un relato o ver un programa de televisión, hablen de lo que los personajes están pensando y sintiendo. Por ejemplo, en el cuento de la Cenicienta, pregúntele por qué a las hermanas no les caía bien la Cenicienta. ¿Por qué eran celosas? ¿Cómo se sentía Cenicienta? ¿Qué pensaba? ¿Qué querían (ella, las hermanas y el príncipe)? Al leer la fábula de Esopo de 'La Cigarra y la Hormiga', haga preguntas como, "¿Qué pensaba la hormiga?" "¿Qué pensaba la cigarra?" y, posteriormente, "¿Cuál de ellas te hubiera gustado ser, la cigarra o la hormiga?" y "¿Cuál es la moraleja de esta historia?". Mientras observan un episodio de un culebrón como *Vecinos* en TV, pregúntele lo que piensan, sienten y esperan los personajes. Como dijo un niño al respecto de algo que le resultaba bastante aburrido, "Cuando me aburren, intento que los personajes cobren vida en mi cabeza".

Pruebe a que los personajes cobren vida en la cabeza de su hija, y ejercite su inteligencia social haciéndole preguntas como:

¿Qué piensan?
¿Qué crees que están sintiendo?
¿Qué crees que esperan / temen / quieren?
¿Por qué hacen / dicen / piensan / sienten eso?

"¡Simplemente, no entiendo a la gente!" vociferó Kirsty, de 15 años, mientras se iba despotricando a su habitación después de una pelea con sus padres. Comprender a los demás no es fácil, ni siquiera después de vivir con ellos muchos años. Vivir con otras personas significa enfrentarse a dilemas sobre qué decir y cómo reaccionar a lo que los otros dicen y hacen. Los que vienen a continuación son algunos de los dilemas que tienen que enfrentar muchos padres con sus hijos. ¿Cuál de las respuestas cree que entrenaría mejor a un niño para que empatizara y comprendiera?

Dilema 1

Su hijo viene de jugar y dice, "Los odio. No me dejan jugar con ellos. Son muy malos." ¿Cuál sería su respuesta?

Respuesta 1: "No seas bobo. Tienes que aprender a llevarte bien con los demás."

Respuesta 2: "Te sientes herido, ¿eh? ¿Qué pasó? ¿Por qué no quieren dejarte jugar?

Dilema 2

Mientras se da un baño, su hijo dice, "Odio a mi hermana. Me gustaría que se muriera."

Respuesta 1: "Lo que has dicho es terrible. No odies a tu hermana. Tienes que quererla. No quiero volver a oírte decir eso."

Respuesta 2: "Sí, hay veces que tu hermana te puede volver loco. ¿Qué es lo que hizo?"

Dilema 3

Su hija llega de la escuela y dice, "¡No pienso volver! ¡La maestra me gritó! ¡No es justo!"

Respuesta 1: "¿Qué hiciste para que tu maestra te gritara?"

Respuesta 2: "No es agradable que le griten a uno. Tiene que haber habido alguna razón. ¿Qué pasó?"

Dilema 4

Su hijo está jugando en casa con un amigo. Dice, "No puedes jugar conmigo. No voy a compartir mis juguetes contigo".

Respuesta 1: "No seas egoísta. Haz el favor de jugar con él."

Respuesta 2: "Sé que compartir no es fácil. ¿Cómo crees que se siente tu amigo si tu no quieres jugar? ¿Hay algo que te gustaría compartir?"

Dilema 5
Su hija dice, "Me gustaría que no fueras tú quien se encargara de mí. Me gustaría que tal (nombrando a la pareja de usted, ausente) estuviera aquí".
Respuesta 1: "No es agradable lo que has dicho".
Respuesta 2: "Sé que echas de menos a tal. Yo también".

Dilema 6
Su hijo desaparece en unos grandes almacenes. Usted está muy preocupado/a. Al cabo de un rato, encuentran a su hijo y se lo llevan de vuelta.
Respuesta 1: "Eres un estúpido. Te dije que no te fueras. No te voy a traer más."
Respuesta 2: "Qué bien que estés aquí. Te debes de haber asustado. Yo también estaba asustado/a. ¿Qué pasó?"

Nota: En cada uno de estos ejemplos no hay una respuesta correcta, pero la Respuesta 2 es más típica de un padre o una madre que pretenden desarrollar la comprensión y la consciencia social en su hijo/a.

Idea clave: Trate a su hija con el respeto que le gustaría que ella tratara a los demás

¿Qué sienten los demás? Para empatizar, su hija no sólo tiene que sentir por otras personas, por ejemplo sintiendo simpatía por sus sufrimientos, también tiene que 'sentir con' otras personas. Esto significa ser receptivo a los estados de ánimo de los demás, ser capaz, por ejemplo, de leer las señales de alegría y aflicción. La 'lectura' de otras personas, el ser receptivo a lo que pueden estar pensando y sintiendo, es una importante habilidad que los niños tienen que aprender. Una de las formas de estimular la sensibilidad hacia las emociones que pueden tener otras personas es enseñándole a su hija fotos de gente de las revistas y discutiendo lo que creen que sienten. ¿Es capaz de leer emociones a partir de la expresión facial de la imagen? ¿Qué palabras utilizaría para describir lo que la persona está sintiendo? ¿Qué *otras* palabras describirían los sentimientos?

Una de las cosas que ayuda a la comprensión es el disponer de suficientes palabras para elegir. Hay que ayudar a los niños a encontrar palabras que describan todo un abanico de emociones. ¿Qué palabras describen cómo te estás sintiendo? ¿Con qué otras palabras lo describirías? ¿Qué otra palabra hay para 'contento', 'triste' o 'enfadado'?

Lo que les contamos a los niños lo olvidan con facilidad, mientras que lo que expresan con sus propias palabras es más fácil de recordar. No es suficiente con darle un sermón a un niño para que sea bueno. Lo que tenemos que hacer es ayudarle a desarrollar esas habilidades emocionales y sociales esenciales mediante las cuales podrán poner en práctica una vida moral, y estimularles para que discutan los problemas que, inevitablemente, surgirán cuando vivan con otras personas. Como dijo Ricky, de nueve años, en una conversación sobre por qué había 'buenos' y 'malos' en el mundo, "No puedes hacer que la gente sea buena, tienen que quererlo ellos". Y Penny, de ocho años, lo resumió así: "¿Qué hacer para que la gente sea buena cuando no quieren serlo?"

Idea clave: Ayude a su hija para que sea receptiva a lo que otros piensan y sienten

2. Habilidades sociales: llevarse bien con los demás

Aquellos que tienen buenas habilidades sociales son populares entre los demás. Tienen carisma, la gente se siente atraída por ellos, y se benefician de lo que los demás pueden ofrecer. Dado que comprenden a los demás, se les suele dar bien el neutralizar situaciones explosivas. También suelen ser buenos líderes. El valor de estas habilidades se demuestra en la capacidad de su hijo para establecer buenas relaciones con los demás —y para hablarse a sí mismo en situaciones difíciles o peligrosas.

Pero, ¿qué son las habilidades sociales y cómo se desarrollan? La clave de las habilidades sociales es la comunicación. Para conseguir algo de los demás tenemos que ser capaces de decirles lo que queremos y persuadirles para que nos ayuden. Si su hijo no es capaz de comunicarse bien, los demás, entre los que estarían los padres, van a encontrar difícil el responder a sus necesidades. "Si me hubieras dicho lo que querías, quizás podría haber hecho algo", es un lamento que se escucha en muchas relaciones fracasadas. Pero la habilidad de comunicar lo que uno quiere de modo que los demás quieran ayudarte no es fácil de aprender. El grito del niño, "¡Quiero eso! ¡Quiero eso!", será menos eficaz a medida que crezca. Su hijo tendrá que aprender a controlar y a dirigir sus emociones para mejorar su eficacia. Éste es el secreto del encanto, y como alguien dijo una vez, no te llega dentro de una botella. Uno de los mayores retos que tenemos que afrontar como padres es intentar convertir a nuestro hijo en una clase de persona que funcione bien dentro de un sistema social. Y los niños también desean esto. Como dijo Nick, de seis años, después de una pelea, "Quiero que seamos amigos, pero no me dicen cómo".

¿Qué se hace para hacer amigos?

La inteligencia social no se desarrolla mediante una obediencia ciega a los demás, sino desarrollando la capacidad de comunicar pensamientos y sentimientos, siendo capaz de asumir la responsabilidad por tus acciones y no temiendo pedir ayuda. Hay muchos niños a los que no se les ayuda para que hagan esto. Un niño comentó, "Si no puedo hacerlo, preferiría sentarme allí antes que molestar a mi profesora. Se enfada tanto si no lo puedes hacer". Pobre profesora. Si hay tantos niños temerosos de preguntar en su clase, se va a enfadar muy a menudo, frustrada porque los niños no busquen ayuda cuando la necesiten. Era una profesora que se pasaba la mayor parte del tiempo hablando, y no dejaba espacio para escuchar lo que los niños tuvieran que decir. *Ayudar a su hijo a que se comunique significa animarle a que haga la mitad de la* conversación. También significa negociar y discutir con él, además de decirle cosas (a menos, claro está, de que se trate de una situación de vida o muerte).

Las oportunidades que tienen los niños para conversar en casa pueden diferir enormemente.

Don era un niño al que nunca se le había animado a hablar en casa. Tenía un padre y una madre muy habladores y de opiniones fijas, y él, siendo tímido, apenas podía meter una palabra de lado. Se convirtió en un adolescente silencioso y, ya adulto, le resultaba difícil compartir sus sentimientos con otros adultos. Cuando se convirtió en padre, comentó: "Quiero darle a mi hijo lo que yo nunca tuve... tiempo para que hable".

Sally tuvo una educación muy diferente. Era la niña de los ojos de sus padres y siempre tenía ella la palabra en casa. Habladora como ella sola, le gustaba dominar todas las conversaciones y, ya adolescente, tenía montones de amigos; pero muchos se alejaron por lo que decía en plena verborrea. Cuando se hizo mujer, consiguió un buen empleo en el centro de la ciudad, pero más tarde lo perdió. "Simplemente, no escuchaban", se quejaba Sally de sus antiguos jefes. El problema de Sally, según sus amigos, era que muy a menudo *era ella* la que no escuchaba.

Para ser un buen comunicador hay que ser tan buen 'escuchador' como 'hablador', y hay que saber comunicarse a través de diferentes medios, como la escritura, el dibujo, utilizando el teléfono o el ordenador (el correo electrónico) para estar en contacto con los demás.

Idea clave: estimule la comunicación por medio de la escritura, el teléfono, el correo electrónico, etc.

"Que no espere un hombre redondo encajar bien en un agujero cuadrado. Necesitará tiempo para modificar su forma", dijo Mark Twain. Su hijo tendrá que aprender a adaptarse a diferentes grupos de personas y situaciones sociales; amigos, familia, extraños, extranjeros, gente de la escuela y del trabajo. En un mundo cambiante en donde cada persona que se conoce puede presentar nuevos desafíos, su hijo tendrá que ser flexible y socialmente versátil, y tendrá que aprender a llevarse bien con una amplia variedad de personas. El modo en que usted trate a su hijo puede tener un efecto positivo y duradero para la clase de persona en la que se convertirá.

Los padres que fomentan las relaciones más positivas y felices con sus hijos (sean pequeños o adolescentes) son los que comparten las siguientes características:

- *Hablan con claridad,* lo que significa que el niño sabe con exactitud lo que sus padres esperan de él. ¿Saben realmente sus hijos lo que piensan de y sienten por ellos? Como dijo una madre, "Nunca es suficiente con decirlo una vez, particularmente si les dices que les quieres. Yo se lo digo tan a menudo como puedo".
- *Prestan una atención concentrada,* lo que significa que el niño sabe que sus padres están pendientes de lo que él puede pensar o sentir, no sólo del curso escolar o del trabajo que está haciendo. Los padres han de encontrar tiempo todos los días para darle una atención plena. Como comentó una padre muy ocupado, "Todos los días intento darle algo de tiempo con calidad, es decir, un tiempo en el que intento prestar un 100 por cien de atención a lo que me dice mi hijo".
- *Ofrecen oportunidades de elección,* es decir, que al niño se le da ocasión para que elija por sí mismo, aún cuando a veces se decida por algo que los padres desaprueban. Como comentaba un profesor, "Si no les dejas elegir, ¿cómo van a aprender a elegir? Algún día, cuando controlen sus vidas, van a *tener* que tomar decisiones."
- *Plantean nuevos retos,* es decir, que el niño sabe que se le darán oportunidades para la acción en donde va a ser puesto a prueba física o mentalmente. Se espera que dé razones para lo que dice y hace, y alguna vez también se esperará de él que logre algo difícil y que valga la pena. Como dijo un padre, "Si no los empujas tú, no los va a empujar nadie".

Los niños necesitan seguridad y estímulo. El sentido de seguridad lo obtienen del amor que reciben en casa, mientras que el estímulo es una bonificación adicional. Los amigos proporcionan el estímulo de la novedad y, si son buenos amigos, nos ayudarán a pensar, decir y hacer cosas nuevas. Lo malo del mundo de los humanos es que no siempre resulta agradable, pues la amistad no sólo ofrece oportunidades para la felicidad, sino también para los problemas. John tiene buenos amigos en la escuela. Un día le dijeron:

- No puedes jugar con nosotros.

- Sí que puedo –respondió John.
- No, no puedes –replicaron–. Hoy no nos caes bien.

Todos tenemos que aprender a manejar nuestra emociones, y puede ser traumático el ser rechazado por los demás. Una de las lecciones más importantes que aprendemos en la infancia es qué se puede hacer cuando nos sentimos mal. Los padres pueden ayudar entrenando a sus hijos social y emocionalmente, animándolos a hablar de sus sentimientos, no para ser críticos sino para resolver el problema, y discutiendo alternativas. "Háblame de eso", "¿Cómo te sentiste?" "Yo me habría sentido muy mal", "A veces, todos decimos cosas para hacer daño a otros", "Eso me pasó a mí una vez...", "¿Qué podías haber hecho?", "¿Qué podría haberte hecho sentir mejor?", todas estas fórmulas son 'abre puertas' que pueden animar a su hijo a hablar de sus problemas. Los niños tienen que aprender a compartir sus problemas, a discutir y a negociar con los demás, a controlar sus emociones.

¿Sabía usted que...?

Su hijo puede estar tan abatido que le resulte difícil pensar con claridad. Si tiene problemas sin resolver, los lóbulos frontales del cerebro activan el mecanismo de la memoria, incluida la memoria emocional. Pero si las señales que llegan son demasiado fuertes, éstas inundan la mente y bloquean su capacidad para resolver problemas. Ésta es la razón por la que puede ser útil un período de 'enfriamiento' para liberar la mente de recuerdos emocionales.

Los padres de hoy tienen menos tiempo que los de antaño para hablar con sus hijos. Con un creciente número de familias de progenitor único o de padres que trabajan fuera, con las pantallas del ordenador y de la televisión que les absorben durante horas y horas, los niños no disponen de ocasiones para la conversación, una conversación que nutra su inteligencia social. Y el coste de este problema es alto, pues contribuye a que crezca el número de niños con problemas de agresividad o depresivos. A los demás tampoco les resulta agradable estar con este tipo de niños, lo cual agrava aún más la situación. Son niños que necesitan ayuda para hacer amigos; por ejemplo, hay que estimularles para que piensen en puntos de vista alternativos, para que se comprometan con los demás más que combatirles, para que se interesen en los demás y hagan preguntas, para que escuchen y se les atienda mientras hablan, para que digan algo agradable cuando los demás hacen algo bien, para sonreír, ayudar y animar a los demás. Éstas son estrategias que también tenemos que utilizar con nuestros hijos.

Tenemos que demostrarles a nuestros hijos que la violencia o la retirada no resuelven los problemas, y que existen otras formas de controlar los sentimientos y conseguir los resultados deseados. A continuación se detallan los pasos para la resolución de un problema; con ellos se estimula el uso de la inteligencia social para encontrar formas más eficaces de relacionarse con los demás:

- ¡Alto! Cálmate y piensa antes de actuar.
- Di cuál es el problema y cómo te sientes.
- Establécete una meta y di lo que quieres que suceda.
- Piensa en tantas soluciones posibles como se te ocurran.
- Decídete por el mejor plan y llévalo a cabo.

Esta estrategia básica funciona bien y es útil para que los niños resuelvan sus problemas, así como para hacer frente a los riesgos de la adolescencia y la juventud. Que averigüe lo que está pasando antes de llegar a conclusiones, que analice otros puntos de vista y valore las consecuencias. Los niños, como los adultos, caen con facilidad en la trampa de la Falacia de la Opción Única, y crecen con la idea de que sólo hay una forma de hacer las cosas, la correcta. Hay que ayudarles a ver y pensar en diferentes opciones. Lo que viene a continuación es el tipo de situación que hay que discutir con un niño de cuatro a seis años: *'Leo ha estado jugando con su juego de construcciones toda la mañana y, ahora, Claire considera que ha llegado su turno. ¿Qué puede hacer Claire para conseguir su turno en el juego? Dime ahora que otra cosa puede hacer...'* Anime a su hijo a pensar en soluciones alternativas a los problemas.

Una de las mejores formas de aprender de los demás es enseñándoles. Si su hija tiene amigas o familiares más pequeñas, anímela a que les enseñe cómo se juega a algo o cómo se hace algo. Cuando los niños enseñan a los niños se benefician ambas partes, el que enseña y el que aprende. El que enseña se da cuenta que enseñar no es fácil, que no sólo tiene que saber cómo se hace, sino que también tiene que saber exponerlo de forma que el otro lo entienda. Es un buen reto para la inteligencia social de un niño, para que sea paciente, para que intente comprender los problemas con los que se enfrenta el que aprende y ser capaz de responder a sus necesidades. No es de sorprender que a los niños les resulte muy difícil enseñar a otro (¡a los padres también!). Si no hay otros niños a mano, deje que le enseñe a usted. No importa el asunto que tenga que enseñar; sea lo que sea, será un desafío para su inteligencia social que favorecerá su desarrollo. Como dijo Paul, de nueve años, después de ayudarle a su hermano pequeño a leer, "No sabía lo difícil que era hasta que he intentado enseñarle a alguien".

> **¿Sabía usted que...?**
>
> La primera Guía Scout fue Alison Cargill, una estudiante de Glasgow que, en 1908, vio rechazada su solicitud de incorporación a los Boy Scouts por ser chica. Alison era una muchacha con una inteligencia social altamente desarrollada, una líder natural, y sabía que, si a una se le rechaza de un grupo, lo mejor que puede hacer es crear otro. Así fue como formó el primer grupo de Girl Scouts, un grupo al que llamó la 'Patrulla Cuco'.

Si su hija se une a un grupo o un club encontrará oportunidades para ejercitarse en actividades y juegos cooperativos. Anímela a que interprete un papel en casa; esto le ayudará a comprender la situación de otra persona. Si están leyendo un cuento, anímela a que asuma el papel de uno de los personajes del cuento. E intercambien papeles. Hágale preguntas como:

- ¿Qué pensarías tú si fueras... (nombre del personaje)?
- ¿Qué sentirías?
- ¿Qué dirías?
- ¿Qué harías?

Organizar fiestas y celebraciones también puede ser un desafío para las habilidades sociales de todos los implicados, como empezaba a darse cuenta Kate, de seis años, cuando comentó: "¿Por qué las fiestas llevan tanto trabajo?" Organizar una fiesta es un duro trabajo porque implica muchas habilidades –planificación, organización, coordinación- así como el reto de hacer felices a los demás. ¡No es de sorprender que uno termine exhausto!

Idea clave: dele oportunidades para actividades y juegos cooperativos y para interpretar papeles

No podemos elegir nuestras emociones, pero sí que podemos controlar el modo de responder a ellas. Si usted utiliza con su hijo la política de 'piensa en lo que les gustaría a los demás', le dará un modelo de inteligencia social y le enseñará formas mediante las cuales controlar la mente emocional a través de la razón.

3. Ideales sociales: desarrollar valores

"¿En qué clase de mundo quieres vivir cuando te hagas mayor?" Esta era la pregunta que se le planteó a un grupo de niños pequeños. Jamie, de seis años, respondió: "Me gustaría vivir en un mundo en donde no hubiera gente mala, donde todos fueran siempre bondadosos y se ayudaran unos a otros. Sé que sólo ocurre en los cuentos, pero supongo que podría hacerse realidad". Jamie estaba pensando en un mundo posible, un mundo ideal en donde la gente fuera buena. No sólo estaba pensando en la gente que le rodeaba y en cómo deberían de comportarse; estaba explorando ideas sobre cómo debería de vivir la gente. Estaba pensando en ideas sociales, en el tipo de persona que él quería ser y en la clase de mundo en el que quería vivir.

Una forma de desarrollar la inteligencia social es estimulando la comprensión de diferentes puntos de vista y diversos valores. Penny, de ocho años, perteneciente a una familia religiosa, relataba un día que una amiga suya de la escuela le había estado hablando de Dios, de que Jesús era Su hijo, enviado al mundo como amigo y salvador de todos los que creyeran en Él, pero, "Desgraciadamente," dijo de su amiga, "ella es sij[1]". Lo que

---

[1] Los Sijs son los seguidores de una religión que se asienta en el Punjab, India. Es un combinado de elementos éticos del hinduismo y del Islam. El sijismo fue fundado por Gurú Nanak, un místico que afirmaba que Dios estaba más allá de cualquier diferencia religiosa. (Téngase en cuenta que el autor es británico y que el ejemplo está tomado de aquella sociedad, en donde hay muchos emigrantes de la India.) (N. del T.)

Penny estaba empezando a comprender es que la gente tiene diferentes religiones y valores culturales, pero que esto no les impide hacerse amigos o compartir ideas. Los niños aprenden lo que son los ideales y los valores sociales oyendo hablar de los valores culturales de otros. Hable con ellos acerca de lo que cree usted y de las creencias de los demás; de este modo, no sólo comprenderán mejor las diferencias entre las personas y sus puntos de vista, sino que también verán lo que son los valores y las ideas.

Idea clave: conversen sobre problemas personales y sobre temas de las noticias

Lo que esperamos de nuestros hijos es que se conviertan en seres sociales razonables, capaces de relacionarse bien con los demás (aún con aquellos que tengan puntos de vista muy diferentes de los suyos), y comprometidos con la creación de un mundo mejor. Esto lo hacemos compartiendo nuestros propios valores y diciendo lo que creemos que está bien y está mal,

Diferentes niveles de consciencia social

pero también animándolos a pensar en sus propios valores –la clase de persona que quieren ser y la clase de mundo en el que quieren vivir. Queremos que piensen en sí mismos, pero también que piensen en los demás y en el mundo, incluido su mundo ideal. Imaginar el mundo ideal y meditar sobre cómo podría alcanzarse es algo en lo que han profundizado todos los grandes pensadores; es el ejercicio, entre otras cosas, de inteligencia social en su nivel más elevado, y es algo que podemos comenzar a desarrollar con los niños delante de la mesa del comedor.

Kirsty y su madre estaban leyendo un libro de princesas, castillos y dragones:

Madre: ¿Te gustaría vivir en un mundo como éste?
Kirsty: No. No debe ser agradable que haya por ahí dragones asustando a la gente. No debería de haber dragones.
Madre: ¿No debería de haber dragones en un mundo perfecto?
Kirsty: Sí. Pero todos los dragones deberían de ser como mascotas. Todo el mundo debería de tener su propio dragón que cuidar.

A medida que su hija se haga mayor va a tener que desarrollar diferentes niveles de consciencia social (véase el diagrama). El primer círculo de consciencia es uno mismo y la consciencia de uno mismo (ver Capítulo 8 sobre inteligencia personal). La consciencia social se extiende a través de los amigos y la familia. Son éstas las personas que le ayudan a su hijo a comprender quién es, y lo inician en nuevas experiencias, preguntas y problemas. Hay muchas formas de ayudar a desarrollar el pensamiento social de su hijo. Lo que viene a continuación son tres preguntas clave en las que él tendría que pensar. La primera pregunta es: *¿Qué es un amigo?*

Pregunta clave: ¿QUÉ ES UN AMIGO?
Uno de los elementos más importantes de la vida de cualquier niño es el de las amistades que hace, y esto no sólo significa ser capaz de hacer amigos, sino también comprender lo que significa ser un amigo. ¿Qué tienes que hacer para ser un amigo? ¿Cuál es el amigo ideal? ¿Qué clase de amigo quieres ser? A continuación se anotan algunas preguntas que llevarán a su hijo a pensar en lo que es ser amigo y en su ideal de amistad.

- ¿Qué es un amigo? ¿Cuál es tu definición de un amigo?

- ¿Puede ser un amigo alguien que no te gusta?
- ¿Dos personas puede pelearse y seguir siendo amigos?
- ¿Se puede ser feliz sin amigos?
- ¿Puedes hablar y jugar un montón con alguien y no ser amigos?
- ¿Se puede tener miedo de un amigo?
- ¿Puedes ser amigo de alguien con el que no te hayas encontrado?
- ¿Los amigos de un amigo son siempre tus amigos?
- ¿Puedes ser amistoso con todo el mundo?
- ¿Cómo haces amigos?

A medida que su hija aprenda cosas sobre su comunidad y su cultura, conocerá otros modelos y héroes que imitar. La siguiente pregunta que hay que hacerse es: *¿Quiénes son nuestros héroes?*

Pregunta clave: ¿QUIÉNES SON NUESTROS HÉROES?
Todos los niños necesitan modelos y héroes a quien imitar. No pueden desarrollar sus ideas e ideales sobre cómo vivir y cómo comportarse a menos que descubran la forma en que otros han vivido y se han comportado. Si observan modelos de conducta egoístas, bruscos y violentos, su comportamiento y sus expectativas serán un reflejo de esto. Los niños aprenden lo que viven, de ahí que el que conozcan lo mejor del comportamiento humano a través de los relatos, la televisión o la vida real pueda tener una influencia muy positiva en sus vidas. Cuanto más sepan acerca de buenos modelos de comportamiento, más probable será que imiten al modelo. Pero, ¿qué es lo mejor del comportamiento humano? ¿Y qué modelos y héroes a imitar hay que vivan este tipo de vidas?

Discuta con su hija los diferentes modelos y héroes a imitar que nos llegan a través de los relatos, la TV, las noticias y la vida real. Anímela a que coleccione imágenes de sus héroes culturales, deportivos o religiosos. Utilice lo que viene a continuación para iniciar la conversación:

- ¿Quién es tu héroe / heroína?
- ¿Quién te gustaría ser? ¿Por qué?
- ¿Cuál es tu personaje favorito de la historia? ¿Por qué te gusta?
- Si te pudieras convertir en alguien, ¿quién serías? ¿Por qué?
- ¿Qué crees que es mejor para un héroe, ser honesto o valiente? ¿Puede ser las dos cosas?

Hablen de héroes de la vida real, por ejemplo de amigos o miembros de la familia que hayan hecho algo valeroso, honesto o que sean héroes para usted por alguna razón. Hablen de por qué hay personas a las que les dan medallas o premios y cuánto tienen que trabajar para merecer estas recompensas.

Poco a poco, su hija irá tomando consciencia del mundo, tanto de sus glorias como de sus imperfecciones. El mundo del futuro será suyo, de manera que conviene que le ayude a pensar en cómo puede ella contribuir para que sea mejor. Una pregunta en la que podría pensar es: *¿Cómo crees que se puede hacer un mundo mejor?*

Pregunta clave: ¿CÓMO CREES QUE SE PUEDE HACER UN MUNDO MEJOR?

Muchos relatos religiosos nos hacen ver el modo en que podemos hacer un mundo mejor, siendo mejores personas o comportándonos de mejor manera. Y hay otros muchos relatos que también nos muestran el modo en que los personajes intentan hacer un mundo mejor.

Haga de éste uno de los temas de conversación en la familia cuando se hable de noticias, sucesos o historias -¿ayuda esto a hacer del mundo un sitio mejor? ¿Por qué, o por qué no? Esté preparado para los desacuerdos. Anime a su hija a pensar en sus propias formas de hacer un mundo mejor. Lo que hay que preguntar aquí es, ¿Cómo podemos ayudar? La respuesta de unos padres fue involucrar a sus hijos en un programa de reciclado en donde cada miembro de la familia se encargaba de seleccionar y envasar distintos tipos de basura. Los padres explicaban, "La verdad es que no lo hacemos por nosotros o por los demás. Lo hacemos para demostrarles a nuestros hijos que una pequeña diferencia puede convertirse en una gran diferencia si lo haces tú mismo. Esto les ha permitido darse cuenta de que el mundo es suyo, y de que pueden hacer algo para que sea un sitio mejor".

Idea clave: ayúdenlos a reconocer los diferentes valores y a desarrollar los suyos propios

Lo que viene a continuación son algunas ideas para iniciar la conversación sobre cómo podemos hacer un mundo mejor:

- ¿Cómo podemos hacer de nuestra casa, jardín, calle, vecindario, un lugar mejor para vivir?
- ¿Sabemos de personas que no sean felices? ¿Cómo podríamos ayudarles?
- ¿Sabemos de personas que estén solas? ¿Cómo podríamos ayudarles?
- ¿Hay personas en el mundo que necesiten nuestra ayuda? ¿Cómo podemos ayudarles?
- ¿Cómo podemos ayudar a la gente que pasa hambre, o que son víctimas de un desastre?

No hay respuestas correctas o erróneas para ninguna de estas preguntas. Pensando en ellas y discutiéndolas tomaremos consciencia de nuestros propios sentimientos, motivos y opiniones, y discutiéndolas con los demás también sabremos lo que piensan y sienten ellos. Es éste un proceso creativo, pues anima a los niños para que no sólo piensen en sí mismos, sino también en los demás y en su visión del mundo. Es éste un ejercicio de inteligencia social, pero también ayuda a desarrollar otra asombrosa capacidad del cerebro de su hija, la que vamos a ver a continuación: la inteligencia filosófica.

Siete pasos para desarrollar la inteligencia social

- Anime a su hijo a conversar con la familia, los amigos y otras personas que puedan entrar en su vida.
- Trate a su hija con el respeto y las buenas maneras con las que usted desearía que tratara a los demás.
- Ayúdelo a ser receptivo con lo que otros piensan y sienten, y con lo que siente él.
- Ofrezca ocasiones para que se involucre en actividades cooperativas, juegos de equipo y experiencias de trabajo.
- Estimule la comunicación con los demás, a través de cartas, tarjetas postales, teléfono y correo electrónico.
- Discutan los problemas personales, así como los temas sociales y políticos de las noticias.
- Ayúdela a reconocer los diferentes valores, y a desarrollar sus propios valores e ideales.

10

Su Filosófico Hijo

El desarrollo de la inteligencia filosófica

¿Cómo puede ser que, con cuatro, cinco o seis años, los niños no dejen de hacer preguntas en ningún momento, llenos de curiosidad, creatividad e interés, y al llegar a los 18 se hagan pasivos y faltos de sentido crítico, y que además les resulte aburrido aprender?
Matthew Lipman

¡Hay tantos interrogantes en la vida! En la escuela se te dan las respuestas de los libros, pero la mayor parte de las preguntas difíciles, como '¿Debería de robar?' o '¿Debo contar una mentira?' o '¿Existe Dios?' tienes que averiguarlas por ti mismo.
Tom, 13 años

Estábamos leyendo un cuento sobre animales cuando les pregunté a mis hijos:

- ¿Pueden pensar los animales?
- Sí –dijo Tom-, pueden pensar porque pueden hablar.
- ¿Cómo lo sabes? –pregunté.
- Si no pudieran pensar no podrían alejarse de sus enemigos. Como mis conejillos de Indias, que se esconden debajo del armario para que no los alcancemos. Si no tuvieran cerebros, morirían.
- Los conejos no pueden hablar –dijo Jake.

- Sí que pueden... en los cuentos de hadas.
- Los zorros pueden pensar. Cazan conejos y se los comen. Y tienen que ser bastante listos para hacer eso.
- Todos los animales pueden pensar. Lo que pasa es que no son tan inteligentes como nosotros.
- Si todos los animales pueden pensar –dije– y los conejos son animales, entonces todos los conejos pueden pensar.
- Yo sé de algunos conejos no pueden pensar.
- ¿Qué conejos son esos? –pregunté.
- ¡Los conejos rellenos!

Seguimos hablando sobre las diferencias entre el conejo relleno y el conejo real, y, al final, los niños decidieron que un juguete podía hablar, pero que no pensaba porque no sabía lo que estaba diciendo. Y Jake terminó diciendo:

- Un juguete no es real... como nosotros.

Lo que habíamos descubierto en el cuento fueron algunas preguntas interesantes –no sólo preguntas sobre el cuento (ver Capítulo 2 sobre la inteligencia lingüística), sino sobre el concepto de pensar, si los animales pueden pensar, y que es real o ficticio, verdadero o falso, y si algún animal que no supiera lo que estaba diciendo no era un animal listo. Lo que nos permitía hacer esto era esa importante capacidad de la mente humana a la que llamamos inteligencia filosófica.

¿Qué es la inteligencia filosófica?

"Todas las personas, por naturaleza, desean saber", dijo Aristóteles, y a nadie en el mundo que haya pasado un rato con niños pequeños le quedarán dudas de que su forma de averiguar las cosas es haciendo preguntas. Algunas de estas preguntas, como '¿Por qué no se cae el cielo sobre nuestras cabezas?' '¿Por qué las vacas comen hierba?' o '¿Qué edad tiene el gato?' son preguntas sobre el mundo físico, y las hacen porque están confundidos con lo que ven y lo que oyen. Cuando hacen este tipo de preguntas, los niños están siendo científicamente curiosos (ver Capítulo 4).

Pero hay otro tipo de preguntas que no tienen que ver con el mundo físico, sino con el de las ideas (o conceptos) del mundo, con lo que pensamos y creemos. En algunas de estas preguntas, como '¿Por qué son crueles las personas entre ellas?' '¿Existe Dios?' o '¿Qué es el amor?', es posible que la respuesta no se conozca o que haya varias respuestas posibles. Estas preguntas surgen de la curiosidad natural del niño, pero no son científicas, no hay una sola respuesta correcta, sino muchas respuestas posibles y muchos puntos de vista diferentes. Hay preguntas sobre lo que pensamos como seres humanos, y las hay sobre la forma en la que damos sentido a la vida. Este tipo de preguntas es filosófico.

La filosofía difiere de la ciencia, de las matemáticas y de otras formas de comprensión. La filosofía no se apoya en las *cosas del* mundo, sino en nuestros *pensamientos sobre* el mundo, el universo y todo. La inteligencia personal responde a la pregunta de: '¿Qué se entiende por *yo*?' La inteligencia social responde a la pregunta de: '¿Qué se entiende por *los demás*?' La inteligencia filosófica responde a la pregunta de: '¿Qué significa *todo*?' Funciona a través de la formulación de preguntas, argumentando un punto de vista, sometiendo a prueba las ideas y preguntándose si tienen sentido. Cuando Jenny, de cuatro años, preguntó, "¿Qué quiere decir 'amor'?" su pregunta era filosófica, puesto que trataba de nuestra idea o concepto del amor. Cuando Carl, de seis años, preguntó, "¿Por qué Dios dejó que se muriera el abuelo?" su pregunta era filosófica, puesto que estaba preguntando sobre Dios y las razones de la muerte.

La mayor parte del tiempo no somos filosóficos. Lo que normalmente nos interesa es '¿Qué viene ahora?' Es fácil estar así con los niños, siempre metiéndoles prisa para ir a lo que viene después. Como le decía una mujer a su hijo en el supermercado, "No hagas preguntas ingeniosas, que tenemos que hacer la compra". La filosofía nace cuando nos detenemos y preguntamos '¿Por qué?'. Cuanto más dejemos que los niños se paren y pregunten por qué, más ocasiones habrán para que se desarrolle su inteligencia filosófica.

Los niños pequeños son filósofos naturales, si se les da ocasión de hacer preguntas y tienen alguien con quien discutir sus ideas. No serán filósofos en el sentido de llegar a saber todas las respuestas, pero comenzarán a ser filosóficos cuando se hagan preguntas sobre el mundo y formulen el tipo de preguntas que, durante siglos, han tenido en vilo a los filósofos. Como cuando un niño de cinco años preguntó, "¿Adónde va el tiempo cuando ha pasado?"

Los niños quieren averiguar por qué las cosas son como son y lo que significan las palabras. Lo malo de los adultos es que utilizamos muchas de nuestras ideas cotidianas sin pensar en ellas. Pero, para los niños, estas ideas pueden ser nuevas o extrañas. Los niños utilizarán las palabras de un modo irreflexivo, sin comprenderlas realmente, a menos que nos tomemos tiempo para preguntarles lo que significan y no les metamos prisa para que vayan a lo que viene después.

Niño: ¿Cuánto durará el mundo?

Madre: No lo sé, cariño, pero ahora no tenemos tiempo para esas cosas.

Hay preguntas que no son fáciles de responder. Cuando un niño pregunta "¿Dónde está la abuela ahora que se ha muerto?", pueden haber muchas respuestas posibles. ¿Qué clase de respuesta le vamos a dar? Un tipo de respuesta puede ser la científica, por ejemplo lo que le sucedió al cuerpo de la abuela después de morir. Pero la pregunta puede referirse a algo más que una mera explicación científica sobre el cuerpo físico, por ejemplo a todo lo que la 'abuela' significa para los que han quedado atrás. La pregunta se puede responder de diferentes modos, y algunas de estas respuestas serán filosóficas –como el niño cuya respuesta a esta pregunta fue, "La abuela no vive en el mundo ahora, sino sólo en nuestros corazones".

La inteligencia filosófica es la que han utilizado todos los grandes pensadores y líderes religiosos para encontrar soluciones a los problemas humanos sobre cómo vivir y qué creer. La ciencia nos puede decir lo que son las cosas, pero necesitamos de la inteligencia filosófica para saber en qué creer y cómo comportarnos. La inteligencia filosófica es algo que todos usamos cuando intentamos darle un significado a la vida. Si alguna vez su hijo le ha dejado desconcertado con una pregunta verdaderamente difícil o con una aguda observación sobre un tema delicado, es que ha estado viendo su inteligencia filosófica en funcionamiento.

Necesitamos de la inteligencia filosófica para resolver problemas sobre lo que pensamos y hacemos, por ejemplo:

- Simon iba caminando hacia la escuela cuando se encontró con un billete de 20 libras en la acera. Lo cogió y se lo dio a su profesora. "Ha sido muy honesto por tu parte", le dijo la profesora. "Bien, me figuro que si fuera yo la que hubiera perdido el dinero me gustaría que, el que lo encontrara, lo entregara. De modo que creo que es lo que se debe hacer". Simon había tenido una razón moral para entregarlo.
- Jane había salido con algunos amigos y no podían llegar a un acuerdo sobre qué hacer. Unos querían ir de compras, otros querían dar un

paseo por el parque y otros querían volver a casa de Jane. Jane dijo que la forma más justa de tomar una decisión era votar. Así lo hicieron, y la mayoría se decidió por ir de compras. Más tarde, Jane explicó, "No me apetecía que vinieran a casa, pero no quería decírselo así. De forma que me escabullí con lo de la votación. Sabía que el voto democrático es la forma más justa de decidir las cosas".

- A Fiona le habían cotilleado algo escandaloso, y cuando se lo contó a Laura se encontró con una respuesta que no esperaba.
  - ¿Cómo lo sabes? –preguntó Laura.
  - Me lo dijo Gabby –respondió Fiona.
  - ¿Y cómo lo sabe Gabby? –insistió la primera.
  - Alguien se lo ha tenido que decir.
  - Entonces, no sabemos si es cierto –dijo Laura.
  - Supongo que no –dijo Fiona, súbitamente sombría.
  - No te preocupes –dijo Laura-. Tampoco me creo las cosas que dicen de ti. No sin ningún tipo de pruebas.

Como otras formas de inteligencia, el pensamiento filosófico del niño se puede desarrollar o inhibir en el hogar. El padre que dice, "No hagas preguntas", "Lo averiguarás cuando crezcas", o "Estoy demasiado ocupado/a para hablar ahora" y nunca habla de ello, le impide a su hija la posibilidad de ejercitar esta inteligencia. Entonces, ¿qué podemos hacer para ayudar a un niño a desarrollar esta inteligencia, y ayudarle así a obtener el máximo rendimiento de su mente?

El desarrollo de la inteligencia filosófica de su hijo

La inteligencia filosófica se ocupa de hacer preguntas, e intenta especular algo cuando no conoce la respuesta. Su hijo la necesita para discurrir qué hacer cuando no hay nadie que le diga lo que tiene que hacer, y le servirá para averiguar lo que es cierto, correcto y bueno en la vida humana. Así, aprende a aplicar lo que sabe a los problemas que no tienen una respuesta fácil.

Desarrollar la inteligencia filosófica significa desarrollar la capacidad para hacer preguntas y analizar de forma crítica y creativa las respuestas que se le dan. Hay niños más filosóficos por naturaleza que otros; hacen más preguntas, se toman más interés en lo que sucede a su alrededor y son más conscientes de los misterios de la vida. No obstante, todos los niños pueden recibir ayuda para que piensen en el mundo con más profundidad y amplitud, y para que concentren su atención en las cosas interesantes, curiosas o misteriosas de la vida.

¿Cómo se desarrolla la inteligencia filosófica?

Lo que le falta a un niño es experiencia, no la capacidad para pensar en algo y hablar de ello. Los niños no necesitan tener demasiada experiencia del mundo para ponerse a hablar de algunos de los temas importantes de la vida –por ejemplo, '¿Qué es lo correcto?' '¿Qué es lo real?' '¿Qué es lo verdadero?' '¿Qué es lo hermoso?' '¿Qué es lo misterioso?', etc.- preguntas todas ellas que los pensadores se vienen haciendo desde los tiempos de la antigua Grecia. Puede que no se reconozca esta capacidad para hacer preguntas filosóficas, o puede debilitarse por falta de uso, pero todos los niños tienen esta capacidad, a menos que tengan algún tipo de daño cerebral. Así pues, ¿cómo se desarrolla esta inteligencia?

Si su hijo/a	Lo que puede hacer usted	Lo que su hijo/a puede aprender
No hace preguntas ni muestra interés por el mundo que le rodea	Anímelo a hacer preguntas, y hable con él de aquello que le interese	Cómo hacer preguntas, pensar por sí mismo y discutir sus puntos de vista con otros
Hace preguntas, pero acepta cualquier respuesta que se le dé	Anímela a sugerir sus propias respuestas, pregúntele lo que piensa y por qué	Que está bien especular cuando no sabes, con la condición de que tengas razones o evidencias
Le gusta preguntar, argumentar y discutir las cosas	Anímelo a que pregunte, argumente y discuta con usted y con otros	A confiar en las preguntas, y a ser crítico, creativo e imaginativo en su razonamiento

La inteligencia filosófica, como otras formas de inteligencia, se desarrolla poco a poco, con el tiempo, utilizando el razonamiento para pensar, cuestionar y discutir. Lo que, como padres, podemos hacer es buscarnos tiempo para la conversación, y formar un hogar en donde se puedan hacer preguntas, en donde se escuchen y se pongan a prueba los puntos de vista. "En una buena conversación", dice Michelle, de diez años, "nadie te da un corte". La inteligencia filosófica se desarrolla en una atmósfera en donde la gente puede examinar las cosas, donde todos están interesados en lo que se tiene que decir e intentan desarrollar sus ideas, y donde todo está dispuesto para que se den cambios de mentalidad.

> ### ¿Sabía usted que...?
> Las investigaciones demuestran que, si usted le da a su hijo tiempo para pensar después de hacerle una pregunta –digamos que, al menos, cinco segundos- en lugar de esperar siempre una respuesta inmediata, su hijo dará respuestas mejores, más elaboradas y más interesantes. Y, posiblemente, usted también le daría a su hijo mejores respuestas si se detuviera a pensar antes de responder. Así pues, que su lema sea: 'Detente y piensa' -¡al menos durante cinco segundos!

INPUT	lo que hace usted	Usted estimula a su hija animándola a hacer preguntas y pidiéndole que dé razones para sus respuestas.
OUTPUT	lo que hace su hijo	Su hija aprende a pensar y a discutir asuntos de importancia con los demás en el hogar.
AUTOCONTROL	lo que aprende el niño	Su hija toma conciencia de los problemas de la vida, y es capaz de hablar de ellos de un modo crítico y creativo.

Lo que puede hacer usted para ayudar

Los niños traen con ellos al mundo una mente elástica, capaz de extenderse en todas direcciones, y traen también la capacidad de hacer no sólo preguntas importantes de la vida diaria como '¿Dónde está mi comida?', sino también preguntas profundas y estimulantes como éstas que hacen los niños de cuatro años: '¿Por qué se mueren las personas?' '¿Por qué ponen huevos las gallinas?' y '¿Cómo puede caber un roble dentro de una bellota?' Esta curiosidad es la primera evidencia de la inteligencia filosófica. Pero el espíritu inquisitivo de un niño puede decaer, y esto puede suceder, en parte, por los efectos de la escolarización y la edad, pero también por la influencia del hogar. Como me dijo un niño en cierta ocasión, "Me gusta la escuela. No tienes que pensar. Aquí te dicen lo que tienes que hacer". Cuando pregunté lo que sucedía en casa, la respuesta fue, "Oh, mamá es la que piensa allí". Mantener vivo el espíritu inquisitivo de su hijo en casa puede ser una de las claves de sus buenos resultados en el aprendizaje.

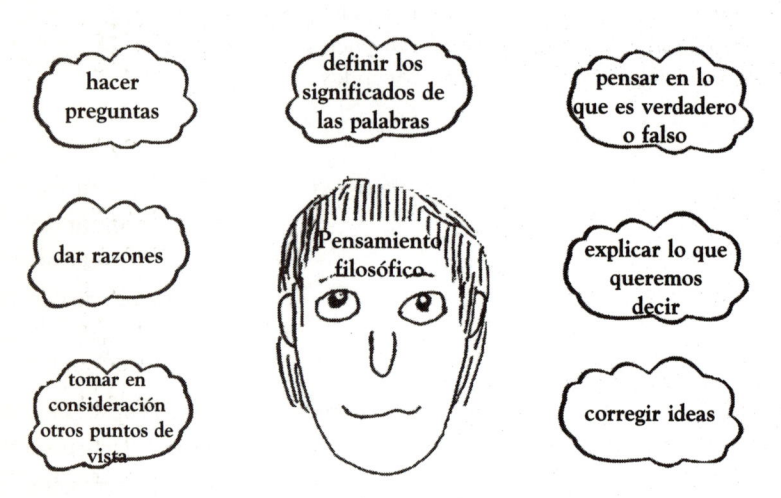

Formas de desarrollar el pensamiento filosófico

El hogar filosófico

No podemos forzar a nuestros hijos para que sean filosóficos, pero sí que podemos ayudarles proporcionando las condiciones en casa para que el cuestionamiento, el razonamiento y la conversación puedan florecer. La situación es como la del viejo cuento de 'La Pesadilla del Tirano'. El rey quiere que todos sus súbditos le amen, de manera que promulga una orden por la cual todo el mundo tiene que amarle. El pueblo finge amar al rey, y así, por temor, lo expresan cada vez que lo necesitan. El rey sabe que le temen, pero no puede estar seguro de que *de verdad* le aman, de modo que envía espías para que averigüen la verdad. Los espías vuelven y le informan de que el pueblo se comporta como si le amara. Pero el rey nunca podrá estar seguro de ello.

Así pues, ¿cómo proporcionar las condiciones para que su hijo piense filosóficamente en casa?

Un hogar filosófico es, en primer lugar y por encima de todo, un hogar donde se escucha. Hay hogares donde nadie escucha: los niños no escuchan a los adultos, los adultos no escuchan a los niños y ni los niños ni los adultos se escuchan entre sí. Se oyen lo suficiente como para apañárselas, particularmente si se gritan unos a otros. En algunos hogares las preguntas de los niños pasan desapercibidas o se ignoran. Pueden haber muchas razones para que, en un momento determinado, usted no tenga tiempo para pararse y escuchar a su hijo, pero puede buscar un momento más tarde para volver sobre la pregunta. Tómese tiempo para preguntar "¿Qué piensas?" Mire a su hijo mientras le escucha, y espere a que su hijo le escuche a usted.

Uno de los principales problemas en la escuela, según los profesores, es que resulta muy difícil que los niños se sienten y escuchen. Muchos de ellos están tan habituados a la pantalla del televisor como compañera permanente en el tiempo de ocio, con sus parpadeantes imágenes sin fin, que les resulta difícil concentrar la atención en una persona, una cara o una voz. El hogar filosófico es un lugar donde la gente se toma tiempo para escucharse entre sí, y en algunas familias esto se ha convertido en algo tan raro y precioso que en la actualidad le llaman 'tiempo de calidad'. Hay niños que tienen poco 'tiempo de calidad', y así resulta difícil mantener una conversación o centrarse en un tema durante mucho tiempo. Intente que su hogar sea un hogar en donde se escucha, y búsquese algún 'tiempo de calidad' todos los días con su hijo.

El hogar filosófico es también un hogar de preguntas, un lugar donde la gente conversa sobre temas que les desconciertan y les interesan. Si se hacen preguntas, las personas escuchan e intentan elaborar una respuesta juntos. Hay momentos que se reservan para compartir las novedades, para discutir pensamientos y sentimientos. El principal de estos momentos es el de las comidas. En todas las sociedades humanas, compartir el alimento es bastante más que una simple satisfacción del hambre, es un momento simbólico en donde la familia o el grupo encuentran tiempo para dedicarse y celebrar su relación. Es donde la gente demuestra su cariño, tanto en la provisión y preparación de los alimentos como estando ahí para hablar y escuchar a los demás.

Idea clave: comparta y comenten preguntas que le puedan intrigar a usted o a su hijo

En algunos hogares las comidas no son una experiencia compartida. Cada uno come a una hora diferente o lejos unos de otros, o apiñados alrededor de un aparato de televisión observando en silencio, cada uno en su propio mundo privado. No se toman un tiempo para compartir la comida, así como las novedades y las ideas. Puede que no haya momentos establecidos para que los padres estén con los hijos, ayudándoles con su conversación para que desarrollen sus mentes. En un hogar filosófico la familia intenta asegurar una comida al día en la que puedan estar juntos, o preservar momentos especiales, como el momento de irse a la cama, para conversar acerca de las cosas que puedan preocupar.

Para algunas familias espirituales o religiosas las creencias juegan un papel de vital importancia a la hora de darle un significado a la vida. Las festividades y celebraciones religiosas son buenas ocasiones para conversar acerca de lo que pensamos y creemos, para estar abiertos a las preguntas. Cuando exploramos el sentido de la vida o la posibilidad de una vida más allá del mundo físico, estamos utilizando la inteligencia filosófica. Cuando preguntamos no '¿Qué es eso?', sino '¿Por qué...?' y '¿Y si...?' es cuando nos estamos haciendo filosóficos.

Vamos a examinar algunas formas de desarrollar la inteligencia filosófica de su hijo en casa:

- Pensar por medio de los cuentos
- Pensar acerca del mundo de cada día
- Pensar acerca de otros mundos, incluidas las creencias espirituales y religiosas

Pensar por medio de los cuentos

"Un cuento filosófico es un cuento que tiene un significado secreto", dice Anna, de once años. Un cuento no es sólo un agradable viaje por un mundo imaginario, sino también un medio para pensar y aprender (ver Capítulo 2)

En el hogar filosófico, el momento de los cuentos –quizás cuando el niño está ya metido en la cama o bien juntos en un sofá- proporciona lo que puede ser un regalo diario tanto para el progenitor como para el niño. También proporciona una maravillosa ocasión para desarrollar el pensamiento filosófico. He aquí un ejemplo de cómo una mujer terminó explorando el significado de un cuento, después de leer un libro sobre un robot parlante a sus dos hijos, Karen y Graham:

> *Madre:* ¿Es lo mismo un robot que una persona?
> *Karen:* Es una persona, una especie de persona máquina.
> *Madre:* ¿Por qué?
> *Karen:* Porque habla y hace cosas.
> *Graham:* No es una persona de verdad... es de metal.
> *Madre:* Pero camina y habla.
> *Graham:* ¿Cómo puede caminar y hablar alguien que es de metal?
> *Madre:* ¡Imagina que un robot que puede caminar y hablar entra en la habitación...?
> *Karen:* No sería una persona. Sería un robot.
> *Graham:* Sería una persona si fuera papá disfrazado...

Lo que había ahí no era sólo una conversación acerca de un cuento, sino los inicios de una discusión filosófica acerca de lo que significa ser una persona. ¿Puede ser una persona un robot? ¿En qué se diferencian las personas de los robots? ¿En qué se parecen? ¿Puedes hacer algo que un robot no pueda hacer? ¿Qué pueden hacer los robots que tú no puedas hacer? ¿Qué es un robot?

Idea clave: pídale a su hija que defina los significados de las palabras que utiliza

La pregunta que siguió a la primera respuesta de Karen fue la más importante de todas: '¿Por qué?' Si existe una característica determinante de un hogar en donde se piensa es el uso del '¿Por qué?' como continuación a la respuesta de un niño. Significa '¿Por qué piensas eso?', y es una petición de razones, evidencias o explicaciones que invita a su hija a pensar más y a decir más. Es una sonda a su razonamiento. Si la niña no sabe o no puede decir por qué, entonces sugiera usted alguna razón. En otras palabras, pregúntese por qué. Pero, ¿qué sucede si usted, o su hija, no saben la respuesta?

Si usted no sabe la respuesta, dígalo, y sugiera una teoría o una idea posible. Después de todo, de esto trata la inteligencia, de sacar el máximo de lo que sabemos y de intentar darle sentido. Sáquele el mayor partido al momento de los cuentos con relatos que les hagan pensar, y sáquele más al cuento haciendo preguntas y sugiriendo posibles respuestas. Leyendo el cuento de *Winnie de Puh*, al llegar a la parte en donde se dice que el abuelo de Piglet tiene dos nombres 'por si perdiera uno', el padre preguntó:

- ¿Se puede perder el nombre?
- Si que puedes, si te olvidas –dijo el niño.

Los libros ilustrados para niños pequeños son una fuente inagotable de ideas para comentar con su hija. Por ejemplo, cuentos ilustrados como *Donde Viven los Monstruos*, de Maurice Sendak, o *Would You Rather?*[1] , de John Burningham, ofrecen buenas ocasiones para discutir sobre lo real y lo imaginario, para pensar en lo que los personajes piensan o sienten y sugerir las razones que les motivan. Lo que viene a continuación es un ejemplo de conversación durante la lectura de *Donde Viven los Monstruos*:

Progenitor: ¿Crees que todo fue un sueño?
Jane: No, él se levantó de la cama. No estaba soñando. Se levantó.
Progenitor: A veces, cuando sueño algo, me da la sensación de que está sucediendo de verdad.
Jane: A lo mejor estuvo soñando, porque tenía hambre y quería su cena. Y entonces soñó con los Monstruos.
Progenitor: Pero, ¿cómo puedes saber si estás soñando o no?
Jane: Bueno, no puedes saber si estás soñando o no. Sólo te lo puede decir otra persona. Y eso lo sabían los Monstruos.

---

1   ¿Qué prefieres?

Progenitor: ¿Quiénes son los Monstruos?
Jane: Creo que era algo que estaba dentro de Max. No creo que fueran reales... ¿no?

Los cuentos de hadas, los cuentos populares y los relatos tradicionales dan mucho para pensar. Por ejemplo, el cuento de Hans Christian Andersen, *El Traje Nuevo del Emperador*, puede llevar a preguntas como:

'¿Por qué el emperador quería un traje nuevo?'
'¿Por qué creía que llevaba un traje?'
'¿Qué clase de niño le diría al Emperador que iba desnudo? (¿Tú lo harías?)

Las fábulas, como *Las Fábulas de Esopo*, se vienen contando desde hace siglos como cuentos para que los niños aprendan a pensar. Cada una de ellas está diseñada para enseñar una moraleja. Cuando lea una fábula, deténgase antes del final y pregúntele a su hija si sabe cuál es la moraleja del cuento. Todas las buenas fábulas tienen temas filosóficos —no sólo sobre el cuento, sino sobre dilemas de la vida real. Por ejemplo, la famosa fábula del pastorcillo que gritaba que venía el lobo, trata de un muchacho que les gastaba bromas a los vecinos de la aldea haciéndoles creer que el lobo estaba atacando los rebaños; pero no sólo habla de esto, sino también de qué es la verdad y qué son las mentiras, los engaños y las bromas. Así pues, es un cuento que se puede leer por el simple placer de leer, pero que también es capaz de ejercitar la inteligencia filosófica, puesto que hace que los niños reflexionen en las veces en que las burlas y las bromas van demasiado lejos y en sobre quién recaería la culpa cuando algo vaya mal. Por ejemplo, ¿hay alguna circunstancia en la que sea correcto mentir? Lo que viene a continuación son algunos ejemplos de preguntas que se podrían utilizar para comentar la fábula de Esopo que acabamos de comentar:

- ¿Mintió el pastorcillo? ¿Qué es una mentira?
- ¿Debería de haber dicho la verdad? ¿Qué es la verdad?
- ¿Por qué les gastaba bromas a la gente de la aldea? ¿Era una buena broma? ¿Por qué?
- ¿De quién fue la culpa de que el lobo se comiera a las ovejas?

- ¿Crees que los aldeanos volverían a confiar en el pastorcillo? ¿Qué debería de hacer el chico ahora?
- ¿Crees que es una historia real? ¿Por qué sí, o por qué no?

Idea clave: invite a su hija a pensar si algo es cierto o no y por qué

Los libros de cuentos no es lo único que les interesa a los niños. Hay libros que no son de ficción y libros de misterios y enigmas que pueden ser sumamente fascinantes, convirtiéndose en una fuente de interesantes conversaciones. Lo que viene a continuación es un fragmento de una conversación mantenida mientras contemplábamos una página del libro ilustrado *Would You Rather?*, de John Burningham. En cada página se ilustra una preferencia, por ejemplo: ¿Qué prefieres, vivir en una casa rodeada por el mar, por la nieve o por la jungla?

RF: ¿Dónde vivirías?

Tom: Preferiría vivir en la jungla.

RF: ¿Por qué?

Tom: Porque me gustan los animales, y uno se puede lanzar de árbol en árbol como Tarzán. ¡Y nadie le podría encontrar!

Jake: No sobrevivirías durante mucho tiempo en la jungla.

RF: ¿Por qué no?

Jake: Bueno, para empezar no hay electricidad. En medio de la jungla, no.

Tom: Tendría paneles solares. Allí hay un montón de sol...

Jake: No en la jungla, debajo de todos esos árboles. El sol no podría atravesarlos.

Tom: Construiría la casa en un claro de la selva.

Jake: Los árboles serían demasiado gruesos.

Tom: Haría huecos entre la espesura para que los rayos del sol pasaran a través.

RF: ¿Qué tendría de bueno y de malo vivir en la jungla?

Jake: Habría serpientes venenosas. ¡Imagina que te pica una serpiente venenosa! No vivirías mucho.

Tom: Claro que viviría... Utilizaría las plantas de la jungla como medicamento.

Lo que la inteligencia filosófica les permite hacer a usted y a su hijo es explorar las ideas que han leído y pensar en nuevas ideas por ustedes mismos. Después de leer el libro *Would You Rather?*, se nos ocurrieron algunas ideas divertidas sobre diferentes clases de dilemas –¿Qué prefieres, ser un caballo, un perro, un cerdo o una araña? ¿Qué prefieres, ser un gigante o un enano? ¿Qué prefieres, tener un millón de libras y una vida corta, o ser pobre y tener una vida larga?

A medida que crecen, los niños necesitan una gama más amplia de cuentos y libros que leerles. Una de las ventajas de leerle a su hijo a cualquier edad es que usted puede leer libros que su hijo no puede (o no quiere) leer por sí mismo, y que puede hablar de lo que le interesa a usted y a él del libro. Lo que viene a continuación son algunas de las preguntas que les planteé a mis hijos cuando leímos el primer capítulo de *El Hombre de Hierro*, de Ted Hughes.

- ¿De dónde creéis que era El Hombre de Hierro?
- ¿Qué parte del cuerpo del Hombre de Hierro era la más importante?
- El ojo del Hombre de Hierro, ¿era de verdad?
- ¿Creéis que podían matar al Hombre de Hierro?
- ¿Qué pensaba él?

Cada vez que su hijo dé una respuesta simple como 'Sí' o 'No', pregúntele por qué piensa eso. Anímelo a que sea 'razonable' –es decir, a que dé razones o algún tipo de evidencia que puedan apoyar lo que dice. Claro está que nosotros tendríamos que hacer lo mismo.

Idea clave: compruebe que lo que dice su hijo se basa en razones o videncias

No siempre es fácil darle sentido al mundo, o a los libros. Uno de los cuentos filosóficos jamás escritos para niños es el de *Las Aventuras de Alicia en el País de las Maravillas*, de Lewis Carroll. Está lleno de aventuras y personajes extraños que dicen y hacen cosas raras, interesantes o desconcertantes. El cuento trata de una muchacha que sueña que captura un conejo blanco en una madriguera. ¿Es un sueño? ¿Cómo sabemos que estamos soñando? ¿Cómo sabemos que toda la vida no es un sueño? En cada capítulo hay preguntas muy interesantes sobre las cuales conversar. Por ejemplo, en el Capítulo 5, la Oruga pregunta, "¿Quién eres tú?, y Alicia responde que para ella es difícil de saber. Sabía quién era cuando se levantó por la mañana, pero había cambiado varias veces desde entonces.

- ¡Explícate! –le exige la Oruga.

- No me puedo explicar. Tengo miedo, señor –dice Alicia-, porque no soy yo misma, ¿sabe?

Hay aquí muchas ideas estimulantes que podría discutir con su hijo, incluida la pregunta que los filósofos se han hecho durante siglos: '¿Qué es lo que te hace ser tú?' ¿Es tu nombre, tu personalidad, tu aspecto físico, tu cerebro, tus recuerdos, tu alma, o qué?

Un buen libro para adolescentes, un libro que despierta y ejercita su inteligencia filosófica, es *El Mundo de Sofía*, de Jostein Gaarder, que se convirtió en un best-seller en Europa en 1995, año de su publicación. El relato trata de Sofía, una chica de catorce años que en el transcurso de la historia se enfrenta a preguntas que durante mucho tiempo han confundido a los filósofos, preguntas como '¿Quién soy?' y '¿De dónde vengo?' El libro contempla las diferentes respuestas que los filósofos han dado a lo largo de los siglos a las más desconcertantes preguntas sobre la vida. Lo que le ha dado tanto éxito al libro es que ha resultado tan atractivo para los padres como para los adolescentes para los que fue escrito. Indudablemente, es una estimulante lectura para el razonamiento, tanto del adolescente como del progenitor.

Pensar acerca del mundo de cada día
Si queremos que los niños asuman la responsabilidad de lo que piensan y hacen, si queremos que algún día asuman el control de sus vidas, tendremos que ayudarles a que se interesen en el mundo, en los temas familiares y en las noticias de la población, así como en los asuntos nacionales e internacionales. En lugar de aplastar sus preguntas con un 'Shhh...', 'No sé...' o 'No me importa', deberíamos ayudarles a desarrollar sus pensamientos. No siempre es fácil, pero vale la pena el esfuerzo.

Los niños no siempre son muy lógicos. A veces dicen lo primero que les viene a la cabeza, y no siempre entienden. Pueden hacer preguntas incómodas, como '¿Estuviste enamorada de alguien antes de papá?' y a veces les resulta difícil dar respuestas sensatas. Una razón para todo esto es que les falta experiencia vital. Todo lo que hemos oído, visto y hecho nos ayuda a darle un sentido a la vida. Hemos pensado mucho, hemos explicado las cosas muchas veces, abordado muchos problemas. Cosas que no ha podido hacer una niña pequeña. Ella necesita un montón de explicaciones para que adquiera práctica en dar sentido a lo que se dice. Pero también hay muchos adultos a los que les resulta difícil explicar las cosas. Puede que no sean muy lógicos y, en ocasiones, puede que no entiendan demasiado. Pero que haya gente que no se le dé bien esto no significa que no puedan hacerlo, del mismo modo que tampoco significa que una niña no pueda hacerlo. Lo que necesitan es un poco de ayuda, lo que necesitan es que les muestren cómo.

A cualquier niña se le puede estimular para que, a través de las experiencias diarias en casa,

- haga preguntas y plantee temas de conversación
- desarrolle sus ideas, puntos de vista y teorías
- dé razones de lo que piensa
- explique y defienda sus puntos de vista con los demás
- escuche y considere los puntos de vista de los demás
- cambie sus ideas a la luz de unas buenas razones y evidencias

Todos los días nos enfrentamos con preguntas sobre qué hacer, qué decir y qué pensar. Como dijo en cierta ocasión Paul, de ocho años, "Todos vivimos en una especie de culebrón". Su mundo cotidiano no se parecía demasiado a su culebrón favorito de TV, *Vecinos*, pero era consciente de que su familia tenía problemas que afrontar, que podían suceder imprevistos y que su hermana mayor tenía varios conocidos interesantes.

Entre las preguntas que podemos hacer acerca de cualquier hecho cotidiano, tanto si son nuestras propias novedades o relatos como las noticias locales o nacionales, se incluyen:

¿Cuál es el problema?
¿Qué piensas de él?
¿Qué te hace sentir a ti (o a otros)?
¿Qué sucedió realmente? ¿Cómo lo sabes?
¿Qué debería de haber sucedido?
¿Qué podría suceder ahora?
¿Qué se puede hacer al respecto?

La vida nos ofrece todo tipo de problemas morales, y el razonamiento moral forma parte de la inteligencia filosófica. Debemos explicarles a nuestros hijos pequeños lo que está bien y lo que está mal, pero ellos tendrán que tomar difíciles decisiones morales por sí mismos, pues en un momento dado no habrá nadie allí que les diga lo que tienen que hacer. Tendrán que decidir por sí mismos. Por tanto, cuanto más expliquemos por qué las cosas están bien o están mal, y más ocasión les demos para pensar en decisiones y consecuencias, más preparados estarán cuando surjan las decisiones difíciles. Como dijo Kirsty, de diez años, "Es bueno resolver las cosas en tu mente antes de que ocurran".

El mundo es un lugar desconcertante. Vivir con otros plantea problemas que todos tenemos que afrontar. Lo que viene a continuación son algunas de las preguntas formuladas por los niños pequeños al respecto de la vida en el mundo:

- ¿Está bien matar a la gente?
- ¿Por qué tenemos que recoger los desperdicios de otros?
- ¿Por qué no puedo hacer lo que quiero?
- ¿Por qué está mal decir palabrotas?
- ¿Existe Santa Claus?
- ¿Está bien comer animales?
- ¿Qué hay de malo en hacer trampas?

Las noticias de los periódicos y la televisión traen historias cotidianas que ofrecen temas para posibles discusiones en casa. La inteligencia filosófica se ejercita cuando se les pregunta a los niños, '¿Qué crees tú?' y '¿Qué piensan los demás?, y después se les invita a explicar lo que quieren decir y a compartir ideas.

Idea clave: anime a su hija a explicar lo que quiere decir y a que comparta ideas

Lo que viene a continuación es parte de una conversación familiar acerca del robo, una discusión que tuvo lugar tras el comentario de uno de los niños sobre un caso de robo en la escuela. Los niños son Donna, de nueve años, y Paul, de once:

Progenitor: ¿Por qué está mal robar?
Donna: Porque te podrían pillar.
Paul: Tus amigos te podrían acusar.
Progenitor: ¿Hay alguna otra razón por la que no esté bien robar?
Donna: Porque no irás al cielo.
Paul: Hay personas que dicen que irás al infierno, pero yo no me lo creo.
Donna: Bueno, creo que robando lo único que haces es meterte en problemas. Así que es mejor no hacerlo.
Paul: Si la policía averigua que tienes antecedentes, y si eres lo suficientemente mayor, te meten en la cárcel.
Progenitor: ¿Y qué hay del efecto que tiene en otras personas el que les roben algo?
Donna: Bueno, a nadie le gusta que le roben algo. A mi nunca me han robado nada, pero no me gustaría.
Paul: Si alguien me robara algo le pondría una trampa.
Progenitor: Entonces, ¿robar está mal siempre?
Paul: Está mal –a menos que sea tu madre...

La forma más fácil de responder a una pregunta difícil es una estrategia que suelen usar los profesores y que consiste en preguntar: '¿Tú que crees?' Invite a su hijo a compartir lo que piensa y sabe ya. Asegúrese de que comprende la principal palabra o idea de su respuesta preguntando, '¿Qué quieres decir con...?' Los niños utilizarán a menudo palabras de cuyo significado quizás sean vagamente conscientes (¡claro está que no son los únicos que hacen esto!). Así pues, averigüe lo que creen decir y no dé por hecho que saben de lo que están hablando. El primero en utilizar esta técnica fue Sócrates, hace unos 2.000 años, cuando fue al mercado de Atenas para preguntarle a la gente que entendían ellos por 'justicia' y 'verdad'. Sabía que la mayoría de las personas utilizaban las palabras sin siquiera pensar en lo que significaban. Uno de los elementos más importantes de la inteligencia filosófica es pensar en las palabras que utilizamos y asegurarnos que sabemos lo que significan.

Cuando responda a una pregunta, intente responder solamente a lo que su hijo ha preguntado y no lo sobrecargue con demasiada información. No tenga miedo de utilizar palabras largas, a condición de que le haya explicado lo que significan. No hay palabra larga que un niño no pueda entender si se le explica de una forma adecuada para su edad. El hijo de un cirujano cerebral era capaz de explicar los mecanismos y de dar el nombre latino de cada parte del cerebro a la edad de cuatro años, sencillamente porque se lo había mostrado y enseñado un padre interesado. El niño estaba tan orgulloso de sus conocimientos que a veces les preguntaba a las visitas, '¿Hay algo que vaya mal en su cabeza?'

Deberíamos de animar a nuestros hijos para que piensen en aquellas cosas del mundo que les resultan desconcertantes, así como en los misterios de la vida. Hay cosas que nos confunden y que podemos aclarar, pero también hay misterios que permanecen más allá del mundo visible y que desafían nuestro pensamiento, sea cual sea nuestra edad.

> **¿Sabía usted que...?**
>
> Al conocido científico Albert Einstein lo descubrieron en muchas ocasiones en su oficina de la Universidad de Princeton con la mirada perdida en el espacio. Sus colegas estaban preocupados con él. ¡No estaban acostumbrados a ver a alguien pensando de verdad!

Pensar acerca de otros mundos
"¿Podéis decirme cómo comenzó el mundo?
¿Quién hizo a la primera mujer y al primer hombre?

¿Dónde estaba yo antes de que naciera?
¿Qué sucederá cuando muera?

¿Dónde está el cielo y qué es el infierno?
¿Acaso existe un Dios? ¿Cómo puedes estar seguro?

Tengo demasiadas preguntas en la cabeza."
"Ahora no, cariño, es hora de dormir."

Una de las grandes facultades de la mente de su hijo es la de ver más allá del mundo cotidiano, y convocar en su mente mundos imaginarios que no existen o que pueden existir más allá del mundo que podemos ver. Su hijo responde a los relatos de magia y misterio, de monstruos y mitos; imagina que puede esconderse en la oscuridad de la noche y que podría vivir arriba en el cielo; oye hablar de héroes hace tiempo muertos, y de cosas que suceden en países que nunca ha visto y que existen sólo en su cabeza o en la pantalla del televisor. Algunas de las cosas que oye son reales, otras son fantasía. No es de sorprender que los niños estén confusos acerca de dónde termina la realidad y dónde empieza la ficción. ¿Cómo separan los hechos de la ficción, y la verdad de la fantasía? Para un niño pequeño, los padres son las primeras personas que le ayudan a navegar a través de lo real y lo irreal, los hechos y la imaginación, lo que se ha de creer y lo que no es cierto.

¿Sabía usted que...?

Científicos de la Universidad de California afirman haber descubierto un 'punto de Dios' en el cerebro, que puede ser el responsable del instinto humano para creer en una religión. Descubrieron que, cuando las personas espirituales o que tienen experiencias religiosas piensan en Dios o en palabras espirituales, se estimula y activa eléctricamente un circuito nervioso de la zona frontal del cerebro. Esto podría justificar la capacidad para la creencia religiosa que existe en todas las sociedades humanas.

La capacidad para creer nace con nosotros. El mundo es físico, pero hay algo simbólico e investido de significado. Un objeto se hace precioso si es un regalo especial. Un lugar se convierte en especial si algún suceso le ha dado algún valor. Se valora a la gente especial. Cuando preguntamos *por qué* hay cosas que tienen un valor especial, estamos haciendo una pregunta filosófica. Son algo más que preguntas acerca de lo que existe en el mundo, tratan de lo que pensamos y creemos de ellas. Estas preguntas que tratan de algo más que de hechos físicos son lo que algunos filósofos llaman 'metafísicas'. Entre ellas están las preguntas espirituales y religiosas.

Entre los ejemplos de preguntas religiosas formuladas por niños de cuatro a ocho años de edad se encuentran:

¿Los dioses existen?
¿Quién hizo a Dios?
¿Qué edad tiene Dios?
¿Dónde vive Dios?
¿Qué hace Dios durante el día?
¿Por qué permite Dios que la gente haga cosas malas?
¿Por qué no me ayuda Dios a encontrar mi juguete cuando se lo pido?
¿Qué significa 'eterno'?
¿Hay espíritus santos?
¿Todas las religiones son verdaderas?
¿Qué significa el 'mal'?
Si Dios da la vida, ¿por qué la gente se muere?
Cuando te mueras, ¿te convertirás en un fantasma?
¿Por qué hay gente que tiene suerte?

Existen muchas formas de responder a estas preguntas. 'No me lo preguntes a mí, pregúntaselo a tu padre / madre' es una de ellas, pero no necesariamente es la mejor. 'No lo sé. Sigue cenando / haciendo tus deberes, etc.' es la respuesta con la que se encuentran algunos niños. Lo que una pregunta así le ofrece a un padre consciente es la oportunidad de hablar de cosas en las que la niña está interesada y que, con el tiempo, pueden terminar por desconcertarle.

No hay nada malo en que usted diga que no lo sabe. Después de todo, esto es lo que queremos que nuestros hijos admitan de vez en cuando. No hay nada malo en decirles lo que pensamos, pues, de este modo, les demostramos el valor de explicar algo a los demás. Pero deberíamos de aspirar a una *igualdad de oportunidades* para hablar y escuchar, animando a la niña a que diga tanto como usted para expresar sus ideas, invitándola a decir lo que piensa y a explicar su pensamiento, pidiéndole que defina lo que quiere decir y que dé razones para lo que expone. También deberíamos de abrir a nuestra hija a otros puntos de vista. Lo que otra gente piensa puede ser tan importante como lo que pensamos nosotros. Saber lo que otros piensan nos da más posibilidades de elección y, si estamos al tanto de otros puntos de vista, nuestras preferencias estarán mejor fundamentadas. Como dijo Jamie, de seis años, "Tendríamos que escuchar a los demás porque a veces tienen buenas ideas".

Idea clave: ayude a su hijo a considerar las ideas desde diferentes puntos de vista

Haga las preguntas adecuadas

No le haga a su hija demasiadas preguntas, porque le va a provocar una indigestión mental. Es mejor que le haga unas cuantas preguntas en las que esté genuinamente interesado/a que 'asarla' o interrogarla porque sí. He aquí algunas clases de preguntas que puede hacerle a su hija:

Para centrar:	¿Qué piensas? ¿Qué es lo que te desconcierta? ¿Cuál es el problema?
Para pedir razones:	¿Por qué dices eso? ¿Puedes darme una razón?
Para explicar el significado:	¿Qué quieres decir con eso? ¿Me lo puedes explicar?
Para contrastar la verdad:	¿Cómo lo sabes? ¿Puedes probarlo? ¿Tienes alguna evidencia?
Para aportar nuevas ideas:	¿Qué más...? ¿Y si...? ¿Algo más...?

Algo en que pensar

Niño: ¿Qué es una pregunta?
Adulto: ¿Cuál es la respuesta?

Las mejores preguntas pueden ser aquellas con las que su hija se tropieza. Son buenas para discutirlas porque son las que resultan de interés inmediato para ella. A veces es bueno darle algo en qué pensar. He aquí algunas preguntas filosóficas para que su hija piense en ellas:

1. ¿Cómo sabes que no estás soñando en este momento?
2. ¿Cómo sabes si algo es cierto o no?
3. ¿Una manzana está viva o muerta?
4. ¿Es correcto comer animales?
5. ¿Cuál es la diferencia entre fingir y mentir?
6. ¿Qué diferencia hay entre una persona real y un robot?
7. ¿Hay alguna diferencia entre tu mente y tu cerebro?
8. ¿Pueden pensar los animales?
9. ¿Existe alguna circunstancia en que esté bien contar mentiras?
10. ¿Cuáles son las cosas más valiosas de tu vida?

Idea clave: pensar bien significa estar dispuesto a poner a prueba y a cambiar las propias ideas

El mundo está lleno de preguntas interesantes, y su hijo puede ayudarle a redescubrir su curiosidad por el mundo. ¿Hubo preguntas para las cuales nunca encontró una respuesta? ¿Existe alguna pregunta que tenga miedo de formular? No tiene por qué ser así para su hijo. Su filosófico hijo necesita un hogar inquisitivo, un hogar en donde esté bien hacer preguntas y en donde la gente esté interesada en lo que piensa y siente. Un hogar en donde esté bien preguntar '¿Por qué?' Un hogar en donde esté bien defender el punto de vista de uno, a condición de que escuche lo que otros tienen que decir. Un hogar en donde se tome en serio lo que la gente piensa, en donde se utilicen las palabras conscientemente y en donde esté bien cambiar de opinión cuando existan buenas razones para hacerlo. Un hogar en donde el pensamiento filosófico pueda florecer. Como decía Beth, de diez años, un lugar así es donde "la gente te deja mostrar tu pensamiento y compartirlo con los demás".

SIETE PASOS PARA LA INTELIGENCIA FILOSÓFICA

- Comparta y discuta cualquier pregunta que le intrigue a usted o a su hijo.
- Pídale a su hija que defina el significado de las palabras que utiliza.
- Invite a su hijo a pensar si algo es verdadero o no.

- Compruebe si lo que su hija dice está basado en razones y evidencias.
- Anímela a que explique lo que quiere decir y a compartir ideas con los demás.
- Ayude a su hijo a considerar las ideas desde diferentes puntos de vista.
- Pensar bien significa estar dispuesto a poner a prueba y a cambiar las propias ideas.

Apéndice A
Cómo ayudarle para que aprenda a leer

Lo que viene a continuación son los diferentes pasos a seguir cuando se lee un libro con un niño que necesita ayuda para aprender a leer y a pensar en lo que se lee:

1. Compartir el libro
- Comience con la portada. Lea el título y diga los nombres del autor y del ilustrador. *¿Qué libro es éste?*
- Hable de lo que se puede ver en la portada, y de cómo el título nos puede facilitar el saber de qué trata el libro. *¿Qué dice la portada?*
- Léale el libro a su hijo, señalando las palabras conforme las lee. Lea a una velocidad normal, dándole expresión a su voz. *¿Qué dice el libro?*
- Hágale preguntas a su hija acerca de las ilustraciones, los sucesos y los personajes del libro. *¿Qué dice el relato?*
- Antes de pasar cada página, anime a su hijo a que prediga lo que sucederá en la siguiente página. *¿Qué pasará después?*

2. Emparejar los sonidos con las palabras
- Lea el título mientras va señalando las palabras, y anime a su hija para que diga también el título. *¿Qué dice el título?*
- Lea una frase de cuando en cuando y anímela a repetir la frase mientras usted señala las palabras con el dedo. *¿Qué dice esta frase?*

- Pídale a su hijo que lea lo que dice uno de los personajes, con la voz del personaje. *¿Qué dice este personaje?*
- Pídale que sea él el que vigile cuándo llegan al final de la página, y que pase la hoja por usted. *¿Sabes cuándo pasar de página?*
- Charlen sobre el libro y pregúntele a su hija si quiere hacer alguna pregunta. *¿Tienes alguna pregunta que hacer?*

3. Leer juntos

- Lean el título juntos mientras su hijo señala con el dedo las palabras. Deje que sea él el que lea el título solo en la cubierta interior. *¿Puedes leer el título?*
- Mientras usted va leyendo, déjese de vez en cuando alguna palabra –por ejemplo, una palabra que se repita o la última palabra de una frase. *¿Eres capaz de leer la palabra que se perdió?* (Si no puede hacerlo, dele unos segundos de tiempo para pensar, dígaselo y sigan leyendo.)
- Cuando finalice una página o una parte del libro, vea si su hija es capaz de detectar cualquier palabra que se haya repetido. *¿Puedes ver esta palabra por algún otro sitio?*
- Anímela a leer algo con usted, si es que puede. *¿Puedes leer conmigo?*
- Pídale a su hijo que le hable de su parte del libro favorita, que le explique lo que le ha gustado y por qué. *¿Qué te pareció lo mejor? ¿Por qué?*

4. Escuchando leer a su hijo

- Enseñe a su hijo a reconocer el sonido de cada letra. *¿Cómo suena esta letra?*
- Lea cosas del libro con su hija, animándola a leer una página con usted o por sí sola, si puede. *¿Puedes leer una página tú sola?*
- Pídale a su hijo que le lea todo el libro a usted, si puede. *¿Puedes leerme el libro?* (Si hay alguna palabra que no sepa leer, dele algunos segundos de tiempo para pensar, después diga la palabra.)
- Anime a su hija para que se lea el libro sola. *¿Puedes leértelo sola?*
- Anime a su hijo a que le haga preguntas sobre el libro. *¿Hay algo en el relato que te haya resultado extraño, interesante o desconcertante?*

Sobre las preguntas que puede hacer usted para ayudarle a su hijo a pensar en el relato vea la página 80.

Apéndice B

Vocabulario de Matemáticas

Lo que viene a continuación es una lista de importantes palabras matemáticas para utilizar con su hijo/a:

Edad	Número	Medida	Forma
4 – 7 años	número	calcular	forma plana, maciza
	cero, 1, 2, 3 ...100	responder/correcto/erróneo	cuadrado, cubo, pirámide, triángulo, círculo, esfera
	contar adelante/atrás	dinero, más / menos, céntimo	
	más, menos	medida	rectángulo
	impar, par	longitud, anchura, altura, profundidad	esquina, línea, punto
	unidades		
	igual		estrella
	mayor que / menor que	más largo, el más largo, etc.	curvo, redondo borde, lados
	diferencia entre	alto/bajo,	patrón
	primero...	ancho/estrecho,	simétrico
	vigésimo	profundo/superficial, grueso/fino	reflexión, giro de posiciones...
	intermedio entre		

Edad	Número	Medida	Forma
	demasiados / pocos
todo / mitad / cuarto
fracción
añadir/sumar/total
sustraer/quitar
signo/más/menos
una vez/dos veces/ tres veces
distribuir, partir, llevar	pesar, pesos
pesado/ligero, más pesado/más ligero, etc.
capacidad, lleno / vacío
tiempo / fecha / calendario
días / meses / estaciones
siempre / nunca / a menudo / a veces
mañana / tarde / noche
horas / minutos
cuánto hace / será
ordenar, emparejar, poner
gráfico, mapa, lista
diagrama	cúspide, base, lado
opuesto
delante / detrás
al lado, entre
dirección
izquierda / derecha, arriba / abajo
adelante / atrás
7 – 10 años	*Todas las de arriba,* centena, centenares
miles, millares
múltiplo de
sucesión / continuo
predicción / cálculo
regla / método
numeral / dígito	*y las siguientes*
más / lo más, menos / lo menos
caro
valor, cantidad
unidad de medida
distancia / entre / a / de o desde
metro / centímetro / kilómetro
kilómetros por	esférico
hemisferio
centro
oval
cilindro
cono
pentágono
hexágono
circular / semicírculo

Edad	Número	Medida	Forma
	valor numeral	hora	triangular /
	posición numérica	medidas de peso	rectangular
		amplitud / a	octágono /
	equivalente a	medio camino	octagonal
	estimar / estimación	regla / cinta métrica	en el sentido de las agujas del
	alrededor de	kilo, medio kilo, gramo	reloj / en sentido opuesto
	el más cercano a diez	litro, medio litro, mililitro	donde apunta la brújula
	número entero	medidas de capacidad	diagonal
	veces / multiplicar, tablas	balanza	norte / sur / este / oeste
	división, dividir por, entre	reloj digital, reloj segundos	ángulo, ángulo recto
	resto	a.m / p.m.	columna,
	mitades, cuartos, tercios	año bisiesto	cuadrícula
	decimal/punto decimal/décimo	diario, fecha de nacimiento	todo / mitad giro
	por encima de cero / por debajo de cero	pronto / tarde siglo / milenio	horizontal / vertical
	número positivo / negativo		patrón simétrico
	problema / resolver / solución		

Índice

Agradecimientos   7
Nota del Autor   9
Introducción   11
1. El Potencial Cerebral
   El desarrollo de las muchas inteligencias de su hijo   15
2. Un Camino con Palabras
   El desarrollo de la inteligencia lingüística   47
3. El Sentido de los Números
   El desarrollo de la inteligencia matemática   91
4. Descubrir El desarrollo de la inteligencia científica   131
5. Ver Más El desarrollo de la inteligencia visual y espacial   159
6. La Música en la Mente El desarrollo de la inteligencia musical   187
7. El Potencial Corporal El desarrollo de la inteligencia física   209
8. El Autocontrol El desarrollo de la inteligencia personal   231
9. Conocer a los Demás El desarrollo de la inteligencia social   255
10. Su Filosófico Hijo El desarrollo de la inteligencia filosófica   279

Apéndices
A. Cómo ayudarle para que aprenda a leer   303
B. Vocabulario de matemáticas   305